한 눈 에 펼 쳐 보 는

한국사 대 세계사

기획 **문사철**

집필 **강응천 김덕련 김형규 백성현**

❺ 근현대

다산
에듀

한눈에 펼쳐 보는

한국사 대 세계사 5

초   판 1쇄 발행   2013년 9월 30일
개정판 1쇄 발행   2024년 12월 2일

기획 문사철
집필 강응천 백성현 김덕련 김형규
펴낸이 김선식

펴낸곳 (주)다산북스 출판등록 2005년 12월 23일 제313-2005-00277호
주소 경기도 파주시 회동길 490 다산북스 파주사옥 3층
전화 02-702-1724 팩스 02-703-2219 이메일 dasanbooks@dasanbooks.com
홈페이지 www.dasanbooks.com 블로그 blog.naver.com/dasan_books

부사장 김은영
콘텐츠사업본부장 임보윤
책임편집 장종철 책임마케터 양지환
콘텐츠사업8팀장 전두현 콘텐츠사업8팀 김상영, 김민경, 장종철, 임지원
마케팅본부장 권장규 마케팅2팀 이고은, 배한진, 양지환 채널팀 권오권, 지석배
미디어홍보본부장 정명찬 브랜드관리팀 오수미, 김은지, 이소영, 서가을
뉴미디어팀 김민정, 이지은, 홍수경, 변승주
지식교양팀 이수인, 엄아라, 석찬미, 김혜원, 박장미, 박주현
편집관리팀 조세현, 김호주, 백설희 저작권팀 이슬, 윤제희
재무관리팀 하미선, 윤이경, 김재경, 임혜정, 이슬기, 김주영, 오자수
인사총무팀 강미숙, 김혜진, 황종원
제작관리팀 이소현, 김소영, 김진경, 최완규, 이지우, 박예찬
물류관리팀 김형기, 김선민, 주정훈, 김선진, 한유현, 전태연, 양문현, 이민운
아트디렉터 가필드 김원용 이미지 총괄 정연경 지도 일러스트레이션 임근선
표지 디자인 어나더페이퍼 디자인 ns-pole 검토 김진아 강준선 신영희 김경미

교열 교정 북스튜디오 토리
용지 신승아이엔씨 인쇄 민언프린텍
제본 제이오엘엔피 코팅 및 후가공 다온바인텍

ⓒ문사철, 2013

ISBN 979-11-306-6090-5 (04900)
ISBN 979-11-306-6083-7 (세트)

• 책값은 뒤표지에 있습니다.
• 파본은 구입하신 서점에서 교환해 드립니다.
• 이 책은 저작권법에 의하여 보호를 받는 저작물이므로 무단 전재와 복제를 금합니다.

이 책을 읽는 법

1 왼쪽 면에는 한국사, 오른쪽 면에는 세계사의 사건들을 나란히 배치해 같은 시간대에 한 국과 세계에서 일어난 역사적 사건들을 한눈에 비교하며 볼 수 있게 했다.

2 시대 구분은 한국사의 흐름에 맞추었다.

3 서기 1년 이전의 시대는 교과서에서 쓰이는 '기원전' 대신 '서기의 앞 시기'라는 뜻에 서 '서기전'으로 표기했다.

연대 | 이 펼침의 한국사와 세계사 시작 연도를 표시한다.

사건 소개 | 제목과 내용으로 구성된다. 중요한 사건은 제목을 굵은 글씨로 표시하고, 덜 중요한 사건은 내용 없이 제목만 적었다.

한국사 | 한국사의 로고

권별 색상 | 1권은■, 2권은 ■, 3권은■, 4권은■, 5권 은■으로 구분했다.

주(註) | 본문 내용을 보완하 거나 내용에 덧붙일 사항을 서 술했다.

1977

KOREAN HISTORY

고상돈

9월 15일, 고상돈이 한국인 최초로 에베레스트 정상에 오르다

이리역 폭발 사고가 일어나다

11월 11일, 전라북도 이리역에서 대형 폭발 사고가 일어났다. 다이너마이트용 화 약을 비롯한 폭발물 30여 톤을 싣고 역에 정차해 있던 한국화약[2] 소속 화물열차 가 폭발한 것이다. 이 사고로 59명이 숨지고 1158명이 다쳤다. 또한 반경 500미터 안에 있는 건물이 대부분 파괴돼 7800여 명이 이재민이 됐다. 이 사고는 그때까 지 발생한 폭발 사고 중 최악으로 꼽혔다.

사고는 화약 호송원의 실수에서 비롯됐다. 호송원은 술을 마시고 화약 상자 위에 촛불을 켠 채 잠들었다. 이 촛불이 화약 상자에 옮겨 붙으며 사고가 난 것이다. 폭 발물을 실은 열차를 역에 대기하게 한 것도 문제점으로 지적됐다.

이리시(지금의 익산시)는 폭발 사고로 큰 타격을 받았지만, 곧 복구에 나서 역 주변 의 판잣집 등을 정리하고 도로망을 정비하며 새로운 모습으로 거듭난다.

이리역 폭발 사고로 이재 민이 된 사람들이 머문 천 막촌

1 이리역 | 지금의 익산역
2 한국화약 | 지금의 ㈜한화

수출 100억 달러, 1인당 국민 소득 1000달러를 달성하다

정부가 '1년 수출 100억 달러, 1인당 국민 소득 1000달러' 목표를 1977년에 달성 했다. 이는 박정희 정권이 10월유신을 통해 1980년까지 달성하겠다고 공언한 목표였다. 군사 작전을 하듯 밀어붙여, 예정보다 먼저 목표치를 채운 것이다.

이 무렵 경제에 적잖은 기여를 한 것이 '중동[3] 특수'라 불린 해외 건설 붐이었 다. 기업들은 1973년부터 서아시아와 북아프리카의 건설 현장에 속속 진출했 다. 1975~1979년에 '중동 특수'를 통해 수출액의 40퍼센트에 달하는 외화를 벌어들였다. 1960년대 '베트남 특수'에 버금가는 역할을 1970년대에 '중동 특 수'가 한 셈이다.

그러나 이 시기 경제에는 어둠도 있었다. 경제에서 재벌이 차지하는 비중이 지나치게 높아지고, 중소기업과 서민을 위한 정책이 뒷전으로 밀렸다. 전태일의 분신이 상징하는 것처럼 노동자들의 열악한 처우 문제도 심각했다.

100억 달러 수출기념탑

3 중동 | 이집트, 사우디아라 비아 등 북아프리카와 서아시 아의 나라들을 가리키는 용어

4 한국사의 연대는 1895년까지는 음력, 태양력을 도입한 1896년 이후는 양력으로 표기했다. 세계사의 연대 표기는 중등 교과서에 따랐다.

5 한글 맞춤법과 외래어 표기는 중등 교과서와 국립국어원에 준하되 편집의 필요에 따라 부분적으로 변화를 줬다.

6 중국의 인명과 지명은 1~3권은 한자의 우리말 발음으로, 4~5권은 현지 발음으로 표기했다.

대륙 구분 | 해당 사건이 일어난 지역을 기준으로 색깔을 나눠 대륙을 표시했다.

세계사 | 세계사의 로고

연대 | 이 펼침의 한국사와 세계사 끝 연도를 표시한다. 1~3권은 일부 예외를 제외하고 한 펼침에 10년씩, 4~5권은 한 펼침에 1년씩 다뤘다.

지도

역사책에는 낯선 지역이 자주 등장한다. 그 정보를 지도로 보완해 역사의 입체적 이해를 도왔다.

노브고로드, 키예프, 노르만족 교역로

세계 지도 속의 해당 지역

일부 지역만 그리면 이곳이 세계의 어디쯤 있는지 알 수 없는 사례가 있다. 이런 맹점을 피하기 위해 해당 지역이 세계 지도에서 차지하는 위치를 별도로 보여줬다.

WORLD HISTORY

1977

아메리카

〈스타워즈〉가 개봉되다

5월 25일, 미국에서 조지 루카스 감독의 영화 〈스타워즈〉가 개봉됐다.[1] 광대한 우주를 배경으로, 공화국을 재건하려는 제다이 기사 세력이 사악한 은하제국에 맞서 싸우는 과정을 그린 공상 과학 영화였다. 화려한 특수 효과를 이용해 다양한 디자인의 우주선과 로봇, 광선 검과 광선 총 등을 선보였으며, 할리우드 액션 영화의 주류를 서부극에서 공상 과학 영화로 바꿔 놓았다.

아메리카

애플II 컴퓨터가 시판되다

6월 5일, 미국의 애플컴퓨터사가 개인용 컴퓨터 애플II를 시판했다. 애플II는 메인 보드와 키보드가 일체형으로 돼 있었고, 저장 장치로는 처음에 카세트테이프를 사용하다 이후 5.25인치 플로피디스크를 사용했다. 개인이 쉽게 다룰 수 있으며 많은 사무용, 교육용, 게임용 소프트웨어를 갖춰 1980년대 전반기까지 개인용 컴퓨터의 시대를 주도했다.

애플컴퓨터사는 1976년 4월 1일 고등학교 선후배 사이인 스티브 잡스와 스티브 워즈니악이 함께 설립했다. 1984년 마우스와 그래픽 인터페이스를 도입한 매킨토시 컴퓨터를 선보이며, 2000년대에 들어서는 MP3플레이어인 아이팟, 스마트폰인 아이폰 등을 출시해 인기를 끌게 된다.

유럽

적군파의 테러로 독일 사회가 충격에 빠지다

9월 5일, 서독의 무장 테러 조직인 적군파가 독일경영자연맹 회장 한스 마르틴 슐라이어를 납치한 뒤 수감돼 있는 동료들의 석방을 요구했다. 이어 10월 13일에는 루프트한자항공의 여객기도 납치했으나 특수부대에 의해 진압됐다. 감옥에 갇혀 있던 지도부 3명은 얼마 후 숨진 채 발견된다.[2]

서독 적군파는 1968년 급진 학생 운동 세력의 일부가 '무장 투쟁을 통해 제국주의와 자본주의에 반대하고 세계 혁명을 추구한다'는 목표 아래 결성됐다. 학생 운동가 안드레아스 바더와 언론인 울리케 마인호프가 주도해 '바더-마인호프그룹'으로 불렸으며, 은행 강도 행각을 통해 자금을 마련하고 우익 계열의 정치인과 경제인 등에 대한 암살 및 폭탄 테러 등의 활동을 벌였다. 그러나 과격하고 무차별적인 활동으로 사회적으로 고립됐으며 1998년 4월 20일 언론에 보낸 서한을 통해 공식적인 해산을 선언한다.

〈스타워즈〉의 포스터

[1] 〈스타워즈〉의 개봉 이때 개봉한 작품은 총 6부작으로 계획된 시리즈 가운데 4부였다. 뒤이어 1980년과 1983년에 5부와 6부가 개봉되며, 1999년부터 2005년에 1~3부가 마저 개봉된다.

애플II

[2] 사망 원인 서독 정부는 자살로 발표했으나, 정부에 의해 살해되었다는 주장도 있다.

마인호프(왼쪽)와 바더(오른쪽)

사진과 사진 캡션

도표와 그래프

수치와 복잡한 관계망을 가진 정보는 알기 쉽게 시각적으로 재구성했다.

주요 국가의 여성 참정권 도입 시기	
뉴질랜드	1893년
오스트레일리아	1902년
핀란드	1906년
노르웨이	1913년
러시아	1917년

한국사와 세계사를 함께 알아야 한다는 목소리가 높습니다. 한국사와 세계사를 함께 서술한 역사책도 나오고, 학교에서 배우는 역사 교과서도 한국사와 세계사를 함께 다루고 있습니다. 그동안 역사 교육과 역사 서술이 한국사에 치우치면서 한국인의 눈과 귀를 가로막고 세계화 시대에 걸맞은 한국인을 길러내는 것을 저해했다는 반성 때문이지요.

『한국사 대 세계사』는 한국사와 세계사를 같은 시간의 흐름 속에서 비교하며 살펴볼 수 있도록 만든 책입니다. 한국사와 세계사를 함께 다룬 역사 연표는 이전에도 있었습니다. 그러나 연대와 사건의 제목만 나열되어 있는 연표는 자료로 쓸 수는 있을망정 한국과 세계가 함께 호흡하며 나아간 역사의 흐름을 이해하며 읽기는 어렵습니다. 그래서 이 책은 역사적 사건들을 항목만 표시하는 데서 벗어나 최소한의 역사적 흐름을 살펴볼 수 있도록 사건의 내용과 역사적 맥락을 서술했습니다.

『한국사 대 세계사』는 한국사와 세계사를 1 대 1로 비교하며 서술했기 때문에 같은 시기에 한국과 세계에서 일어난 일들을 쉽게 대비하며 살펴볼 수 있습니다. 책을 펼치면 왼쪽 면에는 일정한 시대에 한국에서 일어난 사건들이 서술되고, 오른쪽 면에는 같은 시대에 세계에서 일어난 사건들이 서술됩니다. 조선 시대까지는 대개 10년 단위로 한국과 세계의 역사가 비교 서술되고, 1876년 개항 이후에는 1년 단위로 한국과 세계의 역사가 함께 펼쳐집니다.

이처럼 똑같은 시간대에 한국과 세계에서 일어난 일들을 비교하며 살피다 보면 놀랍고 흥미로운 사실을 발견할 수 있을 것입니다. 한국사와 세계사에서 따로따로 알고 있던 일들이 같은 시대에 일어난 일이거나 서로 관련되어 있는 일이라는 사실을 새삼스럽게 발견할 것이라는 말입니다.

예를 들어 한국에서 신석기 시대가 시작되었을 때 세계 곳곳에서도 농경과 목축을 특징으로 하는 신석기 시대가 일어났다는 사실을 쉽게 알 수 있습니다. 그리고 지금처럼 교통과 통신이 활발

하지 않던 시대에 멀리 떨어진 곳에서 비슷한 일이 일어나는 것을 보고 흥미를 느끼기도 할 것입니다. 신라가 백제와 고구려를 멸망시킨 뒤 당나라마저 몰아내고 삼국을 통일한 것도 당나라가 마침 토번(지금의 티베트)과 싸우느라 정신이 없었던 덕분이라는 사실을 알게 되면 역사를 더 쉽게 이해할 수 있을 것입니다. 또 서로 관계되어 있는 일들이 엄청나게 긴 시간을 두고 떨어져 있는 것을 발견하는 일도 있을 것입니다. 한국에서는 오랜 옛날부터 사용하던 종이가 유럽에서는 중세 이후에야 쓰이게 된 사실을 알면 묘한 쾌감을 느끼기도 할 겁니다. 물론 그 반대의 사례도 많지만 말입니다. 한국이 세계와 더욱 밀접한 관계를 가지고 움직이던 근현대사에서는 이러한 비교가 더욱 유용하게 다가오겠지요.

세계사는 한국사보다 내용이 엄청나게 많고 복잡한데 한국사와 세계사를 1 대 1로 비교하는 것은 적절하지 않다고 생각할 수도 있습니다. 하지만 지구가 우주의 미세한 일부라고 해서 우리가 지구에 대한 공부보다 바깥의 우주에 대한 공부를 더 많이 할 수는 없습니다. 아무리 작아도 지구는 소중한 우리의 터전이니까요. 마찬가지로 세계사가 한국사의 커다란 배경이라고 해도 한국사와 세계사를 객관적인 비율대로 공부할 수는 없습니다. 우리는 세계라는 무대를 한국인으로서 살아왔고 앞으로도 그러할 테니까요. 『한국사 대 세계사』는 2013년에 나온 『세계사와 함께 보는 타임라인 한국사』를 더 많은 독자와 만날 수 있도록 체재를 가다듬은 개정판입니다. 자, 이제 한국사와 세계사라는 두 마리 토끼를 잡으러 떠날 준비가 되었나요? 이 책과 함께라면 적어도 두 마리를 다 잡는 길은 활짝 열릴 겁니다. 그리고 더욱 드넓은 역사의 바다를 항해하고픈 유혹을 느껴 보세요.

2024년 가을 『한국사 대 세계사』를 만든 사람들

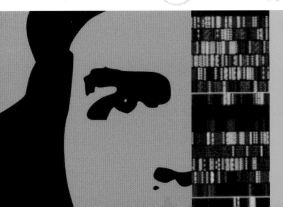

차례

Google

1940년대

1945~1950

한국이 분단되고,
전 세계에서 냉전이 시작되다
—— I ——

1940년대의 한국과 세계

한국이 분단되고 전 세계에서 냉전이 시작되다

1945년 8월 일본이 항복하고 제2차 세계대전이 막을 내렸다. 이로써 한국도 일본의 지배에서 벗어나게 된다. 일본의 식민 통치에 맞서 싸운 한국인들이 독립 국가를 세울 수 있는 길이 열린 것이다.

그러나 예상치 못했던 장애물이 한국인들의 앞을 가로막는다. 미국과 소련이 한반도를 분할 점령한 것이다. 두 나라는 점령지에서 각기 자국에 우호적인 세력을 후원한다(미국은 우익, 소련은 좌익). 이에 따라 한국은 북위 38도선을 경계로 둘로 나뉘고(분단), 좌익과 우익의 대립이 심해진다. 분단은 대다수 한국인의 바람과 동떨어진 것이었기에 하나의 정부를 수립하기 위한 노력이 펼쳐진다. 그러나 그러한 노력은 성공하지 못하고, 두 개의 정부가 남과 북에 각각 세워진다. 이승만이 이끄는 남한과 김일성을 중심으로 한 북한은 극심하게 대립한다. 대립은 끝내 전면전 발발(1950년 6·25전쟁)이라는 비극으로 이어진다.

이러한 극심한 좌우 갈등과 전면전은 전 세계에서 진행된 냉전과 관련돼 있었다. 냉전은 미국을 중심으로 한 자본주의 진영과 소련을 축으로 한 사회주의 진영의 대립을 말한다. 한반도는 두 진영이 격렬하게 대립하는 최전선이 되면서 전쟁에 휘말리게 된 것이다. 한편 1949년 중국에서 사회주의 혁명이 성공한 것도 김일성이 전면전을 밀어붙이는 계기 중 하나로 작용한다.

미국 소련, 38선 경계로 한반도 분할 점령	**1945**년	뉘른베르크 전범 재판 국제연합 창설
모스크바3상회의 결정 둘러싸고 좌우 대립 극심		
북조선임시인민위원회, 토지 개혁 실시	**1946**년	전자식 컴퓨터 에니악 공개
9월총파업과 10월항쟁		일본국헌법 공포
미·소공동위원회 결렬	**1947**년	타이완, 2·28사건
여운형 피살		트루먼독트린
『조선말큰사전』 1권 발간		인도와 파키스탄 분리 독립
4·3항쟁	**1948**년	GATT 발효
대한민국·조선민주주의인민공화국 정부 각각 출범		이스라엘 건국
여순사건		제1차 아랍·이스라엘전쟁
국가보안법 제정		소련, 서베를린 봉쇄
		세계인권선언 채택
친일 경찰, 반민특위 습격	**1949**년	북대서양조약기구 창설
농지개혁법 제정		중화인민공화국 수립
김구 피살		
6·25전쟁 발발	**1950**년	매카시즘 확산

해방 후 세 가지 핵심 과제

1945년 8월 15일, 일본이 연합국에 항복을 선언했다. 그 후 해외에서 독립운동을 펼치던 세력들이 귀국하고, 국내에서 활동하다가 일제 말기에는 수면 아래에 있던 세력들도 다시 공개 활동을 시작했다.

당시 한국인들의 앞에 놓인 핵심 과제는 크게 세 가지였다.

첫 번째는 통일 독립 국가를 세우는 일이었다. 일본이 항복을 선언한 후, 미국과 소련은 한반도를 나눠 점령했다. 분단은 대다수의 한국인이 예상하지 못한 것이었다. 한국인들은 낯설뿐더러 바람직하지도 않은 분단 상태를 끝내고 하나의 정부를 세워야 하는 상황을 맞이했다.

두 번째는 친일 청산이었다. 친일 청산은 일본에 적극 협력하며 같은 한국인을 억압한 사람들을 적절히 처벌하는 것을 말한다. 예컨대 독립투사들을 잡아 고문하고, 일제의 침략 전쟁에 호응해 한국인들을 전장에 총알받이로 세운 사람들에게 그 책임을 묻는 일이었다.

세 번째는 토지 개혁이었다. 이 무렵 많은 한국인이 농민이었지만 자기 땅에서 농사짓는 사람은 그리 많지 않았다. 소수의 대지주가 대부분의 땅을 소유하고 있었고, 많은 농민들은 대지주의 땅을 빌려 농사를 짓고 있었다. 이 때문에 토지 개혁을 통해 농민이 적정한 규모의 땅을 가질 수 있게 해야 한다는 인식이 널리 퍼져 있었다.

세 가지 모두 쉽지 않은 과제였다. 강대국에 의해 분단돼 있던데다, 친일파와 대지주의 세력이 여전히 만만치 않았기 때문이다.

이에 더해, 주요 정치 세력들도 이 문제들을 어떻게 풀 것인지를 놓고 충돌했다. 주요 정치 세력들이 암묵적으로 합의한 것은 첫 번째 과제와 관련해 '조선 왕조를 다시 세우는 것이 아니라 국민이 주인인 민주주의 국가를 만들어야 한다'는 것뿐이었다. 그러나 어떤 민주주의 국가를 만들지, 자본주의와 사회주의 중에서 어떤 체제를 택할지(혹은 자본주의도 사회주의도 아닌 체제를 만들지), 그리고 분단 상태를 어떻게 해소할 것인지에 대해서는 의견을 하나로 모으지 못했다. 친일 청산과 토지 개혁 문제에 대해서도 마찬가지였다.

주요 정치 지도자
괄호 안은 1945년 당시 나이

① 이승만(70세)

1890년대에 독립협회 활동을 했고, 1900년대 초에 미국으로 건너갔다. 강대국들에 독립을 청원해야 한다는 주장을 폈고, 1920년대에 임시정부에서 탄핵을 당했다. 그러나 정치적 명망이 높아, 해방 이후 처음으로 실시된 여론조사(1945년 11월)에서 '대통령으로 가장 적합한 인물'로 꼽혔다. 미국에서 귀국한 후 친일파 및 대자산가 세력과 손잡는다.

이승만

② 김구(69세)

1894년 동학농민군으로 활약했고, 그 후 중국에서 대한민국임시정부를 지켜 내며 이봉창과 윤봉길의 의거를 이끌었다. 광복군의 국내 진공 작전을 준비하다가 일본의 항복 소식을 듣고, 한국인의 손으로 일본을 몰아내지 못한 점을 안타까워했다. 미국의 견제로, 임시정부 수반이 아니라 개인 자격으로 중국에서 귀국해야 했다.

김구

③ 여운형(59세)

1910~1920년대에 중국·일본을 넘나들며 독립운동을 했다. 그 후 국내에서 언론 운동 등을 펼치며 끝까지 변절하지 않았다. 일본의 패망을 예상하고 1944년 비밀리에 건국동맹을 결성했고, 해방 직후 건국준비위원회를 전국적으로 조직해 활동했다. 1945년 11월 여론조사에서 '조선을 이끌어갈 양심적 지도자', '생존 인물 중 최고의 혁명가' 부문 1위를 했다.

여운형

④ 박헌영(45세)

1920년대 중반부터 조선공산당을 이끈 핵심 지도자 중 하나였다. 조선총독부의 탄압을 피해 벽돌 공장 노동자로 숨어 지내다가 해방을 맞이했다. 해방 직후 조선공산당을 재건하지만, 미국과 갈등을 빚고 김일성과 좌익 내부 주도권 경쟁을 해야 하는 어려운 처지에 놓인다.

박헌영

⑤ 김일성(33세)

1920년대 후반 만주에서 항일 투쟁을 시작했다. 1930년대에 항일 유격대를 이끌었고, 1937년 보천보전투를 통해 널리 이름을 알렸다. 일본군의 공격이 거세지자, 1940년대 초에 소련으로 건너갔다. 해방 후 소련군과 함께 귀국했고, 소련의 지원에 힘입어 빠른 속도로 38선 이북을 장악한다.

김일성

38선을 경계로 남과 북이 나뉘다

1 한반도의 분단 | 38선을 경계로 한반도를 나눠서 점령하는 것은 미국이 8월 13일에 제안한 사항이다. 미국은 소련군이 한반도 전체를 점령할 가능성을 우려해 이같이 제안했다.

한반도가 북위 38도선을 경계로 나뉘었다.[1] 일본군을 나눠서 무장 해제한다는 명분 아래 38선 이남은 미군이, 이북은 소련군이 점령했다.

9월 8일 인천에 상륙한 미군은 점령군으로서 군정을 선포했다. 군정 최고 책임자인 존 리드 하지 사령관은 일본인 관리, 한국인 친일 경찰을 그대로 일하게 하고 우익을 비호했다. 또한 한국인이 주체적으로 만든 인민위원회를 인정하지 않았다. 인민위원회의 주축이 좌익이라는 점에서 미국에 도움이 되지 않는다고 본 것이다.

이와 달리 8월 24일 평양에 입성한 소련군은 인민위원회를 인정하고 점차 행정권을 넘겼다. 그것이 자국에 우호적인 정부를 세우는 데 도움이 된다고 봤기 때문이다. 소련군 주둔 후 38선 이북에서는 사회주의자들이 주도권을 장악했다.

이처럼 미국과 소련이 한반도를 나눠서 점령하고 각각 우익과 좌익을 후원하면서, 임시 경계선이던 38선은 국경선처럼 변해 갔다.

2 모스크바3상회의 결정 | 3상회의 결정은 미국의 신탁 통치 제안과 임시정부 수립을 핵심으로 한 소련의 수정안을 절충한 것이었다. 루스벨트 미국 대통령은 한국에 대해 "약 40년의 훈련 기간 필요"(1943년 카이로회담), "20~30년간 신탁 통치를 하는 게 좋겠다"(1945년 얄타회담)라고 소련에 제안했다. 이에 소련의 스탈린은 "짧을수록 좋다"(얄타회담)라고 답했다.

모스크바3상회의를 계기로 좌우 대립이 극심해지다

12월, 미국·소련·영국이 모스크바에서 외무장관 회담을 열고 ▶한국에 임시정부를 먼저 수립하며 ▶이를 위해 미국과 소련이 공동위원회를 설치하고 ▶한국에 대한 미국·영국·중국·소련의 신탁 통치(5년 이내)를 임시정부와 협의해 실시한다고 결정했다.

그런데 『동아일보』 등이 모스크바3상회의 결정[2]에 대해 '미국은 즉시 독립, 소련은 신탁 통치 주장'이라고 왜곡 보도를 했다. 3상회의 결정을 놓고 좌익과 우익은 극심하게 대립했다. 우익(이승만, 김구, 한국민주당 등[3])은 '신탁 통치 반대' 운동을

3 한국민주당 | 한국민주당은 대지주를 비롯한 자산가를 중심으로 만들어진 정당이다. 그 주축 중 하나이던 김성수는 『동아일보』 설립자다.

벌였다. 이와 달리 조선공산당은 '신탁 통치 반대'를 주장하다가 '3상회의 결정 지지'로 태도를 바꿨다. 3상회의 결정의 핵심이 임시정부 수립이라고 봤기 때문이다. 중도 좌익(여운형 등)과 중도 우익(김규식 등)은 미·소공동위원회에 협조해 우선 임시정부를 수립하되 신탁 통치는 반대한다는 태도를 취했다. 한편 해방 직후 숨죽이고 있던 친일파는 '좌익이 나라를 팔아먹고 있다'고 목소리를 높이며 애국자로 둔갑한다.

'신탁 통치 절대 반대'를 천명한 우익(왼쪽)과 '3상 결정 절대 지지'를 선언한 좌익(오른쪽)

아시아 인도네시아가 독립을 선언하다

8월 17일, 하지 무함마드 수카르노 등의 인도네시아 민족 지도자들이 네덜란드로부터 독립을 선언했다. 인도네시아는 17세기 이래 네덜란드의 식민 지배를 받아 왔으며, 제2차 세계대전 중에는 일본군에 점령돼 있었다. 네덜란드가 지배권을 되찾기 위해 군대를 파견함에 따라 인도네시아독립전쟁이 벌어지지만, 1949년 12월 양측의 협상에 의해 인도네시아연방공화국이 수립됨으로써 실질적인 독립을 얻는다.

아시아 베트남이 독립을 선언하다

9월 2일, 베트남독립동맹[1]의 지도자 호치민이 하노이에서 독립을 선언했다. 프랑스의 식민지였던 베트남은 제2차 세계대전 중에 일본군의 점령을 받았다. 프랑스가 인도차이나 지역의 지배권을 회복하기 위해 군대를 파견함에 따라, 양측은 베트남이 프랑스연방 아래서 자치 정부와 군대를 갖는 데 합의한다. 그러나 1946년 12월 19일 군사적 충돌이 벌어져 제1차 인도차이나전쟁이 시작된다.

유럽 뉘른베르크 전범 재판이 시작되다

10월 18일, 영국, 프랑스, 미국, 소련의 연합국 주도로 헤르만 괴링 등 독일 나치 지도자들에 대한 군사 재판이 열렸다.[2] 침략 전쟁을 계획, 준비, 실행한 죄와 유대인 학살 등의 전쟁 범죄 혐의로 24명이 기소됐으며, 이 중 12명은 교수형에 처해지고 7명은 10년 이상의 징역형이나 종신형을 선고받는다.

뉘른베르크 전범 재판의 피고들

세계 국제연합이 창설되다

10월 24일, 유명무실해진 국제연맹을 대신해 국제 평화의 유지, 국제 우호의 촉진, 경제·사회·문화·인도적 문제에 관한 국제 협력을 위한 국제기구인 국제연합(유엔)이 창설됐다.[3]

핵심 기관 가운데 총회는 회원국 전체가 참여하며 각 나라는 1표씩의 동등한 권리를 지닌다. 안전보장이사회[4]는 국제 평화와 안전을 위협하는 나라에 다양한 제재를 가할 수 있고, 신탁통치이사회는 보호령에 대한 신탁 통치를 감독한다. 경제사회이사회는 국제연합의 다양한 경제·사회·문화·인도적 활동을 관할하며, 국제사법재판소는 나라들 사이의 분쟁을 법적으로 해결하는 기관이다. 사무국은 국제연합과 그 산하 기구들의 운영을 담당한다.

베트남 독립의 아버지로 불리는 호치민

1 베트남독립동맹 | 1941년 5월 호치민이 결성한 민족 운동 조직. '베트민'이라고도 한다. 공산주의자들이 주도했지만 이념이 다른 정파들에게도 문호를 개방한 민족 전선 형태로 운영됐다.

2 나치 지도자들에 대한 군사 재판 | 첫 공판은 베를린에서 열렸으나 1945년 11월 20일 이후 뉘른베르크에서 진행됐기 때문에 흔히 '뉘른베르크 전범 재판'으로 불린다.

유엔기

3 국제연합의 창설 | 창설 당시 회원국은 51개 나라였으며, 2012년 현재 193개 나라가 가입해 있다.

4 안전보장이사회 | 5개의 상임이사국(미국, 영국, 프랑스, 러시아, 중국)과 10개의 비상임이사국으로 이뤄져 있다. 표결에서 각국은 1표씩 행사하지만, 상임이사국 가운데 단 하나라도 거부권을 행사하면 부결된다.

"토지는 밭갈이하는 농민에게!"라는 구호 아래 전격 단행된 토지 개혁을 홍보하는 포스터

1 무상몰수 무상분배 | 무상몰수는 땅을 내놓아야 하는 사람들에게 별도의 보상을 하지 않는 것이고, 무상분배는 농민에게 땅을 공짜로 나눠 주는 것을 말한다.

2 사회주의 건설 기반의 마련 | 토지 개혁에 이어 실시된 주요 산업 국유화(일본인과 민족 반역자가 소유한 공장, 회사 등을 국가 소유로 한다는 것)도 이러한 조치의 일환이다.

3 물가 상승과 식량난 | 좌익인 조선노동조합전국평의회(전평)가 주도한 9월총파업에 우익인 대한노총 소속 철도 노동자들이 함께한 것도 이러한 생활 문제를 공통적으로 겪고 있었기 때문이다.

38선 이북에서 토지 개혁이 이뤄지다

3월 5일, 북조선임시인민위원회(위원장 김일성)가 토지 개혁을 실시했다. 당시 38선 이북에서는 농가의 4퍼센트에 불과한 지주들이 경지의 58퍼센트를 소유하고 있었다. 북조선임시인민위원회는 직접 농사지을 수 있는 면적이 5정보(약 5만 제곱미터)라고 보고 그 이상을 소유한 지주에게서 땅을 몰수해 농민들에게 나눠 줬다. 일제강점기에 일본인이 소유했던 땅과 일본에 빌붙었던 '민족 반역자'들의 토지도 몰수했다.

'무상몰수 무상분배'[1] 방식으로 단행된 토지 개혁은 한 달여라는 짧은 시간 안에 완료됐다. 그 결과 지주-소작제가 사라지고 사회주의를 건설할 수 있는 기반이 마련됐다.[2] 농민들은 대부분 토지 개혁을 환영했다. 소식을 들은 38선 이남의 농민들 사이에서도 토지 개혁에 대한 기대감이 높아졌다. 그러나 토지 개혁에 반발하는 적잖은 지주들이 월남해 서북청년단 같은 우익 단체를 결성하고 반공 활동에 매진했다.

9월총파업과 10월항쟁이 일어나다

9월 23일, 부산에서 철도 노동자들이 파업에 돌입했다. 이를 시발점으로 다른 지역의 철도 노동자는 물론 출판, 체신 등 다른 부문의 노동자도 동참하는 총파업이 벌어졌다. 9월총파업에 참가한 노동자는 25만 명이 넘었다. '정치범 석방' 구호도 있었지만 '일급제 폐지하고 월급제 실시', '점심 지급', '식량 배급'처럼 생활과 밀접한 요구 사항이 더 많았다. 미군정의 정책 실패로 물가는 치솟는데 임금은 그것을 못 쫓아가고, 가난한 사람들이 쌀을 구하기 어려워졌기 때문이었다.[3]

뒤이어 10월항쟁이 터졌다. 10월 1일 대구에서 경찰이 쏜 총에 시민 1명이 사망한 것을 계기로, 시민들이 경찰서 등을 습격하는 항쟁이 방방곡곡에서 약 두 달간 벌어졌다. 10월항쟁은 식량 부족, 친일 경찰에 대한 반감, 독립 국가 수립이 지연되는 현실에 대한 불만이 결합해 한꺼번에 폭발한 사건이었다.

미군정과 친일 경찰 및 우익은 총파업과 10월항쟁을 힘으로 진압하고 좌익을 탄압했다. 이를 계기로 우익이 좌익을 힘에서 앞서기 시작했다.

아메리카

전자식 컴퓨터 에니악이 공개되다

2월 14일, 미국 필라델피아 대학에서 존 모클리와 프레스퍼 에커트가 제작한 전자식 컴퓨터 에니악(ENIAC)[1]이 공개됐다. 약 1만 8000개의 진공관이 사용된 무게 32톤의 육중한 장치였다. 원래는 대포의 탄도를 정확히 계산하는 전쟁용으로 개발됐지만, 이미 제2차 세계대전이 끝난 터라 난수 연구, 풍동 설계, 일기 예보 등에 주로 활용됐다. 프로그램을 한 번 교체하려면 배선판을 일일이 재배치해야 하는 불편함이 있었지만, 10자리 수의 곱셈을 0.0028초에 해 내는, 당시로서는 획기적인 성능을 보였다. 오늘날의 컴퓨터가 0과 1의 2진법으로 계산을 수행하는 것과 달리 10진법을 사용했다.

에니악

1 최초의 전자식 컴퓨터 | 흔히 에니악이 최초의 전자식 컴퓨터로 알려져 있지만, 실제로는 1942년 개발된 아나소프트-베리컴퓨터(ABC)의 시기가 더 앞선다.

아시아

극동 국제 군사 재판이 열리다

2월 18일, 일본 도쿄에서 연합군 최고사령관 더글러스 맥아더의 지시로 일본의 전쟁 범죄를 처벌하기 위한 극동 국제 군사 재판이 열렸다. 도조 히데키 등 28명이 A급 전범으로 기소됐으며, 공판 도중 사망 등의 이유로 제외된 3명 이외의 전원에게 유죄가 선고됐다. 그중 7명은 교수형에 처해졌다.

이 재판은 국가가 아닌 개인에게도 전쟁 범죄의 책임을 물었다는 점에서 획기적인 의의를 지녔다. 그러나 미국의 일본 통치를 원활히 하기 위해 전쟁의 최고 책임자인 쇼와 천황을 기소하지 않았고, 재판관과 검사가 승전국 출신으로만 구성돼 승전국의 전쟁 범죄는 전혀 다루지 못했다는 비판도 제기됐다.

극동 국제 군사 재판의 피고들

아시아

7월 4일, 필리핀이 미국으로부터 독립하다

아시아

일본국헌법이 공포되다

11월 3일, 일본을 점령하고 있던 연합군총사령부의 주도로 새로운 헌법인 일본국헌법이 공포됐다. 이로 인해 일본제국은 일본국으로 공식 국호가 바뀌고, 천황은 실질적인 권력을 갖지 않는 상징적 존재로 전락했다.

기본적 인권 등 민주주의적 가치를 중시하며, 특히 제9조[2]에서 앞으로 어떠한 전쟁도 일으키지 않고, 군대를 보유하지 않으며, 전투도 행하지 않는다는 점을 명시해 '평화헌법'으로 불리기도 한다.

2 일본국헌법의 9조 | 일본국헌법은 오늘날까지도 그대로 유지되고 있다. 그러나 근래 헌법의 제9조를 고쳐 일본도 군대를 보유한 정상 국가가 되어야 한다는 주장이 우익을 중심으로 점차 힘을 얻고 있다.

미·소공동위원회가 성과 없이 막을 내리다

5월 21일부터 덕수궁에서 열린 제2차 미·소공동위원회(미·소공위)가 성과 없이 끝났다. 미·소공위는 모스크바3상회의 결정에 따라 한국 임시정부 수립을 논의하는 장이었다. 1946년 3월 20일부터 열린 제1차 미·소공위가 결렬된 후 1년여 만에 제2차 미·소공위마저 결렬되면서 미국과 소련이 합의해 임시정부를 세울 가능성은 사라졌다. 미·소공위 결렬 후 미국은 자신들이 주도권을 쥐고 있던 유엔[1]에 한국 문제를 넘겼다.

처음부터 미국과 소련 모두 자국에 우호적인 정부를 한국에 세우겠다는 방침을 고수했다. 불리한 상황은 조금도 받아들이려 하지 않았다는 점에서 두 나라가 타협할 가능성은 크지 않았다. 미국이 트루먼독트린을 천명하고 소련에 강경한 자세를 취하면서 타협 가능성은 더욱 줄었다.

미·소공위 결렬은 좌우합작운동에 큰 타격을 줬다. 미·소공위가 진행되는 동안 여운형과 김규식은 좌우가 연합하고 미국·소련과 협조해 독립 국가를 세우자는 좌우합작운동을 했다. 그러나 좌우합작운동은 조선공산당, 김구, 이승만 등의 거부로 어려움에 부딪힌 데 이어 미·소 공위마저 결렬되면서 설 곳이 매우 좁아졌다. 이와 달리 1946년부터 남한만의 단독정부 수립을 공개적으로 주장해 온 이승만의 입지는 넓어졌다.

여운형이 암살되다

7월 19일, 여운형이 서울 혜화동 로터리에서 극우 성향의 19세 청년 한지근의 총에 맞아 숨졌다. 여운형의 장례는 해방 후 최초의 인민장으로 치러졌다.

『조선말큰사전』 1권이 발간되다

10월 9일, 서울에서 『조선말큰사전』 1권이 발간됐다. 1929년에 시작된 조선말사전 편찬 작업이 18년 만에 열매를 맺은 것이다. 그 과정에서 1942년 조선어학회 사건으로 일본에 원고를 뺏겼다가 해방 직후 경성역(서울역) 창고 한쪽에서 기적적으로 원고를 발견하는 우여곡절도 겪었다. 『조선말큰사전』은 1957년 총 6권으로 완간된다.

1 유엔과 남북 분단 | 유엔은 1947년 11월 14일 총회에서 '유엔 감시 아래 남북 총선거'를 결의하고 유엔한국임시위원단을 구성한다(소련은 불참). 그러나 소련은 1948년 1월 유엔한국임시위원단의 방북을 거부한다. 이에 유엔은 1948년 2월 26일 소총회에서 '남한만의 총선거' 안을 통과시킨다.

『조선말큰사전』 원고

2·28사건으로 타이완 주민들이 학살되다

제2차 세계대전이 끝나자 1894년 청·일전쟁 이래로 일본의 지배를 받아 온 타이완은 국민당 정부의 관할 아래로 들어갔다. 그러나 새로 이주해 온 사람들(외성인)이 타이완 본토인을 차별해 갈등이 고조되고 있었다.

2월 28일, 담배를 팔던 한 여성이 단속반원에게 폭행당한 사건에 분노한 본토인들이 대규모 시위를 벌이자, 국민당군이 무차별 총격을 가해 많은 사람이 죽고 다쳤다. 곧 국민당 정부에 항의하는 파업과 시위가 타이완 전역으로 확산됐으나 국민당 정부는 오히려 군대를 파견해 무자비한 학살을 저질렀다. 이 과정에서 3만여 명의 본토인이 희생된 것으로 추정된다.

2·28공원 추모비

1 유럽부흥계획 | 국무장관 조지 마셜이 처음 제안했기에 '마셜 플랜'으로도 불린다.

2 소련의 영향력이 미치지 않은 유고슬라비아 | 유고슬라비아는 다른 동유럽 나라들과 달리 소련의 도움 없이 빨치산 활동을 통해 스스로 독일군을 몰아냈기 때문에 독자 노선을 걸을 수 있었다.

트루먼독트린으로 냉전이 시작되다

3월 12일, 미국 대통령 해리 트루먼이 그리스와 터키의 반공(反共) 정부를 지원하기 위해 4억 달러의 군사적, 경제적 원조를 제공하겠다고 선언했다.

이후 미국은 서유럽 국가들의 경제를 부흥시켜 공산주의의 확산을 차단하려는 생각으로 16개 나라에 120억 달러 규모의 원조를 제공하는 유럽부흥계획[1]을 시행한다. 또한 소련 및 동유럽의 공산주의 나라들에 맞서 북대서양조약기구(1949년 참조)의 결성을 주도한다. 미국과 소련의 협력의 시대가 끝나고 냉전의 시대가 시작된 것이다.

인도와 파키스탄이 분리 독립하다

8월 15일, 영국의 지배를 받던 인도 지역이 인도와 파키스탄 두 나라로 각각 분리 독립했다. 영국 식민당국이 힌두교도가 주도하는 국민회의에 독립인도의 권력을 넘기려 하자 이슬람교도들이 격렬히 반발해 무력 충돌이 벌어졌고, 결국 힌두교도의 인도와 이슬람교도의 파키스탄으로 갈라지게 된 것이다. 두 나라는 오늘날까지도 국경 지대인 카슈미르 지역을 두고 치열한 갈등을 벌이고 있다.

서파키스탄

동파키스탄

인도

독립 당시의 인도와 파키스탄

파키스탄은 1971년 민족 간 분규로 인해 파키스탄과 방글라데시로 다시 분열한다.

동유럽이 공산화되다

제2차 세계대전 종전 당시 소련군이 진주했던 동유럽 지역의 폴란드와 헝가리가 차례로 공산화됐다. 이듬해에는 루마니아와 체코슬로바키아도 그 뒤를 따른다. 이후 대부분의 동유럽 나라들이 소련의 정치, 군사적 영향력 아래 놓인다.[2]

동독 폴란드 소련

체코슬로바키아

헝가리

루마니아

유고슬라비아

불가리아

알바니아

2차 세계대전 이후 공산화된 동유럽 국가들

제2차 세계대전 이후 공산화된 동유럽 나라들

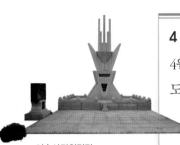

여순사건위령탑

1 남로당 | 남조선노동당의 줄임말. 1946년 11월 조선공산당을 이끌던 박헌영이 좌익 성향의 세 정당을 통합해 만든 정당이다.

2 계엄령 선포 | 계엄법은 계엄령 선포 1년 후인 1949년 11월 24일 만들어졌다. 이 때문에 이 계엄령이 불법이었다는 지적이 많다.

3 민간인 학살 | 항쟁 세력이 민간인을 학살한 사례도 있지만, 민간인 학살의 대부분은 진압군과 경찰에 의한 것이었다. 2003년 노무현 대통령은 제주도민과 희생자 유족에게 국가를 대표해 공식 사과했다.

4 초대 헌법 | 초대 헌법은 자유민주주의를 기본으로 하면서도, 주요 자원과 중요 산업의 국유공영화 같은 사회주의 성향의 경제 조항도 담고 있었다.

4·3항쟁과 여순사건이 일어나다

4월 3일, 제주도에서 단독 정부 수립에 반대하는 봉기가 일어났다. 남로당[1] 제주도 지도부가 중앙당과 상의하지 않고 봉기를 결정해 경찰서 등을 습격한 것이다. 봉기는 제주도 전역에 걸친 항쟁으로 번졌다. 1947년 경찰이 3·1절 기념 평화 시위 때 발포해 6명을 죽이고, 이에 도민들이 총파업을 하자 미군정이 경찰과 서북청년회를 동원해 무력 진압한 것도 항쟁이 확산된 원인 중 하나였다.

미군정은 항쟁을 강경 진압했다. 새로 출범한 이승만 정권이 11월에 계엄령을 선포[2]하고 초토화 작전을 펴면서 희생자는 급격히 늘었다. 진압군과 경찰은 곳곳에서 마을을 불태우고 항쟁과 무관한 어린이와 여성 등 민간인을 학살했다.[3] 미군은 학살을 모른척했다. 그 결과 2만 5000~3만 명이 희생된 것으로 추정된다. 항쟁 세력은 1949년 6월 사실상 궤멸된다.

한편 10월 19일 전라도 여수에 있던 국군 제14연대 장병들이 4·3항쟁을 진압하라는 명령을 거부하고 반란을 일으켜 순천까지 점령했다(여순사건). 반란은 10월 말 진압됐고 군대 안에 있는 남로당 세력에 대한 숙청이 진행된다.

남북한 정부가 수립되다

8월 15일, 서울에서 대한민국 정부가 출범했다. 5·10선거를 통해 구성된 초대 국회는 헌법을 제정하고[4] 이승만을 대통령으로 선출했다. 이승만은 친일파를 끌어안고 그 세력을 기반으로 삼아 정권을 장악했다.

9월 9일, 평양에서 조선민주주의인민공화국 정부가 출범했다. 북한 정부의 주축은 수상을 맡은 김일성이 이끄는 만주 빨치산 계열이었다. 그러나 이들은 박헌영이 이끄는 남로당 계열, 조선독립동맹 계열 등과 권력을 나눠 가져야 했다.

한편 김구와 김규식은 이처럼 남과 북에 대립하는 두 정부가 들어서는 것을 막아 보려 5·10선거를 거부하고 남북협상을 시도했지만, 분단을 막지는 못했다.

12월 1일, 국가보안법이 제정되다

북한(위)과 남한(아래)의 정부 수립

세계 관세및무역에관한일반협정이 발효되다

1월 1일, 관세및무역에관한일반협정(GATT)이 발효됐다. GATT는 자유로운 국제 무역을 확대하기 위해 관세 이외의 무역 장벽을 금지하고, 상호주의에 입각해 관세를 낮추며, 모든 협정국의 상품을 평등하게 취급하는 것을 원칙으로 삼았다. 이러한 원칙들이 실제로 모두 관철되지는 않지만 장기적으로 국제 무역 확대에 크게 기여한다. 1995년 국제무역기구(WTO)로 대체된다(1995년 참조).

아시아 이스라엘이 건국되고 제1차 아랍·이스라엘전쟁이 벌어지다

5월 14일, 유대인들의 나라 이스라엘이 팔레스타인 지역에 세워졌다. 1947년 11월 29일 유엔 총회에서 미국 주도로 팔레스타인 분리안이 통과된 데 따른 것이었다.[1] 팔레스타인 지역에 살고 있던 아랍인들로서는 도저히 받아들일 수 없는 일이었다. 결국 이집트, 트란스요르단(지금의 요르단), 시리아, 레바논, 이라크 등의 아랍 연합군이 이스라엘을 공격함으로써 제1차 아랍·이스라엘전쟁이 벌어졌다. 초기에는 연합군이 우세했지만 이스라엘의 반격으로 전세가 역전돼 1949년 2월 휴전이 성립된다. 이후 100만 명에 이르는 팔레스타인 사람들이 고향에서 쫓겨나 난민으로 전락한다.

1 팔레스타인 분리안 | 아랍인과 유대인의 연방 국가를 세우는 안과 별개의 두 국가를 세우는 안가운데 후자가 압도적인 지지를 얻어 통과됐다.

유럽 소련이 서베를린을 봉쇄하다

6월 24일, 소련이 서베를린에 대한 육상 봉쇄를 시작했다. 독일은 제2차 세계대전 종전 이후 미국, 영국, 프랑스, 소련의 연합국에 분할 점령돼 있었다. 그런데 3월 들어 미국, 영국, 프랑스가 자신들의 관할 지역을 경제적으로 통합하려 하자 소련이 반발한 것이었다. 봉쇄는 1949년 5월 4일에 풀리지만, 이후 독일은 동독과 서독으로 나뉘어 분열의 길을 걷는다(1949년 참조).

독일과 베를린의 분열

베를린은 소련의 관할 지역 안에 있었지만 수도라는 특성 때문에 4개 연합국에 분할 점령됐다. 그중 미국, 영국, 프랑스의 관할 지역이 서베를린이 되고, 소련의 관할 지역이 동베를린이 된다.

아메리카 7월, 미국의 물리학자 조지 가모프가 빅뱅(Big Bang) 이론[2]으로 우주의 탄생을 설명하다

세계 세계인권선언이 채택되다

12월 10일, 유엔 총회에서 세계인권선언이 채택됐다. 이 선언은 인간의 기본적 권리에 대한 일반적인 정의를 담고 있으며, 이후 대부분 나라의 헌법에 반영돼 시민의 인권 보장에 크게 기여한다.

2 빅뱅 이론 | 태초의 거대한 폭발로 우주가 탄생했다는 이론이다. 오늘날 대부분의 과학자들이 이 이론을 지지하고 있다.

1 반민족행위처벌법 제정 | 이에 앞서 1947년 남조선과도입법의원이 친일파 처벌에 관한 법을 제정했다. 그러나 친일파를 적극 등용했던 미군정은 이 법을 시행하지 않았다.

2 소장파 국회의원 | 소장파는 이 밖에 농지개혁법 제정 과정에서 상당한 역할을 했고 국가보안법 반대, 평화통일과 미군 철수를 주장했다.

반민특위에 잡혀가는 친일파들(가운데가 김연수, 그 오른쪽은 최린)

3 유상매수 유상분배 | '상환 125퍼센트, 보상 150퍼센트'는 농민 부담을 줄이려 한 조봉암 농림부 장관 및 소장파 의원들과 지주를 대변한 한국민주당의 힘겨루기 결과 조정된 안이다. 그러나 실제로 실시된 것은 1950년 3월 국회를 통과한 정부의 개정안(상환과 보상 모두 150퍼센트)이었다.

4 안두희 | 안두희는 훗날 추궁을 당하자 이승만 정부의 주요 인사를 배후로 지목한다. 안두희가 미군 방첩대 요원이었음이 드러나면서, 미국이 암살을 미리 알고 있었을지도 모른다는 지적도 나왔다. 평안도에서 지주의 아들로 태어난 안두희는 월남 후 서북청년단에서 활동했고 백의사(극우 비밀테러 조직) 구성원이었다.

경교장

6월 5일, 국민보도연맹(28~29쪽 참조)이 만들어지다

친일 경찰의 습격으로 반민특위가 와해되다

6월 6일, 친일 경찰이 반민족행위특별조사위원회(반민특위)를 습격했다. 반민특위는 1948년 9월에 제정된 반민족행위처벌법[1]에 따라 그해 10월 23일 만들어졌다. 반민특위는 1949년 1월 본격적인 활동을 시작해 박흥식, 김연수, 이광수, 최남선 등 친일파 688명을 체포했다(이 중 37퍼센트는 친일 경찰).

친일파는 '반민특위 안에 공산당이 있다.'라며 특위 구성원 암살 음모를 꾸몄다. 이승만 대통령은 친일 경찰 노덕술이 체포되자 '반민특위가 치안 혼란을 일으키고 있다.'라며 친일파를 비호했다. 또 정부가 보증해서라도 노덕술을 풀어 주고, 반민특위 관계자를 처벌하며, 정부 내 친일파를 비밀리에 조사한 뒤 선처하라고 지시했다. 이 대통령은 반민특위 습격을 자신이 지시했다고 6월 9일 외국 언론에 밝혔다.

피습을 계기로 반민특위는 무력해졌고 친일 청산은 미뤄진다. 한편 이승만 정부는 반민족행위처벌법 제정에 앞장섰던 소장파 국회의원들[2]을 5~6월에 '남로당 프락치(간첩)' 혐의로 체포했다(국회 프락치 사건).

'유상매수 유상분배' 방식의 농지개혁법이 제정되다

6월 21일, 국회에서 농지개혁법이 제정됐다. 북한의 '무상몰수 무상분배'와 달리, '유상매수 유상분배' 방식이었다. 이 법은 땅을 얻는 농민이 1년 수확량의 125퍼센트를 5년에 걸쳐 나눠 상환하고, 땅을 내놓는 지주는 1년 수확량의 150퍼센트를 받도록 규정했다[3].

김구가 암살되다

6월 26일, 김구가 숙소인 경교장에서 육군 포병 소위 안두희[4]가 쏜 총탄에 목숨을 잃었다. 안두희는 김구가 남북협상(1948년 참조) 등을 통해 혼란을 조장해, 총을 쐈다고 밝혔다. 안두희는 단독 범행이라고 진술했으나, 그럴 가능성은 매우 낮다는 것이 정설이다.

유럽
북대서양조약기구가 창설되다

4월 4일, 미국과 서유럽의 자본주의 나라들이 소련과 동유럽의 공산주의 나라들에 군사적으로 맞서기 위해 집단 방위 조약인 북대서양조약기구(NATO)를 결성했다. 당시 가입국은 미국, 영국, 프랑스, 캐나다, 이탈리아, 네덜란드, 노르웨이, 포르투갈 등이었다.

유럽
독일이 분단되다

5월 24일에 독일연방공화국(서독)이 수립되고, 10월 7일에 독일민주공화국(동독)이 수립됨에 따라 독일이 두 나라로 분단됐다. 두 나라는 1990년에야 다시 통일된다(1990년 참조).

유럽
조지 오웰이 『1984』를 쓰다

6월 8일, 영국의 작가 조지 오웰이 절대적인 권력을 지닌 통치자 '빅 브라더(Big Brother)'가 모든 개인의 일거수일투족을 철저히 감시하고 통제하는 전체주의적 미래상을 그린 소설 『1984』를 출간했다.

조지 오웰과 훗날 제작된 영화 〈1984〉의 포스터

유럽
소련이 원자폭탄 실험에 성공하다

8월 29일, 소련이 원자폭탄 실험에 성공함으로써 미국에 이어 두 번째 핵무기 보유국이 됐다. 이에 따라 미국은 한층 더 파괴력이 강한 수소폭탄 개발에 착수하며, 핵전쟁의 위기가 고조된다.

아시아
중화인민공화국이 수립되다

10월 1일, 공산당이 국·공내전에서 승리해 국민당 세력을 타이완으로 쫓아내고 중화인민공화국의 수립을 선포했다.

중화인민공화국의 수립을 선포하는 마오쩌둥

국민당과 공산당은 1937년 제2차 국·공합작으로 일본의 침략에 함께 맞섰지만, 일본이 패망하자 1946년 7월부터 중국 대륙의 주인 자리를 두고 본격적인 내전에 돌입했다. 초기에는 국민당이 무기와 장비, 병력에서 앞서고 미국의 지원까지 받아 우세를 보였으나, 1948년 이후 전세가 역전됐다. 국민당이 경제 정책의 실패와 부패로 국민의 신뢰를 잃은 반면, 공산당은 농사짓는 농민이 토지를 소유하는 정책을 펼쳐 농민들의 지지를 얻었기 때문이다.

중화인민공화국의 국기인 오성홍기(五星紅旗)

북한군의 서울 입성

6 · 25전쟁이 일어나다

6월 25일 새벽, 북한군이 38선을 넘어 기습 남침했다. 38선 주변에서 벌어지던 국지전과는 차원이 다른 전면 공격이었다. 18만 병력(10개 사단)을 동원한 북한은 개전 3일 만에 서울을 점령했다.

이에 앞서 이승만 대통령은 국회의원들이 서울 사수 방안을 논의하던 6월 27일 새벽 홀로 대전으로 몸을 피했다. 그 후 이 대통령은 "서울시민 여러분, 안심하고 서울을 지키십시오. 적은 패주하고 있습니다"라는 거짓 방송을 내보냈다. 6월 28일 새벽에는 한강 인도교도 폭파시켰다. 이 때문에 적잖은 서울시민과 국회의원이 피란을 떠나지 못했다.[1]

개전을 주도한 북한의 수상 김일성과 부수상 박헌영은 소련과 중국의 지원을 받아 전쟁을 준비하고, 스탈린과 마오쩌둥의 동의를 얻어 전쟁을 시작했다. 이와 함께 북한은 애치슨선언을[2] 발표한 미국이 전쟁에 개입하지 않을 것이라고 봤다. 북한의 예측은 빗나갔다. 미국은 전쟁 발발 직후 참전을 선언했다. 미국은 자국을 중심으로 한 16개 나라 연합군(유엔군)을 조직해 한국으로 보냈다. 이로써 6·25전쟁은 국제전으로 확산됐다. 한편 이승만 대통령은 7월 14일 한국군의 작전지휘권을 미국에 넘겼다.

미국 참전 후에도 북한군의 기세는 꺾이지 않았다. 북한군은 7월 초 대전에서 미군을 물리치고 7월 말에는 경상도 일대를 제외한 남한 전 지역을 점령했다. 북한은 점령지에서 '무상몰수 무상분배' 방식의 토지 개혁 등을 실시했다.[3]

가을 들어 전세가 역전됐다. 제해권과 제공권을[4] 장악한 유엔군은 9월 15일 인천상륙작전을 펼치고 9월 28일 서울을 되찾았다. 북한도 인천상륙작전을 예상하고 있었다. 그러나 대부분의 전력이 낙동강 전선에 투입된 상태였기 때문에 이 작전을 막지 못했다.

중국은 유엔군이 38선을 넘으면 보고만 있지 않을 것이라고 경고했다. 그러나 유엔군은 10월 7일 38선을 넘어 북진해 10월 20일 평양을 점령하고 한국-중국 국경 근처까지 진격했다. 북한은 벼랑 끝에 몰렸다. 그러나 중국이 참전하면서 다시 전세가 뒤집혔다. 중국 인민지원군은 유엔군을 남쪽으로 밀어붙였다.

1 서울에 남은 국회의원 | 전쟁 직전인 1950년 5월 30일 치러진 제2대 국회의원 선거에서 이승만 대통령에게 비판적인 중도파 민족주의자가 다수 당선됐다. 그러나 이들 중 상당수는 625전쟁 때 납북됐다.

2 애치슨선언 | 딘 애치슨 미국 국무장관은 1950년 1월 태평양 지역에서 미국의 방위선이 알류산 열도, 일본, 오키나와, 필리핀을 연결하는 선이라고 발표했다. 한국과 타이완은 이선 바깥에 있었다.

3 남한의 농지개혁 | 1950년 3월 남한에서도 농지개혁법이 통과됐다. 이에 따라 첫 단계인 분배예정통지서를 발급하는 작업이 진행되던 중 전쟁이 터져 농지개혁은 중단됐다.

4 제공권을 둘러싼 대립 | 소련은 압도적인 미국의 제공권에 맞서 자국 조종사를 북한에 은밀히 지원했다. 그러나 소련은 아직까지도 공식적으로는 625전쟁 참전 사실을 인정하지 않고 있다.

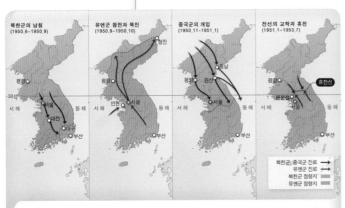

625전쟁 시기별 전선 변화

아메리카

매카시즘의 광풍이 불다

2월 9일, 미국의 조셉 매카시 상원의원이 "국무부에서 일하고 있는 공산당원 205명의 명단을 가지고 있다"라고 주장함에 따라 미국 사회에 '빨갱이 사냥'의 광풍이 불어닥쳤다.

공무원과 학자, 노동조합 활동가, 영화감독과 배우 등 수천 명이 비미활동위원회[House Un-American Activities Committee]의 청문회에 불려 나와 이적 행위를 자백하고 동료들을 고발할 것을 강요받았다. 이를 거부한 사람들은 직장에서 쫓겨나거나 감옥에 갇히거나 국외로 추방됐다. 〈시민 케인〉의 감독 오손 웰즈, 영화배우 겸 감독 찰리 채플린, 물리학자 로버트 오펜하이머 같은 저명인사들도 다수 포함됐다.

이러한 상황은 공산주의의 위협에 대한 미국인들의 공포의 산물이었다. 주도자인 매카시의 이름을 따 매카시즘이라 불렸다.

조셉 매카시

당시 미국 사회에 만연하던 공산주의에 대한 공포를 그린 만화책의 표지

1 이적 행위 | 적을 이롭게 하는 행위

아시아

중국이 티베트를 침공하다

10월 7일, 중국이 티베트를 침공해 점령했다.[2]

티베트는 히말라야산맥과 티베트고원 등 해발 4000미터가 넘는 고지대에 위치해 '세계의 지붕'으로 불린다. 티베트인들은 독자적인 문자와 라마 불교를 중심으로 한 고유의 문화를 발전시켜 왔다. 고대 토번의 후예이며, 1750년대 이후 청나라의 지배를 받아 오다가 1912년 청나라가 무너진 뒤 독립을 선언했다. 그러나 중국을 통일한 공산당 정부가 티베트에 대한 지배권을 되찾기 위해 군대를 보낸 것이었다.

9년 후인 1959년 3월 10일 티베트인들이 라싸에서 봉기해 독립을 선언하지만, 중국군에 의해 잔혹하게 진압된다. 티베트의 종교 지도자 겸 정치 지도자인 제14대 달라이 라마 텐진 갸초는 인도로 피신해 망명정부를 수립한다.

오늘날 티베트는 중국에서 시짱 자치구로 불린다. 그러나 독립을 요구하는 티베트인의 목소리도 끊이지 않고 있다.

티베트(시짱 자치구) 위치

1959년 봉기 때 라싸의 포탈라궁 앞에 모인 티베트인들(왼쪽)과 제14대 달라이 라마 텐진 갸초의 어린 시절(오른쪽)
티베트인들은 달라이 라마가 죽으면 곧 어린아이로 환생한다고 믿었기에, 그 아이를 찾아 새로운 달라이 라마로 추대했다.

2 중국의 티베트 점령 | 티베트 망명 정부 측은 이 사건을 중국의 침략으로 보고 있지만, 중국 정부는 '봉건주의 세력을 몰아낸 인민 해방'으로 규정하고 있다.

6·25전쟁의 그림자

① 남북한에서 자행된 민간인 학살

6·25전쟁은 말 그대로 전면전·총력전이었다. 남한과 북한의 대결을 넘어, 미국을 중심으로 한 유엔군과 중국 인민지원군까지 가담한 국제전으로 확대되면서 전쟁으로 인한 피해 규모는 커져만 갔다.

전쟁이 일어난 후 죽거나 다친 사람은 군인만이 아니었다. 총을 들지 않은 민간인도 매 순간 목숨을 위협받았다. 끊임없이 이어진 지상 전투는 물론 공중 폭격도 군인뿐만 아니라 민간인의 목숨을 노렸다. 이에 더해 곳곳에서 자행된 학살은 민간인을 공포에 떨게 만들었다.

이 중에는 한국 정부에 의한 학살도 여럿 있다. 우선, 군과 경찰은 전쟁 발발 직후 수많은 국민보도연맹원들을 정부 고위층 지시에 따라 학살했다. 국민보도연맹(1949년 참조)은 좌익 활동을 했거나 그것에 동조했다가 전향한 이들을 관리한다는 명목으로 정부에서 조직한 단체다. 그러나 좌익 활동과 거리가 먼데도 반강제적으로 가입된 사람들도 적지 않았다. 그런데 전쟁이 발발하자 정부는 이들이 적에게 협력할 우려가 있다며 학살했다. 형무소에 있던 재소자들도 같은 이유로 살해됐다. 1951년에는 국군 11사단이 '빨갱이 토벌'을 명분 삼아 경남 거창·산청 주민 719명(이 중 어린이 313명)을 학살하는 일도 일어난다.

한국 측뿐만 아니라 북한 측에 의한 민간인 학살도 벌어진다. 북한군은 물론, 한국 측이 장악한 지역에서 활동하던 좌익 빨치산들의 손에 적지 않은 민간인이 목숨을 잃었다. 또한 충북 영동군 노근리 주민들처럼 미군에게 학살되는 이들도 있었다(1999년 참조).

전황이 빠르게 변하고 전선이 큰 폭으로 움직인 것도 피해자를 늘린 원인 중 하나로 작용했다. 지역의 좌익과 우익이 보복 학살을 일삼는 일이 적지 않았기 때문이다. 예컨대 북한군이 점령지에서 패퇴하면 그 지역의 우익이 나서서 좌익을 학살한 식이었다. 이와 반대로 좌익이 우익을 살육한 곳도 있다.

이처럼 그리 넓지 않은 한반도에서 전쟁의 참화로부터 자유로운 곳은 어디에도 없었다. 그리고 민간인이 안전하게 머물 수 있는 곳도 찾아보기 어려웠다.

625전쟁 발발 직후인 1950년 7월
대전형무소에서만 1800여 명의 정치범이
군과 경찰에 의해 학살됐다.

② 부역자와 연좌제

6·25전쟁 기간 중 남북한의 국가 권력과 미군의 손에 희생된 민간인은 10만 명이 넘는 것으로 추정된다. 이 중에는 적에게 당한 것이 아니라, 적으로부터 자신을 지켜 줘야 할 국군과 경찰의 손에 희생당한 남한 주민도 적지 않다. 또한 한국을 도우러 온 미군에게 학살된 이들도 있다.

이렇게 희생당한 이들의 가족들은 대부분 정부나 미국에 그 책임을 물을 수조차 없었다. 오히려 빨갱이로 몰리지 않기 위해 오랫동안 숨죽이고 지내야 하는 경우가 많았다. 이런 일을 겪은 이들에게 국가 권력은 두려움의 대상일 뿐이었다.

물론 전쟁 기간 중 민간인들이 북한으로부터 보호를 받은 것도 아니었다. 남한이든 북한이든 국가 권력은 민간인들에게 총을 들이대고 선택을 강요했다. 민간인들은 목숨을 부지하기 위해 남한 권력 앞에서는 '반공'을, 북한 권력 앞에서는 '조국해방'을 외쳐야 했다.

학살뿐만 아니라 이른바 부역자 문제도 남한 주민을 옥죄며 강압적인 분위기를 만들었다. 부역자란 적군을 편든 사람, 즉 북한군이 남한의 대부분을 점령했을 때 북한군의 통치에 협력한 이들을 가리키는 말이다.

그런데 부역자로 지목된 이들 중 상당수는 자발적으로 북한에 협력한 것이 아니었다. 제때 피란을 떠나지 못했거나, 피란한 지역마저 북한군에 점령돼 어쩔 수 없이 그 치하에서 살아야 했던 사람들이 적지 않았다. 전쟁 초기에 북한군이 워낙 빠른 속도로 밀고 내려왔기 때문에 자기 뜻과 상관없이 북한의 통치를 받아야 하는 이들이 많았다.

특히 서울에는 이런 사람들이 더 많을 수밖에 없었다. 거짓 방송을 내보낸 후 다리를 폭파시킨 이승만 대통령 때문에(1950년 참조), 많은 서울시민들은 피란을 가고 싶어도 갈 수 없었기 때문이다.

그러나 정부는 이런 상황을 전혀 고려하지 않았다. 1950년 9월 28일 서울을 되찾은 후 정부는 서울에 남아 있던 사람들을 대상으로 부역 여부를 심사했다. 정부뿐만 아니라 우익 단체들도 나서서 부역자로 지목된 이들과 그 가족을 괴롭혔다. 정부의 거짓말에 속아 서울을 떠나지 못했던 사람들은 정부로부터 사과를 받기는커녕 빨갱이로 몰려 고통을 당했다. 이런 방식의 부역자 처벌은 서울만이 아니라 전국적으로 벌어져 수만 명이 체포됐다.

이런 일들을 겪으면서, 해방 직후 방방곡곡에서 건국준비위원회 등을 결성하며 새로운 나라를 건설하기 위해 역동적으로 움직였던 한국인들은 공포를 강제하는 국가의 눈치를 보며 납작 엎드려야 하는 처지로 전락했다. 1960년 4·19혁명이 일어날 때까지 이런 상황은 지속된다.

속담에 고양이가 쥐를 못 잡고 씨암탉을
잡는다는 격으로 이 법률을 발표하고 나면
안 걸릴 사람이 없을 것입니다.[1]

민족의 이름으로 이 최린을 광화문
네거리에서 처단해 주십시오.[2]

1 제헌국회의 조헌영 의원이 1948년 국가보안법 제정을 반대하며 한 말
국가보안법이 광범위한 인권 탄압 도구로 악용될 가능성이 많다고 우려한
것이다. 그 후 국가보안법은 대표적인 반인권법으로 자리매김했고, 우려는
현실이 됐다.

2 3·1운동 당시 '민족대표' 33인 중 하나였다가 친일파로 변절한 최린이
반민특위 재판에서 한 말
최린 외에도 시인 김동환이 친일 행위를 반성하며 반민특위에 자수했고,
현석호 전 국방부 장관과 이항녕 전 홍익대 총장도 친일 행적을 반성했다.
그러나 대다수 친일파는 과거에 저지른 잘못을 반성하기는커녕 친일 청산을
막는 데 주력했다.

당신의 주장에 따르면, 우주에
존재하는 모든 물질은 까마득한
과거의 어느 한순간에 일어난
빅뱅으로부터 시작되었겠군요.[1]

제1조   모든 사람은 태어날 때부터 자유롭고, 존엄하며, 평등하다.
        모든 사람은 이성과 양심을 가지고 있으므로 서로에게
        형제애의 정신으로 대해야 한다.

제2조   모든 사람은 인종, 피부색, 성, 언어, 종교 등 어떤 이유로도
        차별받지 않으며, 이 선언에 나와 있는 모든 권리와 자유를 누릴
        자격이 있다.

제18조   모든 사람은 사상, 양심, 종교의 자유를 누릴 권리가 있다.

제20조   모든 사람은 평화적인 집회 및 결사의 자유를 누릴 권리가 있다.

제23조   모든 사람은 일할 권리, 자유롭게 직업을 선택할 권리, 공정하고
        유리한 조건으로 일할 권리, 실업 상태에서 보호받을 권리가
        있다. 모든 사람은 차별 없이 동일한 노동에 대해 동일한 보수를
        받을 권리가 있다.

제25조   모든 사람은 먹을거리, 입을 옷, 주택, 의료, 사회 서비스 등을
        포함해 가족의 건강과 행복에 적합한 생활 수준을 누릴 권리가
        있다.[2]

1 미국의 물리학자 프레드 호일의 말
호일은 텔레비전 토론 프로그램에서 조지 가모프의 대폭발 이론을
비아냥거리기 위해 '빅뱅(Big Bang)'이라는 표현을 처음으로 사용했다. 이를
계기로 사람들이 이 이론을 '빅뱅 이론'으로 부르게 됐다.

2 세계인권선언의 주요 조항

1950년대

1951~1960

남북한에서 독재 권력이 강화되고,
제3세계가 목소리를 높이다

1950년대의 한국과 세계

남북한에서 독재 권력이 강화되고, 제3세계가 목소리를 높이다

6·25전쟁은 남북한에 커다란 상처를 남긴다. 곳곳에서 자행된 민간인 학살 등으로 인해 수백만 명이 목숨을 잃고, 수많은 가족이 뿔뿔이 흩어지는 결과를 낳는다. 1953년 정전협정이 맺어지지만, 전쟁을 일시적으로 멈춘 것일 뿐 완전히 끝낸 것은 아니었다. 남북한은 정전협정 후 평화롭게 공존하는 대신 상대방을 비난하며 긴장감을 높인다. 그리고 남한에서는 이승만 정권이, 북한에서는 김일성 정권이 긴장 국면을 활용해 각각 독재 체제를 구축한다.

그 배경에는 냉전이 있었다. 냉전은 1950년대 들어 더 강도 높게 진행된다. 미국과 소련은 군비 확충 경쟁에 몰입한다. 1957년 소련이 세계 최초의 인공위성인 스푸트니크 1호를 쏘아 올리면서, 두 나라의 군비 경쟁은 우주 공간으로까지 확대된다.

이러한 가운데, 새로운 세계 질서를 요구하는 목소리도 터져 나온다. 대부분 제2차 세계대전 후 독립한 아시아와 아프리카의 국가들(제3세계)은 1955년 반둥에 모여 냉전에서 중립을 지킬 것을 결의한다. 또한 베트남 등에서 독립 전쟁이 본격적으로 전개되고, 쿠바에서는 미국의 지원을 받아 온 독재 정권이 몰락한다. 이에 화답이라도 하듯, 1960년 한국에서도 4·19혁명이 일어나 이승만 정권을 무너뜨린다.

폭격으로 부서진 평양 대동강 철교를
건너가려는 사람들

개성의 정전회담 장소
정전회담 장소는 1951년 10월 판문점
으로 바뀐다.

1 포로문제 | 북한과 중국은
제네바 협정에 따라 '포로 자
동 송환'을 주장한 데 반해 미
국은 포로 개인의 자유의사에
맡기자고 주장했다.

2 맥아더의 해임 | 맥아더가
해임된 핵심 이유 중 하나는
지나치게 독선적인 태도였
다. 반공주의 일색이던 시절,
맥아더는 한국에서 위대한 장
군으로 받아들여졌다. 그렇
지만 미국에서는 "미국 대통
령도 무시할 정도로 오만했고
국제 정세에 대한 판단력도 매
우 부족했다."라는 평이 나오
고 있다.

전선이 교착되고 정전회담이 시작되다

1월 4일, 중국 인민지원군의 거센 공세에 밀려 국군과 유엔군이 서울을 다
시 뺏겼다(1·4후퇴). 그러나 국군과 유엔군은 평택(경기도)–제천(충북) 선에서
중국 인민지원군의 남하를 막고, 서울을 다시 찾았다. 그 후 양측은 지금
의 휴전선 부근에서 대치하며 일진일퇴의 소모전을 벌였고, 전선은 큰 변
동 없이 교착됐다.

어느 쪽도 상대방을 압도할 수 없는 상황이 되자 전쟁을 마무리하기 위한
정전협상이 7월에 시작됐다. 휴전선 위치, 포로 문제[1] 등을 둘러싼 대립이
지루하게 이어지면서 정전협상은 2년 동안이나 계속된다.

한편 중국 인민지원군에 밀리자 원자폭탄을 사용하자고 주장했던 더글러
스 맥아더 유엔군사령관은 4월에 해임된다.[2]

국민방위군 사건이 일어나다

국민방위군 수만 명이 굶어 죽고 얼어 죽는 사건이 일어났다. 국민방위군
은 1950년 12월부터 만 17~40세의 남성을 대상으로 정부가 편성한 제2국
민병(예비군)이다. 50만~60만 명이 국민방위군으로 소집됐는데, 자원자도 있
었지만 강제 동원된 사람도 많았다. 중국 인민지원군에 밀려 남하하던 정
부는 1월에 국민방위군을 경상도 일대로 이동시켰다. 북한이 점령지의 남한 주
민을 의용군으로 차출한 전쟁 초기 경험을 되풀이하지 않기 위해서였다.

그런데 정부는 이들을 한겨울에 먼 곳으로 이동시키면서 식량과 겨울옷조차 제
대로 지급하지 않았다. 그 과정에서 굶어 죽고 얼어 죽는 사람이 속출하고, 견
디다 못해 대열을 이탈해 도망치는 사람이 많았다. 사람들은 국민방위군을 '해
골의 대열', '죽음의 행진'이라고 불렀다. 조사 결과, 국민방위군 간부들이 예산을
빼돌려 유흥비로 쓰고 일부는 정치권에 상납한 것으로 드러났다. 비판 여론이
거세게 일자 정부는 국민방위군을 해산하고 간부 5명을 처형했다. 그러나 국민
방위군 간부들이 상납한 돈을 받은 정치권에 대한 조사는 이뤄지지 않았다. 이
사건으로 사망한 사람은 5만~8만 명으로 추정된다.

유럽

유럽석탄철강공동체의 창설이 합의되다

4월 18일, 네덜란드, 룩셈부르크, 벨기에, 서독, 이탈리아, 프랑스의 6개 나라가 파리조약을 맺어 석탄과 철강 분야의 무역 장벽을 제거하고 이들 산업 분야를 통합해 관리할 독립 기구를 설립하기로 합의했다. 이 조약에 의해 1952년 7월 23일 유럽석탄철강공동체(ECSC)가 출범한다.

ECSC는 경제적인 성격의 기구였지만, 그 궁극적인 목적은 유럽에서 다시 전쟁이 일어나는 것을 막기 위해 유럽 통합 국가를 건설하는 것이었다. 추후 유럽경제공동체(EEC)와 유럽공동체(EC)를 거쳐 오늘날의 유럽연합(EU)으로 발전한다.

아메리카

샌프란시스코강화조약이 맺어지다

9월 8일, 미국 샌프란시스코에서 미국과 영국의 주도로 제2차 세계대전의 승전국 가운데 49개 나라와 일본 사이에 강화조약이 체결됐다. 미국과의 의견 대립으로 인해 소련, 폴란드, 체코슬로바키아 등은 추후 별개의 조약을 통해 일본과 국교를 회복한다.

샌프란시스코강화조약에 서명하는 일본 대표

이 조약으로 일본은 한국의 독립을 승인하고, 타이완과 남사할린 등의 점령지에 대한 모든 권리를 상실했다. 하지만 한국에 제주도·거문도·울릉도를 반환하도록 하면서도 독도에 대해서는 따로 언급하지 않아 향후 영토 분쟁의 소지를 남겼다.

또한 일본이 집단적 안전 보장 체제에 가입할 수 있음을 명시해 미국을 중심으로 한 반공 군사 동맹에 가담할 수 있는 길을 열어 두었다. 미국과 일본은 같은 날 미·일안전보장조약(1960년 참조)을 체결했고, 이후 미군이 일본에 계속 주둔하게 된다.

아프리카

리비아가 독립하다

12월 24일, 리비아가 유엔의 권고에 힘입어 여러 부족의 연합왕국 형태로 독립했다. 리비아는 16세기 이래 오스만튀르크의 통치를 받다 1911년 이탈리아에 침략당해 식민 지배를 받아 왔다.

이후 1960년대 초반까지 모로코, 튀니지, 수단, 알제리 등 북아프리카의 다른 나라들도 유럽의 식민 지배로부터 차례로 독립한다.

5월 26일 국회의원들을 태운 통근 버스가 헌병대로 연행되고 있다.

1 관제 시위 | 이들은 백골단, 땃벌떼, 민중자결단 등의 이름으로 관제 시위를 했다.

2 발췌개헌안 | 핵심은 이승만이 추진한 대통령 직선제이지만, 야당이 요구하던 내각책임제 요소도 일부 포함하고 있어 발췌개헌안이라고 불린다. 법치 국가를 표방한 대한민국에서 권력자 입맛대로 헌법을 고치는 악습은 1987년 6월항쟁 이전까지 계속된다.

3 불하 | 국가나 공공 기관의 자산을 민간에 넘기는 일

전쟁고아들(1952년)
전쟁으로 이러한 고아들이 늘고 많은 시민들이 고통을 받고 있던 때에도 정경유착은 끊이지 않았다.

4 환차익 | 환율 차이로 발생한 이익

5 정경유착 | 정치권과 재계가 부당하게 결탁하는 것

부산정치파동이 일어나고 이승만이 다시 대통령이 되다

5월 25일 자정, 정부가 부산과 경남 일대에 계엄령을 선포했다. 몇 시간 후인 5월 26일 오전, 정부는 임시 국회의사당이던 경남도청 앞에서 국회의원 47명이 탄 통근 버스를 통째로 헌병대로 연행했다. 이어 '국제공산당'의 자금을 받았다는 혐의를 씌워 야당 의원들을 구속했다.

정부가 이러한 부산정치파동을 일으킨 이유는 이승만을 다시 대통령으로 만들기 위해서였다. 1948년에 만들어진 제헌헌법은 대통령을 국회에서 선출하도록 규정하고 있었는데, 거듭된 실정(失政)으로 인해 이승만이 재선출될 가능성은 매우 희박했다. 그러자 이승만 대통령은 헌법을 바꾸려 했다. 정부는 1월에 국민이 대통령을 직접 선출하는 직선제 개헌안을 제출했으나 찬성 19, 반대 143으로 부결됐다. 이에 이승만 대통령은 지지자들을 동원해 국회를 위협하는 관제 시위[1]를 조직했고, 그것으로 목적을 달성할 수 없자 부산정치파동을 일으킨 것이다.

부산정치파동을 통해 이승만 대통령은 목표를 달성했다. 7월 4일 국회는 결국 대통령 직선제를 포함한 발췌개헌안[2]을 통과시켰다. 이승만은 그로부터 한 달 후 실시된 대통령 선거에서 경찰을 중심으로 하는 관권을 동원해 당선됐다.

중석불 부정 불하 사건이 발생하다

전쟁이 한창이던 때 권력형 비리인 중석불(重石弗) 부정 불하[3] 사건이 터졌다. 중석불은 중석(텅스텐) 1만 5000톤을 미국에 팔기로 하고 받은 선금 470만 달러를 말한다. 정부는 이 달러를 민간 업체에 넘겨 밀가루와 비료를 들여오게 했다. 그런데 이 과정에서 정부는 시장에서 실제로 거래되는 값에 훨씬 못 미치는 환율로 민간 업체에 달러를 넘겼다. 그 덕분에 민간 업체는 엄청난 환차익[4]을 얻었다. 또한 민간 업체는 수입한 밀가루와 비료에 적정가의 몇 배나 되는 가격을 매겨 시중에 팔아 많은 이득을 얻었다. 민간 업체는 그렇게 부당하게 번 돈의 일부를 정치권에 바쳤다. 정경유착[5]의 전형을 보여 주는 사건이다.

이집트에서 자유장교단이 쿠데타를 일으키다

7월 23일, 가말 압델 나세르가 이끄는 군부 내 비밀 결사인 자유장교단이 쿠데타를 일으켰다. 이들은 곧 국왕을 쫓아내고 공화국을 수립했다.

나세르는 이집트와 아랍 세계에서 외세를 몰아내고 장차 아랍인의 통일 국가를 수립하려는 범아랍주의(나세르주의)를 목표로 삼고 있었다. 그는 자신의 젊은 나이를 고려해 전쟁 영웅인 무하마드 나기브를 대통령으로 내세웠으나, 1954년 그를 몰아내고 국민들의 압도적인 지지에 힘입어 대통령에 취임한다.

이후 1955년 아시아-아프리카회의(1955년 참조)에 참여해 비동맹 중립 노선을 추구하며, 1956년에는 수에즈운하의 국유화를 선언하고 영국, 프랑스, 이스라엘 연합군과 제2차 아랍·이스라엘전쟁을 치러 아랍 세계 전체의 지도자로 부상한다. 1958년에는 이집트와 시리아를 통합해 아랍연합공화국을 세움으로써 아랍 통일 국가 수립의 첫발을 내딛지만, 이 나라는 3년 후 내분으로 해체되고 만다.

가말 압델 나세르

스모그가 런던을 뒤덮다

12월 4일부터 약 일주일간 극심한 스모그가 영국 런던을 덮쳤다.[1] 그 여파로 이후 몇 개월간 1만 2000명의 시민이 호흡기 질환으로 목숨을 잃었다. 석탄과 석유의 화석 연료를 무분별하게 사용하는 과정에서 발생한 이산화황과 일산화탄소 등의 오염 물질이 직접적인 원인이었다. 기상 조건도 한몫을 거들었다. 바람이 불지 않는 가운데 지표면의 온도가 상층보다 더 낮아지는 기온 역전 현상이[2] 함께 일어났고, 이로 인해 오염 물질과 결합한 짙은 안개가 도시를 완전히 뒤덮어 버린 것이었다.

이 사건은 전 세계인들에게 환경 오염의 심각성을 일깨우고 대책 마련을 위해 심사숙고하게 하는 계기가 됐다.

런던 스모그

1 스모그 | 연기(smoke)와 안개(fog)의 합성어. 18세기 유럽에서 산업 발전과 인구 증가로 석탄 소비량이 늘어났을 때 생긴 용어이다.

2 기온 역전 현상 | 기온 역전 현상이 일어나면 오염 물질이 대기 상층으로 흩어지지 못하고 지표면에 가라앉게 된다.

케냐에서 마우마우단이 반란을 일으키다

아프리카 케냐의 토착 민족인 키쿠유족의 무장 조직 마우마우단이 영국의 식민 지배에 맞서 반란을 일으켰다. 식민 당국은 이들을 진압하기 위해 집요한 군사 작전을 펼치지만 큰 효과를 거두지 못한다. 케냐는 1963년 마침내 독립을 맞는다.

『사상계』

정전협정 원문

박헌영이 이끌던 남로당 계열이 북한에서 숙청되다

3월, 북한에서 이승엽·이강국 등 남로당 출신 간부 12명이 간첩 혐의로 체포됐다. 이들은 북한의 2인자로서 남로당 계열을 이끌던 부수상 박헌영의 측근이었다. 얼마 후 박헌영도 같은 죄목으로 체포됐다. 이승엽 등 12명은 8월에 재판을 받고 숙청됐다. 박헌영도 1955년 12월 재판을 받은 후 처형된다.

이들이 실제로 간첩이었는지는 논란이 있다. 남로당 계열을 숙청한 것은 김일성을 중심으로 한 만주 빨치산 계열이었다. 6·25전쟁에서 승리하지 못한 책임을 남로당 계열에 떠넘기고 자신들 중심으로 권력을 재편하는 것이 김일성 계열의 의도였다는 평가가 지배적이다.[1]

『사상계』가 창간되다

4월, 장준하가[2] 월간지 『사상계』를 창간했다. 『사상계』는 친미·반공 논조를 견지하고 미국식 자유민주주의를 지향하며 이승만·박정희 정부의 독재에 맞서는 지적 구심점 역할을 한다.

정전협정을 맺고 6·25전쟁을 멈추다

7월 27일, 유엔군과 공산군이 정전(停戰)협정을[3] 맺고 6·25전쟁을 멈췄다. 정전협정은 전쟁을 일시 중단하는 것일 뿐 완전히 끝내는 것이 아니었다. 그래서 정전협정에는 참전국들이 3개월 내에 정치회의를 열어 한국 문제를 평화적으로 해결할 방안을 협의할 것을 권고하는 내용이 담겼다. 정치회의는 1954년 스위스 제네바에서 열리지만 성과를 거두지 못한다.

한편 미국·중국·북한은 정전협정에 서명했지만 한국은 서명하지 않았다. 이승만 대통령이 북진 통일을 주장하며 정전에 반대했기 때문이다. 이 대통령은 6월 18일 반공포로를[4] 일방적으로 석방해 정전협상을 위기에 몰아넣기도 했다.

한·미상호방위조약이 체결되다

10월 1일, 한·미상호방위조약이[5] 체결됐다. 이로써 미국은 한반도에서 군사적 충돌이 발생했을 때 유엔 결의 없이 바로 개입할 수 있게 됐다. 한·미상호방위조약은 실질적인 군사 동맹으로서 이승만 대통령의 역점 사업이었다.

유럽

스탈린이 사망하다

3월 5일, 소련공산당 서기장이자 최고 권력자인 이오시프 스탈린이 갑작스러운 죽음을 맞았다. 이로써 1920년대 후반부터 지속돼 온 스탈린의 일인 독재 체제가 막을 내렸다. 스탈린의 측근이자 정보기관의 수장으로 유력한 후계자 후보였던 라브렌티 베리야는 체포돼 처형되고, 니키타 흐루쇼프가 새로운 서기장으로 소련을 이끌게 된다.

아메리카

DNA의 이중 나선 구조가 밝혀지다

4월 25일, 미국의 생물학자 제임스 왓슨과 프랜시스 크릭이 생명체의 유전 정보를 담고 있는 디옥시리보핵산(DNA)의 구조를 밝혀냈다. 이들이 학술지 『네이처』에 기고한 논문의 길이는 고작 128줄에 불과했다. 그러나 인류는 이 논문을 통해 생물의 형질이 어떠한 형태로 세포 속에 기록돼 있고, 어떠한 방식으로 후대에 전해지는지를 알 수 있게 됐다.

이들이 밝힌 바에 따르면 생물의 세포핵 속에 존재하는 염색체는 이중 나선의 형태로 꼬여 있으며, 그 속의 아데닌·티민·구아닌·시토신이라는 4종류 염기의 배열에 모든 유전 정보가 담겨 있다.

왓슨과 크릭의 논문

DNA 이중 나선 구조(왼쪽)
왓슨과 크릭이 자신들이 제작한 이중 나선 구조 모형을 살피고 있다(오른쪽).

아메리카

쿠바혁명이 시작되다

7월 26일, 피델 카스트로가 이끄는 100여 명의 반군이 쿠바 산티에고의 몬카다 병영을 공격함으로써 쿠바혁명이 시작됐다. 쿠바는 1898년 에스파냐로부터 독립했지만, 대부분의 쿠바인들은 미국 자본 및 대지주의 토지 독점으로 인한 극심한 빈곤과 바티스타 독재 정권의 폭압에 시달리고 있었다.

반군은 정부군의 반격으로 대개 사살되거나 체포됐지만, 카스트로는 석방된 후 멕시코로 건너가 체 게바라 등과 손잡고 다시 혁명 세력을 규합한다. 이들은 1956년 쿠바에 상륙해 게릴라전을 펼친 끝에 1959년 1월 1일 독재 정권을 몰아내고 사회주의 정부를 수립하는 데 성공한다(1959년 참조).

피델 카스트로

독도의용수비대가 일본 순시선을 물리치다

8월과 11월에 독도의용수비대가 독도로 다가오는 일본 순시선과 총격전을 벌였다. 일본 순시선은 독도 접근을 포기하고 물러갔다. 독도의용수비대는 1953년 4월 울릉도의 민간인들이 독도를 지키고자 만든 조직이다. 러·일전쟁 때 독도를 강탈한(1905년 참조) 일본은 한국에서 물러간 후에도 독도가 자국 영토라고 주장했다. 독도의용수비대는 1956년 독도 수비 임무를 경찰에 넘긴다.

이승만의 영구 집권을 위해 사사오입 개헌을 하다

최순주 국회 부의장(오른쪽)은 사사오입으로 개헌안이 통과됐다고 선포했다가 야당 의원에게 멱살을 잡혔다.

1 3선 | 한 사람이 선거에서 세번 선출되는 것

2 사사오입 | 사사오입(四捨五入)은 반올림을 말한다. 사사오입 논리를 적용하면 개헌안을 통과시킬 수 있다는 아이디어를 낸 사람은 대학의 한 수학 교수로 전해진다.

11월 27일, 국회에서 헌법 개정안에 관한 표결이 이뤄졌다. 개헌안의 핵심은 '초대 대통령에 한해 3선[1] 제한을 철폐한다'는 것이었다. 한 사람이 대통령 직책을 두 번까지만 수행할 수 있도록 한 기존 헌법대로라면 이미 두 번(1948년, 1952년) 대통령이 된 이승만은 대선에 더는 출마할 수 없었다. 영구 집권을 꿈꾸던 이승만 대통령은 헌법을 바꾸려 했다. 그러려면 국회의원의 3분의 2 이상이 개헌안에 찬성해야 했다. 즉 전체 국회의원 203명 중 136명 이상이 동의해야 헌법을 바꿀 수 있었다. 여당인 자유당은 5월에 실시된 제3대 국회의원 선거에서 관권을 동원해 압승한 후 무소속 의원들을 끌어들였다. 자유당은 국회의원을 충분히 확보했다고 판단하고 개헌안을 표결에 부쳤다.

결과는 예상 밖이었다. 136명에 1명 모자란 135명만 찬성해 개헌안은 부결됐다(반대 60명, 기권 7명, 불참 1명). 그러나 하루 뒤인 11월 28일, 정부는 사사오입[2] 논리에 따라 개헌안이 통과됐다고 주장했다. 국회의원의 3분의 2는 135.33…인데 사람 수에서 소수점 이하는 의미가 없기 때문에 개헌에 필요한 최소 인원은 136명이 아니라 135명이라는 억지 주장이었다. 11월 29일, 자유당은 이미 부결된 개헌안을 사사오입을 앞세워 다시 국회에 상정해 통과시켰다.

한편 1948년 이래 헌법에는 '광물을 비롯한 중요한 자원을 국가 소유로 한다' 등 균형 잡힌 경제를 건설하기 위해 자본의 활동을 통제하는 조항이 있었는데 사사오입 개헌으로 그러한 조항들이 사라졌다.

나일론 옷감이 서울에서 선풍적인 인기를 끌다

개헌안 표결이 이뤄진 11월 27일 국회의사당에 몰려든 시민들

아시아

디엔비엔푸전투로 제1차 인도차이나전쟁이 끝나다

3월 13일, 보 응우옌잡 장군이 이끄는 베트남민주공화국[1]군이 베트남 북서부 산악 지대의 프랑스군 요새인 디엔비엔푸에 대한 총공세를 시작했다. 베트남군의 집요한 포위 공격으로 프랑스군은 1만 6000명의 병력 가운데 5000명이 전사하는 피해를 입고 5월 7일 항복한다. 이 전투의 패배로 프랑스는 베트남과 인도차이나반도에서 철수한다. 그러나 7월 21일 스위스 제네바에서 열린 극동평화회의에서 베트남은 북위 17도 선을 경계로 남북으로 분단되는 운명을 맞는다. 북부는 호치민이 이끄는 베트남민주공화국(북베트남) 정부가 차지하고, 남부에는 미국의 지원을 받는 응오 딘 지엠의 베트남공화국(남베트남) 정부가 들어선다.

디엔비엔푸전투

베트남의 분단

유럽

6월 27일, 소련 오브닌스크에서
세계 최초의 원자력 발전소가 가동을 시작하다

유럽

판타지 소설 『반지 원정대』가 출간되다

7월, 영국의 영문학자이자 소설가 존 로널드 톨킨이 '반지의 제왕' 3부작 가운데 1편인 『반지 원정대』를 출간했다. 이 소설은 환상의 세계에서 선과 악의 두 세력이 신비한 힘을 지닌 '절대반지'를 차지하기 위해 벌이는 거대한 전쟁을 그리고 있다. 북유럽의 신화와 크리스트교 세계관, 그리고 제1·2차 세계대전의 참상에서 그 아이디어를 얻었다고 한다. 판타지 소설의 고전으로 평가받으며, 2001년 같은 제목의 영화로도 제작된다.

1 베트남민주공화국 | 1945년 베트남독립동맹의 독립 선언으로 하노이에 수립된 정부 (1945년 참조)

『반지 원정대』의 표지(왼쪽)와 영화 〈반지 원정대〉의 포스터(오른쪽)

아프리카

알제리독립전쟁이 시작되다

11월 1일, 알제리의 독립운동 세력인 알제리민족해방전선이 프랑스 식민 통치에 맞서 무장봉기를 일으켰다. 1830년 이래 알제리를 지배해 온 프랑스는 봉기를 진압하기 위해 수십만의 병력을 파견했으나, 민족해방전선은 게릴라전과 테러의 방식으로 저항을 더욱 확대한다.

1962년 3월의 에비앙협정으로 7년여의 치열한 전쟁이 종식되고, 알제리는 프랑스와 알제리에서 각각 치러진 국민 투표를 거쳐 7월 독립한다.

〈춘향전〉 포스터(왼쪽)와
〈자유부인〉 포스터(오른쪽)

충무로역의 한국 영화 홍보 공간

1 투기 자금 | 영화 진흥에 대한 관심보다는 이윤만을 노리고 투자되는 자금

2 백주 | 대낮

한국 영화 '충무로 시대'가 열리다

한국 영화의 중심지가 명동에서 충무로로 바뀌었다. 계기는 1월에 충무로 국도극장에서 개봉한 이규환 감독의 〈춘향전〉이 흥행에 성공한 것이었다. 그 후 명동 국립극장을 중심으로 모여 있던 영화인들이 하나둘씩 충무로로 옮겼다. 1956년 충무로 수도극장에서 개봉한 한형모 감독의 〈자유부인〉도 흥행에 성공하면서 충무로는 영화의 메카로 굳건하게 자리매김한다.

이후 충무로 일대의 다방, 식당, 여관 등은 영화인으로 북적인다. 감독과 작가가 여관방에서 시나리오 작업에 몰두하고, 제작자가 그 여관방에 돈줄인 지방흥행사(지방 극장 소유주)를 모아 놓고 작가에게 시나리오를 읽게 하는 일이 곳곳에서 일어난다.

이 무렵 1954년 '국산 영화 입장세 면세' 조치가 취해지면서 영화에 투자하는 자본도 늘었다. 투기 자금[1]이 너무 많이 들어오는 것 아니냐는 우려가 나올 정도였다. 그 결과 1950년대 중반에 한국 영화 제작 편수는 급격히 늘어났다.

『대구매일신문』 테러 사건이 일어나다

9월 14일, 대구매일신문사가 테러를 당했다. 여당인 자유당 경북도당 간부와 관변단체인 국민회 간부가 이끄는 20여 명은 이날 오후 대구매일신문사를 습격해 인쇄·통신 시설을 부수고 윤전기에 모래를 뿌렸으며 사원들을 폭행했다.

이들이 문제 삼은 것은 『대구매일신문』 9월 13일자에 실린 최석채 주필의 사설 '학도를 정치도구화하지 말라'였다. 최 주필은 이 사설에서 고위층이 행차할 때 학생들을 불러내 몇 시간 동안 환영 인파로 세워 두는 것은 잘못된 일이라고 비판했다.

경찰은 신문사를 습격한 사람들을 두둔했다. 한 경찰 간부는 "백주[2]의 테러는 테러가 아니다"라는 궤변까지 했다. 경찰은 9월 17일, 오히려 최 주필을 국가보안법 위반 혐의로 구속했다. 경찰은 북한 방송이 최 주필의 사설을 인용했다는 것을 법 위반 근거로 제시했다. 최 주필은 1956년 5월 대법원에서 무죄 판결을 받는다.

아시아

제1차 아시아-아프리카회의가 열리다

4월 18일, 아시아와 아프리카의 신생국들이 인도네시아 반둥에 모여 제1차 아시아-아프리카회의[1]를 개최했다. 이 회의에는 인도네시아의 수카르노, 인도의 네루, 중국의 저우언라이, 이집트의 나세르 등 비동맹 중립 노선을 추구하는 29개 나라 지도자들이 참여했다.

이들은 아시아와 아프리카 나라들 사이의 유대를 강화하고, 서구의 식민주의를 종식시키며, 미국과 소련의 냉전 속에서 중립을 지킬 것을 결의했다. 또한 기본적 인권의 존중, 인종 및 국가 간의 평등, 강대국 중심의 군사 동맹에 불참, 내정 불간섭과 상호 불가침 등을 내용으로 하는 '반둥 10원칙'을 천명했다.

제1차 아시아-아프리카회의

참가국 ▨▨▨

제1차 아시아-아프리카회의 참가국

유럽

바르샤바조약기구가 결성되다

5월 14일, 소련을 비롯해 체코슬로바키아, 불가리아, 동독, 헝가리, 폴란드, 루마니아, 알바니아[2]의 8개 동유럽 사회주의 나라들이 바르샤바조약기구를 결성했다. 미국과 서유럽 자본주의 나라들의 북대서양조약기구(1949년 참조)에 대항하기 위한 군사 동맹이었다. 하지만 소련군이 가입국 영토에 자유롭게 주둔하도록 허용함으로써, 소련이 이들 나라에 정치적, 군사적으로 간섭할 수 있는 근거를 제공하기도 했다.

유럽

러셀과 아인슈타인이 핵무기의 폐기를 호소하다

7월 9일, 영국의 철학자 버트런드 러셀이 미국, 소련, 영국, 프랑스, 중국, 캐나다의 지도자들에게 핵전쟁으로 인한 인류 멸망의 가능성을 경고하고 과학 기술을 평화적으로 이용할 것을 호소하는 공개 서한[3]을 발표했다. 아인슈타인 등 세계적인 물리학자 8명도 함께 서명했으며, 이후 핵 실험 중단과 핵무기 폐기를 촉구하는 과학자들의 모임인 퍼그워시회의가 출범하는 계기가 됐다.

유럽

『슬픈 열대』가 출간되다

프랑스의 인류학자 클로드 레비스트로스가 대표작 『슬픈 열대』를 출간했다. 레비스트로스는 아마존 원시 부족들의 사회 구조와 문화에 대한 연구를 통해 서구인들이 갖고 있는 문명과 야만의 이분법을 비판하고, 자신이 훗날 확립할 구조주의[4] 사상의 밑바탕을 마련했다.

1 아시아-아프리카회의 | 개최지의 이름을 따라 '반둥회의'라고도 불린다. 제2차 회의는 참가국들 사이의 갈등으로 열리지 못했다.

2 알바니아의 탈퇴 | 알바니아는 1968년 소련과의 갈등으로 탈퇴했다.

3 러셀과 아인슈타인의 공개 서한 | 러셀과 아인슈타인이 함께 준비했기에 '러셀-아인슈타인선언'으로 불린다. 그러나 아인슈타인은 발표 이전인 4월 18일에 사망했다.

러셀이 기자들 앞에서 공개 서한을 읽고 있다.

4 구조주의 | 문화를 이루는 요소들 사이의 관계를 통해 문화를 분석하는 철학적 방법 또는 사상. 인간을 자율적인 존재라기보다 구조에 종속된 존재로 파악하는 경향이 있다.

5월 12일, 한국 최초의 텔레비전 방송국(KORCAD-TV)이 생기다

한국 최초의 텔레비전 방송국(KORCAD-TV)

제3대 정부통령 선거 후 거리 개표 상황을 지켜보는 시민들

제3대 대통령 선거가 치러지다

5월 15일, '사사오입 개헌'(1954년 참조)에 따라 치러진 제3대 대통령 선거 결과, 유효 투표 906만 표 중 504만 표를 얻은 이승만이 다시 대통령이 됐다.[1] 이승만의 유력한 경쟁자였던 민주당의 신익희 후보가 선거를 앞두고 숨지면서 이승만의 압승이 예상된 선거였다. 그러나 216만 표를 얻어 2위를 기록한 진보당 추진위원회 후보 조봉암의 돌풍이 매서웠다.[2]

유권자들은 '평화통일'과 '피해대중 단결'을 내세운 조봉암에게 큰 관심을 보였다. '평화통일'은 이승만 대통령이 내세운 북진통일과 정반대 주장이었기 때문에 금기로 여겨졌다. 북진통일은 북한과 또다시 전면전을 치르는 것을 뜻했다. 조봉암은 이를 정면으로 비판해 유권자의 호응을 얻었다. 이승만 정부의 횡포에 시달리던 사람들('피해대중')을 위해 '수탈 없는 경제' 정책을 펴겠다는 공약도 많은 지지를 받았다.

경찰은 조봉암을 비롯한 야당 측의 선거 운동을 노골적으로 방해했다. 선거 유인물을 뺏고 선거 운동원들을 폭행하는 일이 곳곳에서 벌어졌다. 후보인 조봉암이 선거 직전 몸을 숨겨야 했을 정도였다. 조봉암 지지표를 이승만 지지표로 바꿔치기하는 등의 개표 부정도 심각했다.

그럼에도 적지 않은 국민이 조봉암을 지지하자, 이승만 정권은 1958년 조봉암을 간첩으로 몰아 체포한 후(진보당사건) 1959년 7월에 처형한다.[3]

북한에서 8월사건이 일어나다

8월, 북한의 상업상(상업을 담당하는 장관) 윤공흠이 당을 비민주적으로 운영한다며 김일성 수상을 공개 비판했다. 윤공흠은 조선독립동맹 계열 인사였다. 김일성 계열은 이 사건을 계기로 조선독립동맹 계열을 대거 숙청했다. 남로당 계열이 숙청된 데 이어(1953년 참조) 조선독립동맹 계열까지 쫓겨나면서 북한 권력은 김일성 계열 중심으로 재편된다.

8월사건의 원인 중 하나는 노선 갈등이었다. 김일성 계열은 6·25전쟁 직후 중공업 중심 노선을 강조했지만, 조선독립동맹 계열은 경공업과 농업 발전을 우선했다.

1 대통령 선거 결과 | 같은 날 치러진 부통령 선거에서는 민주당의 장면 후보가 자유당의 이기붕 후보를 눌렀다.

2 조봉암 | 조봉암은 농림부 장관 시절, 농지개혁법(1949년 참조)을 지주가 아닌 농민에게 유리한 방향으로 만들기 위해 애썼다.

3 조봉암의 간첩 혐의 | 그로부터 52년 후인 2011년 1월에 열린 재심에서 대법원은 조봉암의 간첩 혐의 등에 대해 무죄를 선고했다.

흐루쇼프가 스탈린을 비판하다

2월 25일, 제20차 소련공산당대회에서 서기장 흐루쇼프가 전임 서기장 스탈린
(1953년 사망)이 저지른 범죄 행위를 낱낱이 고발했다. 흐루쇼프는 1930년대의 대
숙청 때 고문과 조작에 의해 억울하게 희생된 공산당원과 일반 시민의 사례를
구체적인 이름과 수치를 들어 폭로하고,[1] 제2차 세계대전 당시 스탈린이 저지른
과오와 실책에 대해서도 주저 없이 비판했다.

이후 소련 사회는 본격적인 '해빙'[2]의 시대로 접어든다. 강제 수용소가 폐쇄돼 정
치범들이 자유를 되찾고, 억울하게 처형된 사람들의 명예도 회복된다. 폴란드와
체코슬로바키아 같은 동유럽 사회주의 나라들에도 민주화의 바람이 불기 시작
한다.

니키타 흐루쇼프

1 흐루쇼프의 폭로 | 흐루쇼프
는 1934년 제17차 공산당대
회에서 선출된 중앙위원회 위
원 및 후보위원 139명 가운데
98명이 이후 총살됐다는 충격
적인 사실도 폭로했다. 하지
만 공산당원이 아닌 일반 시민
들이 겪은 희생과 고초에 대해
서는 상대적으로 중요하게 언
급하지 않았다.

2 해빙(解氷) | '얼음이 녹는다'
는 뜻. 독재 체제의 자유화, 미
국과 소련의 냉전 완화 등의
의미로 쓰인다.

미나마타병이 발견되다

5월 1일, 일본 미나마타의 주민들에게서 집단적인 수은 중독 증상이 발견됐다.
주민들은 손과 발을 잘 움직일 수 없게 되고, 심한 경우 경련과 정신 착란을 겪
다 사망에까지 이르렀다. 조사 결과, 부근의 질소 비료 공장에서 산업 폐기물인
메틸수은을 제대로 정화하지 않은 채 바다로 흘려보냈고, 그 바다에서 물고기
와 조개를 잡아 먹은 주민들이 이에 중독된 것으로 밝혀졌다.

헝가리혁명이 일어나다

10월 23일, 헝가리 부다페스트의 학생과 시민들이 일당제 폐지, 언론 자유 보
장, 소련군 철수 등을 요구하며 시위를 벌였다. 흐루쇼프의 스탈린 비판 연설
에 영향을 받아 6월 폴란드에서 일어났던 반소(反蘇) 봉기에 이어 동유럽에서
두 번째로 벌어진 민주화 운동이었다.

정부군이 발포하자 시위대는 시민군을 조직해 맞섰고, 노동자들도 총파업으
로 시위대에 지지를 보냈다. 마침내 개혁파 나지 임레가 총리가 돼 일당제 폐
지와 소련군 철수를 약속하고, 헝가리의 바르샤바조약기구(1955년 참조) 탈퇴
및 중립을 선언했다.

하지만 11월 4일 소련군이 부다페스트를 전격 침공해 시민군의 저항을 분쇄
하고 혁명을 무너뜨린다. 이 과정에서 시민 2000여 명이 목숨을 잃고, 이후
나지를 포함해 수백 명의 민주화 세력이 처형된다.

헝가리혁명

스탈린 동상을 쓰러뜨린 헝가리 시
민들

미국이 한반도에 핵무기를 배치하겠다고 발표하다

7월 15일, 미국이 '주한미군의 원자무장화'에 착수하겠다고 발표했다. 북한을 견제하기 위해 한반도에 핵무기를 배치하겠다는 뜻이었다. 이에 앞서 미국은 6월에 판문점에서 열린 군사정전위원회 회의에서 정전협정 중 '한반도에 새로운 무기 반입을 금지한다'는 조항을 폐지한다고 선언했다.

미국은 1958년 1월 한국에 처음으로 핵무기를 배치한다. 미국이 들여온 것은 주로 국지전에 사용되는 전술핵무기였다. 미국은 그 후 계속 핵무기를 들여와 주한미군 기지 16곳에 배치한 것으로 전해진다. 핵무기가 가장 많이 배치된 시기는 1967년으로 이때 한반도에 배치된 미국 핵무기는 모두 950기에 이른다.

미국 핵무기는 1991년까지 한국에 배치돼 있었다. 미국은 전 세계에 배치된 자국 핵무기를 감축한다는 방침을 한반도에 적용했고, 이에 따라 1991년 11월 한국에 있던 핵무기 철수가 완료된다. 그로부터 한 달 후인 1991년 12월 31일, 남북한은 '한반도 비핵화 공동선언'을 발표한다.

2005년 최성 열린우리당 의원은 정보공개법을 통해 공개된 미국 국무부와 국방부 자료를 검토한 결과, 1958~1991년까지 주한미군 기지 16곳에 핵무기가 배치됐거나 배치됐던 것으로 추정된다고 밝혔다.

1 이강석 | 자유당의 2인자이자 국회의장이던 이기붕의 친아들이다. 이기붕은 1957년 3월 26일(이승만 대통령의 83번째 생일) 이강석을 자식이 없던 대통령의 양아들로 입적시켰다. 그 직후 서울대는 "애국지사의 양자"라며 이강석을 법대에 편입시켰다. 법대생들은 이에 반대해 동맹휴학을 했다. 이강석은 권총을 차고 등교하는 등 위세를 부렸다.

왼쪽부터 이기붕, 이강석, 이승만 대통령, 이 대통령 부인 프란체스카, 이기붕의 부인 박마리아

2 가짜 이강석 사건의 보도 | 경찰과 검찰은 이 사건이 외부에 알려지지 않게 하려 애썼다. 그러나 가짜 이강석 사건은 『대구매일신문』 기자의 특종 보도로 세상에 널리 알려졌다.

가짜 이강석 사건이 일어나다

8월 30일 밤, 한 청년이 경주경찰서장에게 전화를 걸었다. "나 이강석인데……." 이승만 대통령의 양아들인 이강석이라는 말에 경주경찰서장은 청년이 있는 곳으로 달려갔다. 청년은 "아버지 밀명을 받고 수해 상황을 시찰하기 위해 왔다"라고 말했다. 경주경찰서장은 "귀하신 몸께서 어찌 홀로 오셨나이까"라며 청년을 최고급 호텔로 모셨다. 그다음 날 경주경찰서장은 공무를 제쳐 두고 청년에게 관광지를 직접 안내했다. 경상북도 영천에서도 경찰서장이 청년을 접대했고, 안동에서는 유지들이 청년에게 큰돈을 바쳤다.

그러나 이 사람은 이강석이 아니라 강성병이라는 22세 청년이었다. 강성병은 가짜임이 드러나 체포된 후 "용돈이 궁해 꾸민 연극인데 그렇게 굽실거리고 쩔쩔맬 줄은 몰랐다"라고 말했다. 이 사건은 대통령의 아들을 사칭하는 것만으로도 권세를 휘두를 수 있던 부패한 세태를 상징한다.[2]

유럽

대륙간탄도미사일을 개발하다

8월 21일, 소련이 대륙간탄도미사일(ICBM) 개발에 성공했다. 이 미사일은 핵폭탄을 싣고 대기권 바깥을 거쳐 최대 8800킬로미터 떨어진 곳까지 공격할 수 있었다. 12월 7일에는 미국도 ICBM 발사 실험에 성공함으로써 미국과 소련 두 나라는 상대 영토에 직접 핵공격을 가할 수 있게 됐다.

유럽

최초의 인공위성 스푸트니크 1호가 발사되다

10월 4일, 소련이 세계 최초의 인공위성 스푸트니크 1호를 쏘아 올렸다. 무게 83.6킬로그램, 지름 58센티미터의 구형 몸체에 4개의 안테나가 붙어 있고, 지상에서 228~947킬로미터 떨어진 타원형 궤도를 돌았다. 인류가 우주 공간으로 내보낸 최초의 물체였으며, 이로써 본격적인 우주 개발의 시대가 열렸다.

11월 3일에는 라이카라는 이름의 개를 태운 스푸트니크 2호도 발사에 성공한다.

스푸트니크 1호
'스푸트니크'는 러시아어로 '동반자'라는 뜻이다.

아시아

백화제방백가쟁명운동이 일어나다

5월, 마오쩌둥이 백화제방백가쟁명(百花齊放百家爭鳴)운동을 제안하며 중국의 지식인과 학생들에게 정치적 의사를 거리낌 없이 표현할 것을 촉구했다. 소련에서 스탈린 비판 운동이 전개되고 폴란드와 헝가리 등 동유럽 나라들에서 정치적 소요가 일어나자, 이러한 사태가 중국에서도 일어나기 전에 먼저 비판적인 여론을 보듬어 안겠다는 생각이었다.

'백화제방백가쟁명'은 '온갖 꽃이 함께 피고 많은 사람들이 자기 목소리를 낸다.'라는 뜻이었다. 공산당은 '말하는 사람에게는 죄를 묻지 않는다(言者無罪)'라고 선언하며 자유로운 발언과 언론 활동을 고무했다.

지식인과 학생들은 처음에는 조심스러운 태도를 보였으나, 얼마 지나지 않아 마오쩌둥과 공산당의 정책에 반대하는 대자보가 붙고 시위가 벌어지는 등 비판의 목소리가 한꺼번에 터져 나왔다. 위기의식을 느낀 공산당 정부는 7월 들어 기존의 태도를 바꿔 비판 세력에 대한 탄압에 나섰고, 이후에 벌어진 '반(反)우파 투쟁' 과정에서 약 50만 명의 지식인이 혹독한 비판을 받고 일부는 숙청됐다.

라이카
떠돌이 개였던 라이카는 우주 공간에 나가 본 최초의 지구 생명체가 됐다. 그러나 소련 정부는 애초에 스푸트니크 2호를 수거할 계획을 갖고 있지 않았던 데다, 라이카는 발사 후 몇 시간 만에 죽은 것으로 밝혀져 훗날 동물보호론자들의 원성을 사기도 했다.

백화제방백가쟁명운동 당시 우파의 지도자로 지목된 장보쥔이 공개적인 비판을 받고 있다.

미국의 잉여 농산물이 대거 들어오다

1956년부터 미국이 잉여 농산물을 한국에 무상 원조했다. 미국이 남아도는 농산물을 세계 각국에 무상으로 원조한 것은 1948년 이후 잉여 농산물이 계속 쌓여 미국 농업에 짐이 됐기 때문이다. 이러한 잉여 농산물 원조는 한국의 식량 문제를 해결하는 데 도움을 주었다.

물자가 무상으로 들어오기는 했지만, 속내를 살펴보면 원조는 공짜가 아니었다. 한국 정부가 원조 물자를 팔아서 마련한 돈을 어디에 쓸 것인지 결정하는 권한이 한·미합동경제위원회를 사실상 좌지우지하던 미국 측에 있었기 때문이다. 그 결과 원조 물자 판매 대금의 상당 부분은 미국산 무기와 제품을 사는 데 쓰였다.

게다가 1958~1959년에 농산물 가격이 폭락했는데, 주요 원인 중 하나는 미국 농산물이 너무 많이 들어온 것이었다. 한국에 필요한 양보다 더 많은 잉여 농산물이 들어와 곡물 가격이 크게 떨어진 것이다. 이는 한국인의 3분의 2가 넘던 농민에게는 큰 고통을 안겨 줬다. 특히 밀과 원면 등이 대량으로 들어온 후 농촌에서는 목화밭과 밀밭 등이 사라져 갔다. 이에 더해 정부는 전체 물가를 낮추기 위해 곡물 가격을 인위적으로 낮게 유지하는 정책을 펴 농민을 더 고통스럽게 했다. 이로 인해 농업 기반이 무너지자, 많은 농민은 농촌을 떠나 도시로 가서 얼마 되지 않는 임금을 받고 일하는 노동자가 됐다.

농민들과 달리 일부 기업은 미국의 잉여 농산물 원조를 반겼다. 미국 농산물을 활용한 삼백산업(밀가루를 가공하는 제분업, 원면과 원사를 가공해 옷감을 만드는 방직업, 원당을 활용한 설탕 제조업)을 통해 많은 돈을 벌었기 때문이다. 농산물을 비롯한 원조 물자를 가공해 큰돈을 번 기업들은 재벌로 성장해 갔다. 이러한 원조 물자와 원조 자금을 배정받는 것 자체가 이권이었고, 이 과정에서 특혜를 받은 기업이 그 대가로 정치권에 뇌물을 주는 정경유착도 관행처럼 이뤄졌다.

이처럼 미국의 원조는 1950년대 한국 경제에 큰 영향을 끼쳤다.

1 미국의 원조 | 미국은 1945년부터 1961년까지 약 31억 달러를 한국에 원조했다. 미국은 자국의 국제 수지가 흑자에서 적자로 바뀌자, 1958년부터 한국에 대한 무상 원조를 줄이고 원조의 일부를 유상 차관으로 바꿨다.

2 삼백산업 | 완제품이 모두 흰색이어서 삼백산업(三白産業)으로 불렸다. 삼백산업을 대표하는 기업이던 제일모직, 제일제당 등이 오늘날 한국의 대표적인 재벌인 삼성의 기반을 이루게 된다.

3 원조 물자와 재벌의 형성 | 재벌이 만들어지는 과정에서 원조 물자 특혜와 함께 귀속 재산 불하가 큰 역할을 했다. 귀속 재산은 일제강점기에 일본인이 소유했던 기업체 등을 말한다. 정부로부터 싼값에 귀속 재산을 얻어 낸 기업들은 엄청난 이문을 남겼다.

미군의 원조물자들
왼쪽부터 밀가루, 허시 초콜릿, 츄잉검, 담배, 전투 식량

대약진운동의 선전 포스터

대약진운동이 시작되다

8월, 마오쩌둥이 주창한 '사회주의 건설의 총노선'에 따라 중국 전역에 인민공사가 설립되고 대약진운동이 본격적으로 전개됐다. 자본이 크게 부족한 상황에서 상대적으로 풍부한 인적 자원을 동원해 철강과 식량 등의 생산을 크게 늘리려는 계획이었다. 공산당은 15년 이내에 세계 제 2위의 산업 국가인 영국을 따라잡겠다고 공언했다.[1]

중국 정부는 생산성 향상을 위해 모든 농민들을 인민공사에 소속시켜 함께 노동하고, 함께 밥을 먹고, 함께 생활하도록 했다. 또한 마을마다 소규모 제철소를 만들고 식기와 농기구 등 철로 된 모든 물건을 녹여 철강을 '생산'해 냈다. 하지만 지방 간부들은 생산 목표를 초과 달성했다고 거짓으로 보고하고 중앙 정부는 이에 호응해 더 높은 생산 목표를 수립하는 악순환이 벌어졌다. 결국 생산은 오히려 크게 줄어들었고, 농민들만 극심한 수탈에 시달리다 최소 2000만 명이 굶어 죽는 상황으로 치달았다.

1959년 4월 마오쩌둥이 책임을 지고 국가 주석에서 물러나고, 경제 성장의 속도를 늦추는 대신 농민들의 자발성을 증진시키는 방향으로 정책을 전환한다.

1 영국 따라잡기 | 소련의 흐루쇼프가 1위의 산업 국가인 미국을 따라잡겠다고 발언한 데 자극받아 세운 목표였다.

마을 제철소에서 만들어 낸 철의 3분의 1 이상은 아무 데도 쓸 수 없는 조악한 품질이었다.

인스턴트 라면이 출시되다

8월 25일, 일본의 식품 회사 산시쇼쿠산의 안도 모모후쿠가 '치킨라멘'이라는 최초의 인스턴트 라면을 개발해 판매하기 시작했다. 치킨라멘은 양념을 한 밀가루 면을 기름에 튀겨 낱개 포장한 제품으로,[2] 뜨거운 물을 붓고 잠시 기다리기만 하면 맛있는 라면이 완성됐기에 곧 선풍적인 인기를 끌었다. 안도는 1971년에 최초의 컵라면도 개발한다.

치킨라멘

2 초기의 라면 | 처음에는 양념 스프가 따로 포장돼 있지 않았다.

미국항공우주국이 설립되다

10월 1일 미국의 여러 우주 개발 관련 기관들을 통합한 미국항공우주국(NASA)이 출범했다. 1957년 소련이 먼저 인공위성 스푸트니크 1호를 발사한 데 충격을 받아, 미국도 우주 개발에 서둘러 박차를 가하기 위한 것이었다. 이후 NASA는 소련과 경쟁하며 달 착륙, 태양계 행성들에 대한 무인 탐사, 우주 왕복선 개발 등의 우주 개발 사업을 선도한다.

1959

『경향신문』이 폐간되다

4월 30일, 정부가 『경향신문』 폐간 명령을 내렸다. 이에 앞서 검찰은 『경향신문』 사장 한창우와 단평(짧은 논평) 「여적」 코너의 필자인 주요한을 기소했다.

정부는 『경향신문』이 내란을 선동하고 있다고 주장했다. 그러나 정부가 폐간한 진짜 이유는 『경향신문』이 이승만 정권을 비판하는 대표적인 야당 지지 언론이었기 때문이다. 『경향신문』은 가톨릭 계열에서 창간한 신문으로, 민주당의 장면 부통령에게 우호적이었다.

『경향신문』은 4·19혁명으로 이승만 대통령이 하야 성명을 발표한 다음 날인 1960년 4월 27일 복간한다. 『경향신문』 폐간은 이승만 집권기에 발생한 대표적인 언론 탄압 사건이라는 평가를 받고 있다.

1 가톨릭 계열의 『경향신문』 | 장면 부통령은 독실한 가톨릭 신자였다.

1960년 『경향신문』이 다시 발간된다는 내용의 대자보

태풍 사라가 한국을 강타하다

한가위던 9월 17일, 태풍 사라가 한국 남부를 강타했다. 사라의 본격적인 영향권에 들어간 것은 하루뿐이었지만 피해는 엄청났다. 사망·실종자 849명, 부상자 2533명, 이재민 37만 3459명이 발생했고, 경제적으로 큰 손실을 입었다. 사라는 한국에서 근대적 기상 관측이 시작된 1904년부터 이때까지 가장 규모가 큰 태풍이었다.

태풍 사라에 집과 가재도구를 잃은 이재민이 망연자실한 표정으로 앉아 있다.

재일교포 북송 사업이 시작되다

12월 14일, 재일교포 975명이 탄 배가 일본 니가타항에서 북한으로 출발했다. 그렇게 시작돼 1984년까지 계속된 북송 사업으로 재일교포 60여만 명 중 9만 3340명이 북한에 갔다.

북송 사업은 북한이 요청하고 일본이 동의해 이뤄졌다. 북한은 부족한 노동력을 보충하고자 했고, 일본은 눈엣가시로 여기던 재일교포가 떠나는 것을 반겼다. 이와 달리 북한과 체제 대결을 하던 한국은 북송을 막으려 애썼다.

재일교포들이 북한을 택한 이유 중 하나는 일본에서 계속 차별을 당해 온 데다, 1957년부터 북한이 일본에 있는 조선인학교에 원조금 등을 보냈기 때문이다. 그러나 일부 북송 교포는 북한에 도착한 후 기대와 달리 고통스러운 생활을 해야 했다.

아메리카

쿠바혁명이 일어나다

1월 1일, 카스트로와 게바라가 이끄는 혁명군(1953년 참조)이 수도 아바나를 점령하고 혁명의 성공을 선언했다. 카스트로는 의료와 교육을 무상으로 제공하는 사회주의적 정책을 펼치는 한편, 소련과 외교 관계를 맺고 지원을 약속받는다. 또한 토지 개혁을 시행해 대지주의 땅을 빼앗아 국유화하고 미국인들이 소유한 재산도 모조리 몰수한다. 이에 혁명 이전에 부유한 삶을 살던 사람들은 떼 지어 미국으로 탈출한다.

미국 정부는 자신의 코앞에 소련과 가까운 정부가 들어서는 것을 막고자 망명자들에게 무기를 제공한다. 1961년 4월 17일 미국의 지원을 받은 망명자들이 쿠바의 피그스만을 침공하지만, 쿠바군은 이들을 모두 제압한다. 이로 인해 쿠바와 미국은 오늘날까지도 적대 관계를 유지하고 있다.

유럽

루나 2호가 달에 충돌하다

9월 14일, 소련의 달 탐사 로켓 루나 2호가 발사 후 이틀 만에 계획대로 달의 '맑음의 바다'에 충돌했다. 이로써 인간의 기술로 달에 도착하는 것이 불가능한 일이 아님을 입증했다. 10월 7일에는 루나 3호도 달로 날아가 지구에서는 볼 수 없는 달의 뒷면을 촬영해 전송한다.

한편 우주 개발 사업에서 소련에 한발 뒤처진 미국은 1958년 1월 31일 인공위성 익스플로러 1호를 발사했으며, 1959년 8월 7일에는 익스플로러 6호가 최초로 우주 공간에서 지구의 사진을 찍어 인류에게 선물했다.

루나 2호
'루나'는 러시아어로 달을 뜻한다.

익스플로러 6호가 처음으로 찍은 지구 사진

유럽

흐루쇼프가 미국을 방문하다

9월 15일, 소련공산당 서기장 흐루쇼프가 미국을 방문해 드와이트 아이젠하워 대통령과 회담했다. 미국 부통령의 방문에 대한 답방 형식이었지만, 소련의 경제 발전과 핵무기 개발, 인공위성 발사 등에 따른 자신감의 표현이기도 했다. 흐루쇼프는 사회주의 진영이 이제는 더 이상 전쟁을 치르지 않고도 평화롭게 공존하며 자본주의에 승리할 수 있으리라고 확신했다. 그는 일방적으로 군비를 축소하고 중국에 대한 핵무기 개발 지원도 중단한다.

하지만 흐루쇼프의 기대는 곧 헛된 것으로 판명된다. 이후 미국은 핵무기 생산에 더 박차를 가하고, 베트남전쟁과 쿠바 미사일 위기(1962년 참조) 등을 거치며 소련과 미국의 긴장이 더욱 고조되기 때문이다.

아이젠하워(왼쪽)와 흐루쇼프(오른쪽)

4·19혁명이 일어나다

국민의 저항으로 이승만 정권이 무너졌다. 저항은 2월 28일 일요일 대구에서 시작됐다. 정부는 야당 집회에 가지 못하도록 학생들을 등교시키고 노동자들을 출근하게 했다. 학생들은 "학원을 정치도구화하지 말라"며 시위를 했다. 항거는 제4대 대통령·부통령 선거가 실시된 3월 15일 마산에서 다시 불붙었다. 이승만을 대통령으로, 이기붕을 부통령으로 만들기 위한 부정 선거가 자행됐기 때문이다. 경찰은 항의하는 마산 시민들에게 총을 쐈다.[1]

4월 11일, 시신 한 구가 마산 앞바다에 떠올랐다. 3월 15일 시위 때 눈에 최루탄을 맞아 사망한 17세 김주열의 주검이었다. 경찰이 바다에 가라앉힌 시신이 발견되자, 마산 시민들은 다시 격렬한 시위를 했다. 이승만 대통령은 4월 15일, 마산 시위가 "공산주의자들에 의해 고무되고 조종된 것"이라고 주장했다.

독재 정권에 분노한 시민들에게 이런 말은 통하지 않았다. 김주열의 시신이 발견된 후 시위는 전국으로 번졌다. 4월 19일, 경찰의 발포로 서울에서 104명이 사망했지만 저항은 꺾이지 않았다.[2] 4월 25일, 교수들이 "학생의 피에 보답하라"며 대통령 퇴진 시위를 했다. 상황을 주시하던 미국도 이승만에 대한 지지를 철회했다. 이승만이 계속 버티면 시위가 더 급진적으로 번져 미국의 이익이 위협받을 수도 있다고 봤기 때문이다. 미국마저 등을 돌리자, 이승만은 4월 26일 대통령 자리에서 물러나겠다고 발표했다.

4·19혁명은 6·25전쟁을 거치며 고착된 반공 체제를 뒤흔들었다. 4·19혁명 후 통일 운동, 6·25전쟁 전후에 벌어진 민간인 학살의 진상 규명 운동, 노동 운동이 터져 나온 데서도 이 점은 잘 드러난다.

7·29총선으로 장면 정부가 들어서다

7월 29일에 치러진 총선에서 민주당이 승리했다.[3] 민주당은 8월 3일 장면을 총리[4]로 선출했다. 장면 정부는 경제 제일주의를 천명했다. 그러나 4·19혁명 때 시민들에게 총을 쏘게 만든 책임자 등을 제대로 처벌하지 않아 여론의 반발을 샀다.

4월 19일 종로를 가득 메운 시위대

1 경찰의 발포 | 이로 인해서 8명이 목숨을 잃었다.

시위대가 상수도관을 굴리며 경무대(지금의 청와대)를 향해 진격하자, 총을 든 경찰관들이 달아나고 있다.

2 혁명의 희생자들 | 419혁명으로 희생된 사람은 모두 186명이다. 419혁명 과정에서 시위를 주도한 것은 학생이었지만 희생자의 과반수(94명)는 '하층 노동자'와 '무직자'로 분류된 도시 빈민이었다.

3 729총선의 결과 | 이승만 정권에 가장 비판적이었던 혁신계는 기대를 모았으나 참패했다.

4 내각책임제 개헌 | 6월 15일, 대통령 중심제에서 총리가 정부를 이끄는 내각책임제로 헌법이 바뀌었다.

아시아

미·일안전보장조약 반대 운동이 벌어지다

1월 19일, 미국과 일본이 기존의 미·일안전보장조약[1](1951년 참조)을 보완해 새로이 맺었다. 일본에서는 국회 비준을 앞두고 굴욕적인 불평등 조약이며 평화헌법(1946년 참조)의 정신에도 위배된다는 반대 여론이 높아졌다.

대학생과 시민 수십만 명이 국회로 몰려가 격렬한 시위를 벌였고, 일본을 방문한 미국 대통령 대변인이 공항에서 시위대에 포위돼 미군 해병대에 의해 구출되는 일도 벌어졌다. 6월 19일 조약은 비준됐지만, 이로 인해 기시 노부스케 총리가 이끄는 내각도 총사퇴해야 했다.

안보투쟁
대학생들의 항의 시위는 '안보투쟁'이라고 불렸다.

1 미일안전보장조약 | 이 조약은 이후 10년마다 자동 갱신돼 지금까지도 미국과 일본의 군사 동맹을 지탱하고 있다.

아메리카

먹는 피임약이 시판되다

5월 9일, 미국식품의약국이 먹는 피임약 에노비드의 판매를 승인했다. 이로써 부부들의 출산 계획이 훨씬 편리해졌고, 여성들은 하루에 한 알씩 이 약을 복용하기만 하면 임신을 피할 수 있어 자신의 신체와 삶에 대해 더 많은 결정권을 갖게 됐다.

에노비드

아시아

석유수출국기구가 결성되다

9월 14일, 주요 석유 생산국인 이라크, 이란, 사우디아라비아, 쿠웨이트, 베네수엘라의 대표들이 이라크 바그다드에 모여 석유수출국기구(OPEC)를 결성했다. 당시 미국, 영국, 네덜란드 계열의 7개 거대 석유 회사가 전 세계 석유 시장의 절반 이상을 장악하고 있었다. OPEC 회원국들은 이들에 맞서 생산국의 권리를 지키고 석유 가격을 높게 유지하기 위해 힘을 모은 것이었다.

이후 OPEC 회원국들은 석유 가격을 인상하고 유전을 국유화해 커다란 이익을 보며, 필요한 경우 석유 가격을 임의로 조정해 세계 경제에 큰 영향을 끼치기도 한다.

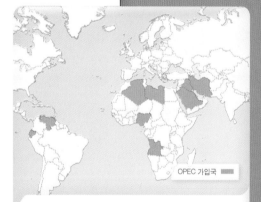

OPEC 가입국

2012년 현재 OPEC 가입국 지도
최초 가입국에 알제리, 앙골라, 에콰도르, 리비아, 나이지리아, 카타르, 아랍에미리트가 더해져 12개 나라가 가입해 있다. OPEC 회원국들은 전 세계 석유 매장량의 4분의 3 이상, 생산량의 절반가량을 차지하고 있다.

아시아

베트남민족해방전선이 조직되다

12월 20일, 남베트남의 공산주의자들이 남베트남 정부를 타도하고 남북통일을 이루는 것을 목표로 베트남민족해방전선을 결성했다. 북베트남 정부의 지원을 받아 메콩삼각주 지역을 중심으로 활동했으며, 군사 조직의 명칭은 베트콩이었다. 이로써 제2차 인도차이나전쟁(베트남전쟁)(1964년 참조)이 사실상 시작됐다.

나는 만주의 숨통을 따라
30~50발의 원자폭탄을 줄줄이
던졌을 것이다. 그리고 (타이완의) 중국
국민당 군대 50만 명을 압록강에
투입하고, 동해에서 서해까지
60~120년 동안 효력이 지속되는
방사성 코발트를 뿌렸을 것이다.[1]

투표에는 이기고
개표에는 졌습니다.[2]

[1] 맥아더가 자신의 회고록에서 밝힌 내용
만약 유엔군이 맥아더의 말대로 했다면, 6.25전쟁이 제3차 세계대전으로
확산될 위험이 높아지는 것은 물론 한반도의 상당 부분은 방사성 물질에
오염돼 오랫동안 생물이 살기 어려운 지역으로 변했을 수도 있다.

[2] 조봉암의 책 『내가 걸어온 길 내가 걸어갈 길』(1957년 출간)에서 1956년
대통령 선거를 평가한 내용
이승만을 당선시키기 위해 부정 선거에 앞장섰던 인물 중 하나가 훗날,
강원도에서 군인의 70퍼센트가 조봉암에게 투표했지만 이승만 지지표가
90퍼센트가 넘는 것으로 발표됐다고 실토할 정도로 갖가지 부정이 자행된
선거였다.

인류 역사상 최초로 유색인들이
대륙을 넘어 회합을 갖게 됐으며,
침묵하는 사람들이 목소리를 되찾았다.[1]

우리는 디옥시리보핵산(DNA)의 구조를
보이고자 한다. 이 구조는 새로운
특징들을 갖고 있는데, 생물학적으로
상당한 중요성을 지니고 있다.[2]

1 인도네시아 대통령 수카르노가 제1차 아시아─아프리카회의의 개막식에서
한 말
서구 제국주의 열강의 지배로부터 벗어나 새로이 나라를 건설한 아시아와
아프리카의 유색인들이 국경을 넘어 함께 힘을 모을 것을 역설했다.

2 제임스 왓슨과 프랜시스 크릭이 DNA의 이중 나선 구조를 발견해
『네이처』에 발표한 논문의 첫 부분
이들의 발견으로 인류는 생명의 신비를 밝히는 데 큰 진전을 거두었다.

1960년대

1961~1970

한국에 군사 정권이 들어서고,
베트남전쟁이 세계를 뒤흔들다
—— 1 ——

1960년대의 한국과 세계

한국에 군사 정권이 들어서고, 베트남전쟁이 세계를 뒤흔들다

4·19혁명으로 열린 민주의 문은 1년 만에 다시 닫힌다. 박정희를 중심으로 한 군인들은 5·16 쿠데타를 일으키고 군사 정권을 수립한다. 박정희 정권은 경제 개발에 주력하는 한편, 일본과 국교를 다시 맺고(한·일협정) 베트남전쟁에 파병한다.

경제 개발 정책은 적잖은 성과를 거둔다. 그러나 그 과실은 재벌을 중심으로 한 소수의 상층에게 집중된다. 이에 반해 노동자들은 충분한 보상도, 인격적인 대우도 받지 못한다. 이 문제는 전태일의 분신을 계기로 한국의 핵심 사안으로 떠오른다.

이 시기, 세계 경제도 '자본주의 황금시대'라는 말이 나올 정도로 좋은 시절을 누린다. 미국을 비롯한 자본주의 중심부 국가들에서는 장기 호황 덕분에 대중 소비 사회가 만들어진다.

경제와 달리, 정치·사회적으로는 격동한다. 미국에서는 흑인들의 민권 운동과 베트남전쟁 반대 운동이 고조된다. 베트남전쟁에 반대하는 목소리는 미국을 넘어 전 세계를 뒤흔든다. 이에 더해 유럽과 미국에서는 기성 권위를 부정하는 68혁명이 불붙고, 중국은 문화대혁명의 격랑에 휘말린다. 한편 미국 우주 비행사들은 최초로 달 착륙에 성공한다.

5·16쿠데타	**1961**년	가가린, 인류 최초로 우주 비행에 성공
		베를린장벽 설치
제1차 경제개발5개년계획 시작	**1962**년	버마 군사 쿠데타
		쿠바 미사일 위기
		제2차 바티칸공의회
박정희, 제5대 대선에서 승리	**1963**년	워싱턴 대행진
		서독에 광부 파견 시작
베트남 파병 시작	**1964**년	팔레스타인해방기구 결성
		통킹만 사건
한·일협정	**1965**년	인도네시아, 공산당 쿠데타
한국비료 사카린 밀수 사건	**1966**년	중국, 문화대혁명
한·미주둔군지위협정 발효	**1967**년	동남아시아국가연합 결성
1·21사건과 푸에블로호사건 연이어 발생	**1968**년	프라하의 봄
		68혁명
서울에서 중학교 무시험 진학제 실시	**1969**년	아폴로 11호, 달 착륙
3선 개헌		서독 브란트, 동방정책
와우아파트 붕괴	**1970**년	칠레, 아엔데 집권
새마을운동 시작		
경부고속도로 개통		
전태일 분신		

5·16 당일 서울시청 앞
박정희 소장

1 5·16쿠데타의 주도 세력 |
5·16쿠데타의 주도 세력은 육
사 8기와 5기였다. 육사 5기
는 쿠데타가 성공한 후 박정
희와 육사 8기 세력에 밀려 숙
청된다.

2 국시 | 국가 정책의 기본 방침

3 중앙정보부 | 중앙정보부
창설을 주도한 것은 쿠데타
실세인 김종필(육사 8기)이다.
중앙정보부는 1979년 박정
희 정권이 무너질 때까지 민간
인을 사찰하고 인권을 침해했
다. 제5공화국 때 국가안전기
획부로 바뀌고, 김대중 정부
때 국가정보원으로 바뀐다.

4 공장 주식의 국가 납부 | 이
방식은 부정 축재를 한 기업가
가 정부의 보증을 받아 도입한
외국 자본으로 공장을 건설해
더 성장하는 역설적인 결
과를 낳았다.

「민족일보」
사장 조용수

5 조용수 | 2008년 1월, 법원
은 재심을 통해 조용수 사장에
게 무죄를 선고한다.

5·16쿠데타가 일어나다

5월 16일, 박정희 육군 소장을 중심으로 한 군인들이 쿠데타를 일으켰다.[1] 정부
를 이끌던 장면 총리는 쿠데타 직후 몸을 피했고, 윤보선 대통령은 군을 동원한
진압을 거부했으며, 국군의 작전권을 쥐고 있던 미국은 관망했다. 그 결과 쿠데타
세력은 국군 전체의 1퍼센트 미만인 3000여 명의 병력으로 정권을 장악했다.
쿠데타 세력은 기성 정치의 부패와 혼란을 극복하기 위해 일어섰다고 밝혔다.
이들은 장면 정부가 무능해 4·19혁명 후 반공 태세가 약해졌다고 주장하며 '반
공을 국시로 한다'[2] 등의 공약을 발표했다. 또한 헌법의 효력을 정지시키고, 국가
재건최고회의(의장 박정희)라는 새로운 최고 통치 기구를 만들어 군정을 실시했다.
쿠데타 세력은 4·19혁명 후 분출한 6·25전쟁 전후 민간인 학살 진상 규명 운동,
통일 운동, 노동 운동 등을 철저히 탄압했다. 또한 중앙정보부를 만들고 반공법[3]
을 제정했다. 기존 정치인들의 정치 활동을 금지한 후, 중앙정보부를 동원해 자
신들의 정당을 만드는 작업도 은밀히 진행했다. 군정이 끝난 후에도 권력을 내
놓지 않기 위해서였다.
쿠데타 세력은 부정 축재자(부당한 방법으로 재산을 모은 사람)들을 엄벌하겠다고 선
포했다. 그러나 부정 축재자 처벌 문제는 얼마 후 흐지부지됐다. 한때 이병철·박
흥식 등 대자산가들을 구속했으나, 부정 축재자가 공장을 건설하고 그 공장의
주식을 국가에 납부하는 방식[4]으로 후퇴한 것이다. 쿠데타로 권력을 잡은 박정희
가 부족한 정당성을 경제 성장으로 메우려 하면서 발생한 일이었다.

「민족일보」 사장 조용수가 처형되다

12월 21일, 『민족일보』 사장 조용수가 서대문형무소에서 처형됐다. 『민족일보』
는 1961년 2월에 창간된 신문으로 평화 통일과 남북 협상을 지지하고 노동
자의 권리를 옹호하는 논조를 폈다. 반공을 국시로 내건 5·16쿠데타 세
력은 『민족일보』를 눈엣가시로 여겨 5월 19일 폐간한 데 이어, 조용수에게
간첩 혐의를 씌워 처형했다.[5]

유럽

인간이 우주로 나가다

4월 12일, 소련의 유리 가가린이 인류 최초로 우주 비행에 성공했다. 가가린은 모스크바 시각으로 오전 9시 7분 우주선 보스토크 1호를 타고 우주로 날아올라 최고 301킬로미터 상공에서 1시간 29분 만에 지구를 한 바퀴 돌고 귀환했다. 그는 우주에서 "지구는 푸르다, 이 얼마나 놀라운가!"라는 통신을 전했다. 전 세계인은 벅찬 감동과 흥분에 들떴고, 가가린은 곧 소련 최고의 영웅이 됐다.

유리 가가린과 그가 탑승했던 보스토크 1호의 귀환 모듈

유럽

베를린장벽이 세워지다

8월 13일, 동독 정부가 동베를린과 서베를린의 경계에 철조망과 블록으로 담장을 쌓아 올렸다. 지식인과 기술자들이 줄지어 서독으로 망명하자, 이를 막기 위한 조치였다. 담장은 곧 높이 5미터, 길이 165킬로미터의 장벽으로 대체되고 기관총도 설치됐다.

하지만 이후에도 수천 명의 동독인들이 목숨을 걸고 장벽을 넘어 서독으로 향하고, 그 가운데 191명이 목숨을 잃는다. 훗날 동독 정부가 무너질 때 동·서베를린의 시민들이 몰려나와 냉전의 상징인 이 장벽을 철거한다(1989년 참조).

베를린장벽의 설치

세계

경제협력개발기구가 출범하다

9월 30일, 서유럽 18개 나라와 미국, 캐나다가 경제협력개발기구(OECD)를 결성했다. 미국의 유럽부흥계획(1947년 참조)에 의해 설립된 유럽경제협력기구(OEEC)를 확대, 개편한 기구였다. 시장 경제와 민주주의를 지향하는 선진국들이 주로 가입했으며, 각국의 경제 성장과 완전 고용, 자유 무역의 활성화, 저개발국에 대한 원조 등을 목표로 삼았다. 2013년 현재 34개국이 가입해 있으며, 한국은 1996년에 가입한다.

OECD 가입국	
원년 가입국	오스트리아, 네덜란드, 벨기에, 노르웨이, 덴마크, 포르투갈, 프랑스, 스웨덴, 그리스, 스위스, 아이슬란드, 아일랜드, 터키, 이탈리아, 영국, 룩셈부르크, 독일, 에스파냐, 캐나다, 미국
추후 가입국	일본, 핀란드, 오스트레일리아, 뉴질랜드, 멕시코, 체코, 헝가리, 폴란드, 한국, 슬로바키아, 칠레, 슬로베니아, 이스라엘, 에스토니아

제1차 경제개발5개년계획
모형 전시장

1 경제개발5개년계획 | 경제개발5개년계획은 1990년대까지 일곱 차례에 걸쳐 실행된다. 5~7차는 경제사회발전5개년계획으로 이름이 바뀌어 진행됐다. 경제 계획은 본래 사회주의적인 것으로 국가 주도의 집약적인 경제 성장을 이루기 위해 도입됐다. 이는 국가가 시장에 개입하는 것이 하나의 흐름으로 정착됐던 당시 자본주의 세계의 경향이 반영된 것이다.

2 경제 개발의 재원 | 국내 자본을 경제 개발의 핵심 재원으로 삼으려 1962년 화폐 개혁을 실시하지만 실패했다. 그 후 외국 자본을 적극 도입하는 방향으로 경제개발계획안이 수정됐다.

3 수출 품목 | 1960년대 한국의 주요 수출품은 섬유, 신발, 가발 등의 경공업 제품이었다.

4 경제 도약의 원동력 | 경제 도약의 밑바탕에는 분단과 전쟁 등의 고난 속에서도 배움을 게을리하지 않은 우수한 노동자들이 있었다.

제1차 경제개발5개년계획이 시작되다

1월 13일, 제1차 경제개발5개년계획[1](1962~1966)이 발표됐다. 경제개발계획은 4·19혁명 후 장면 정부가 입안한 것을 계승한 것이었다. 경제 개발에 필요한 재원이 부족했기 때문에 정부는 차관을 비롯한 외국 자본을 들여왔다.[2] 이 시기 한국의 전략은 값싼 물건을 만들어 외국에 수출하는 것이었다.[3]

1960년 이후 한국 경제는 도약했다.[4] 이 과정에서 대기업은 정부의 각종 지원과 특혜를 받아 급성장하며 재벌로 변모했다. 그러나 제품 가격을 낮춘다는 명목으로 노동자의 임금은 매우 낮게 정해졌다. 이와 함께 노동자는 열악한 환경에서 긴 시간 동안 일해야 했다.

4대 의혹 사건이 발생하다

5월에 터진 증권 파동을 시작으로 4대 의혹 사건이 연이어 발생했다. 4대 의혹 사건은 5·16쿠데타 세력이 부정한 방법으로 정치 자금을 만들기 위해 기획한 권력형 범죄였다. 쿠데타 세력은 이를 통해 큰돈을 챙겼고, 그 돈의 상당 부분은 1963년 민주공화당을 만드는 데 흘러 들어간다. 그러나 서민들은 4대 의혹 사건으로 큰 피해를 봤다.

이 때문에 여론이 들끓자 군정은 1963년 3월, 사건 관련자 15명을 구속한다. 하지만 이들은 항소심에서 모두 무죄로 풀려나고, 쿠데타 세력이 부당하게 챙긴 돈이 정확히 어떻게 쓰였는지는 밝혀지지 않는다. 이전의 정치인들을 '썩은 정치꾼'으로 몰아붙였던 쿠데타 세력이 권력형 범죄를 저지르자, 서민들은 '신악(新惡)이 구악(舊惡)보다 더하다'고 비판했다.

4대 의혹 사건

▶**증권 파동** 쿠데타 세력이 주가를 조작해 폭리를 취하고, 일반 투자자 5300여 명은 쪽박을 찬 사건.

▶**새나라자동차 사건** 일본에서 승용차를 면세로 수입한 후 값을 두 배로 올려 일반 택시로 분양한 사건. 시작 단계이던 국내 자동차 공업에 큰 타격을 줬다. 새나라자동차는 쿠데타 세력이 활용한 회사 이름이다.

▶**'빠찡꼬' 사건** 일본에서 도박 기구인 회전당구대(속칭 '빠찡꼬')를 면세로 들여온 후 값을 두 배로 올려 판매한 사건.

▶**워커힐 사건** 워커힐호텔을 건설하는 과정에서 공사 대금을 빼돌린 사건.

가족계획 홍보 교육(1965년)

7월 1일, 한국 최초의 무인 공중전화기가 설치되다

인구를 조절하기 위해 정부 차원의 가족계획사업이 시작되다

아시아

버마에 군사 정권이 들어서다

3월 2일, 버마(지금의 미얀마)가 민족 분규와 경제 혼란에 시달리는 가운데 네 윈이 이끄는 군부가 쿠데타를 일으켜 권력을 장악했다. 네 윈은 혁명평의회 의장에 취임해 군정을 펼치고, 1974년부터는 유일한 정당인 버마사회주의계획당의 의장으로서 절대적인 권력을 휘두른다.

네 윈은 이른바 '버마식 사회주의'를 내세웠지만 버마공산당과는 적대적이었으며, 숫자의 신비한 힘이나 점성술을 믿는 신비주의적 성향이 강했다. 또한 외국과 거의 모든 교류를 끊은 탓에 버마는 세계에서 가장 가난한 나라 가운데 하나로 전락한다. 네 윈은 1988년 민주화 운동으로 물러나지만, 뒤이어 새로운 군부 세력이 다시 권력을 차지한다(1988년 참조).

네 윈
네 윈은 영국 식민지 시절 버마 독립운동을 주도한 30인동지회 가운데 한 명이었다. 제2차 세계대전 때 일본의 지원을 받는 버마독립군의 일원으로 영국과 싸웠고, 이후 다시 일본군을 몰아내기 위해 싸웠다. 독립 이후에는 버마군을 조직하는 역할을 맡았다.

아메리카

쿠바 미사일 위기로 세계가 핵전쟁의 공포에 떨다

6월 22일, 존 F. 케네디 미국 대통령은 소련이 쿠바에 미사일 기지를 건설하는 것을 막기 위해 쿠바를 해상 봉쇄하겠다고 선언했다. 쿠바 기지는 미국을 단 6분 만에 공격할 수 있는 위치에 있었기 때문이다.

소련의 흐루쇼프 서기장은 미국이 지난해 터키에 설치한 미사일 기지도 소련을 직접 공격할 수 있으니 두 기지를 함께 철거하자고 제안했지만, 케네디는 받아들이지 않았다. 결국 소련의 선단은 쿠바로 다가가고 미국은 쿠바에 접근하면 공격하겠다고 맞서면서 핵전쟁과 제3차 세계대전의 위기가 임박했다.

다행히도, 미국이 쿠바를 침공하지 않겠다고 약속하면 뱃머리를 돌리겠다는 흐루쇼프의 제안을 케네디가 받아들임에 따라 11월 2일 위기는 간신히 진정됐다.

유럽

제2차 바티칸공의회로 로마가톨릭이 탈바꿈하다

10월 11일, 로마가톨릭교회의 교황 요하네스 23세가 전 세계 모든 주교와 고위 성직자를 불러 모아 제2차 바티칸공의회를 열었다. 1965년 12월까지 네 차례에 걸친 진지한 논의 끝에 로마가톨릭교회는 현대 사회에 적합한 모습으로 과감히 탈바꿈했다.

세계 어디서나 라틴어로만 진행하던 미사에 자국어를 사용하게 됐고, 동방정교회와 화해하고 개신교를 형제 종교로 인정하는 등 다른 종교에 열린 태도를 갖게 됐으며, 교회가 빈곤과 분쟁 등 여러 사회 문제들에 책임지는 자세를 가져야 한다고 선언했다.

제2차 바티칸공의회와 폐회식의 교황 바오로 6세

3월, 비디오 예술가 백남준이 서독에서 첫 개인전을 열다

제5대 대선에서 박정희가 승리하다

10월 15일, 제5대 대통령 선거[1]가 치러졌다. 대선은 우여곡절 끝에 성사됐다. 박정희 국가재건최고회의 의장이 군정 종료를 앞두고, '4년간 군정을 연장하는 문제를 국민 투표에 붙이겠다'고 발표하며 정국을 뒤흔들었기 때문이다. 박정희는 대선에 출마할 것인지에 대해서도 오락가락하는 태도를 보였다.

대선은 군복을 벗은 박정희[2] 민주공화당 후보와 5·16쿠데타 후 대통령에서 물러난 윤보선 민정당 후보의 양자 대결 구도로 진행됐다. 박정희는 황소를 상징으로 내세우고 '농민의 아들'인 자신은 귀족적인 윤보선과 다르다고 강조했다. 이에 맞서 윤보선은 박정희를 겨냥해 '1948년에 발생한 여순사건 관련자가 정부에 있다'고 공격했다.[3] 박정희가 좌익 사상에 물들었다고 색깔론을 편 것이다.

선거 결과 470만여 표를 얻은 박정희가 승리했다. 두 후보의 득표 차이는 15만여 표에 불과했다. 한편 해방 후 좌익 세력이 강했던 지역에서 박정희 지지표가 많이 나와 눈길을 끌었다.[4]

서독에 광부를 파견하다

12월 21일, 정부가 서독으로 파견하는 광부 1진이 서울을 출발했다. 이날을 시작으로 1977년까지 7968명의 광부가 서독으로 떠났다. 광부들은 한국 정부와 서독 정부가 맺은 협정에 따라 파견됐다. 한국은 외화가 필요했고, 서독은 자국 노동자보다 임금은 적게 받으면서 일은 잘하는 사람들을 원했다. 대졸자도 많이 지원하는 등 서독으로 가는 광부 모집은 경쟁이 치열했다. 한국에는 대우가 좋은 일자리가 많지 않았고, 서독에서 받는 임금이 한국 기준으로 보면 많은 액수였기 때문이다.

서독으로 간 광부들은 깊은 지하 갱도에서 고된 노동을 해야 했다. 광부들은 임금의 상당액을 한국으로 보냈다. 이 돈은 외화가 부족하던 한국 경제에 적잖은 도움이 됐다. 한편 광부에 이어 1966년부터 1977년까지 1만여 명의 간호사도 서독으로 갔다.

---

1 제5대 대통령 선거의 근거 | 1962년에 내각책임제를 대통령중심제로 바꾸는 새 헌법이 만들어졌다.

제5대 대통령 선거가 치러진 날, 투표하는 서울시민들

2 박정희 후보 | 대선에 출마하기 위해 8월 30일 군에서 예편했다.

3 박정희의 좌익 경력 | 윤보선 측이 제기한 것처럼 박정희가 좌익에 몸담았던 것은 사실이다. 박정희는 '남로당 군사총책'으로서 국군 내에 있던 좌익 조직의 최고위층이었다. 그러나 여순사건에 직접적으로 관련됐던 것은 아니다. 박정희는 여순사건 후 진행된 숙군 과정에서 적발돼 재판을 받았는데, 군대 내에 있던 남로당 프락치 명단을 넘기는 대가로 살아남았다.

4 옛 좌익 강세 지역의 박정희 지지 | 이에 대해 윤보선 측의 색깔 공세가 역효과를 부른 것이라고 보는 시각도 있다.

1966년 서독으로 출발하는 간호사들

아메리카

흑인들이 워싱턴에 모여 인종차별 철폐를 외치다

8월 28일, 미국에서 링컨 기념일과 노예 해방 100주년을 맞아 20만 명의 흑인이 워싱턴으로 모여들었다. 참가자들은 100년의 시간에도 변함없는 흑인에 대한 차별과 박해를 중단하라고 요구하며 구호를 외치고 노래를 불렀다. 향후 폭발적으로 전개될 흑인 민권 운동의 서막을 여는 사건이었다.

행사를 주도한 마틴 루서 킹 목사는 1955년 몽고메리 버스 보이콧 운동을[1] 이끌며 전국적인 흑인 지도자로 부상했으며, 평화적인 방법으로 흑인과 백인의 화해와 통합을 추구해야 한다는 신념을 갖고 있었다. 그는 흑인은 물론이고 적지 않은 백인들의 지지까지 얻지만, 1968년 4월 4일 극단적인 백인 우월주의자의 총탄에 목숨을 잃는다.

마틴 루서 킹

1 몽고메리 버스 보이콧 운동
버스에서 흑인 여성이 백인 남성에게 자리를 양보하지 않았다는 이유로 경찰에 체포되는 일이 벌어지자, 흑인들은 인종차별에 항의하기 위해 버스 이용을 거부하는 운동을 벌였다.

아시아

말레이시아가 성립하다

9월 16일, 말레이반도의 말라야연방과 싱가포르, 보르네오섬의 사바와 사라와크가 통합해 말레이시아를 이뤘다. 이 가운데 중국계 주민이 많은 싱가포르는 1965년 다시 분리 독립해 오늘에 이른다.

아시아

응오 딘 지엠이 살해되다

11월 2일, 남베트남에서 군부 쿠데타가 일어나 대통령 응오 딘 지엠과 가족이 살해됐다. 응오는 1956년 미국의 지원으로 대통령에 올랐지만 부패와 무능으로 민심을 잃었고, 가톨릭 신자로서 불교 국가 베트남에서 불교를 크게 탄압해 심각한 저항에 직면해 있었다.

이후 남베트남에서는 쿠데타가 잇달아 정치적 혼란이 계속된다.

존 F. 케네디

아메리카

케네디가 살해되다

11월 22일, 미국 대통령 케네디가 자동차 퍼레이드 중에 리 하비 오스왈드가 쏜 총탄에 맞아 목숨을 잃었다. 오스왈드 역시 경찰서에서 조사를 받던 중 다른 사람에게 살해당해 사건의 배후와 진상은 명확히 밝혀지지 않았다.

케네디는 인종, 종교, 성별에 따른 차별을 없애고 사회 보장 제도를 강화하려 애쓰는 등 개혁적인 정책을 펼쳤으며, 쿠바 미사일 위기와 베트남전쟁에서 미국의 이익을 위해 과감한 결단력을 보였다. 게다가 젊고 매력적인 외모까지 갖춰 압도적인 대중적 인기를 누리고 있었기에 미국인들은 큰 충격과 슬픔에 빠졌다.

케네디가 암살되기 직전의 모습

1 3분 | 설탕, 밀가루, 시멘트 모두 가루 형태여서 3분으로 불렸다.

2 3분 사건 | 이 사건에 관련된 기업은 제일제당(설탕), 동양시멘트와 대한양회(시멘트), 효성물산과 대선제분(밀가루) 등이었다.

3 베트남 파병 | 이에 앞서 이승만 대통령이 1954년 미국에 베트남 파병을 제안했으나 실현되지 않았다.

1965년 2월 9일 열린 비둘기부대 베트남 파병 국민 환송 대회

1965년 베트남으로 떠나는 백마부대 장병들을 청량리역에서 환송하는 시민들

4 베트남 파병군의 월급 | 베트남 파병 한국군의 월급을 지급한 것은 미국이었다. 한국군 1명을 유지하는 데 드는 비용은 미군 1명 유지비의 40퍼센트 수준이었다.

5 베트남 특수 | 베트남 특수를 한국만 누린 것은 아니었다. 20명만 파병한 타이완, 단한 명도 파병하지 않은 일본·싱가포르·홍콩도 베트남 특수를 누렸다.

3분 폭리 사건이 일어나다

1월, 3분 폭리 사건이 터졌다. 3분(粉)은 국민 생활과 밀접한 관련을 맺고 있는 설탕, 밀가루, 시멘트를 말한다. 세 품목의 가격은 1962~1963년에 급등했는데, 알고 보니 기업들이 가격을 담합해 폭리를 취해 생긴 일이었다. 이에 대해 야당은 기업들이 이를 모른 척해 주는 대가로 여당인 민주공화당에 거액의 정치 자금을 제공했다고 주장했다.

6월 3일, 한·일회담 반대 시위가 거세지자 정부가 비상계엄을 선포하다(6사건)

베트남 파병이 시작되다

9월 11일, 정부가 베트남에 비전투병 140명을 파견했다. 1965년부터는 대규모 전투 병력을 보낸다. 파병 부대가 철수하는 1973년 3월까지 한국은 베트남 전쟁에 깊숙이 개입한다. 8년 6개월 동안 한국군 32만여 명이 베트남에 파병됐다.

베트남 파병은 한국이 미국에 먼저 제안한 사항이었다. 박정희 대통령은 국가재건최고회의 의장이던 1961년 미국에 파병을 제안했다. 미국은 이를 거절했다. 한국의 파병 제안은 미국이 1964년 베트남전쟁에 적극적으로 개입하기로 결정하면서 실현됐다. 한국은 파병을 통해 미국과 동맹을 더 강화하고, 경제 개발에 필요한 재원을 확보하고자 했다. 베트남 전역이 공산 진영에 넘어가면 한국이 위험해질 수 있다는 위기의식도 있었다.

파병은 한국 경제에 적잖은 보탬이 됐다. 군인들이 월급을 대부분 한국의 가족에게 보내면서 외환 사정이 좋아졌기 때문이다. 파병을 계기로 베트남에 대한 수출도 급증했다. 기업들은 수출, 군납 등을 통해 큰돈을 벌었다('베트남 특수').

그러나 베트남전쟁에서 희생된 한국군은 전사자 5000여 명, 부상자 1만 6000여 명에 달한다. 미국이 베트남에 대량 살포한 고엽제의 피해자가 된 한국인도 많다. 한국군이 여러 곳에서 베트남 민간인을 학살한 사건도 한국-베트남 관계에 어두운 그림자를 드리웠다.

팔레스타인해방기구가 결성되다

5월 28일, 팔레스타인의 여러 저항 운동 세력들이 하나로 뭉쳐 팔레스타인해방기구(PLO)를 결성했다. 1948년 팔레스타인 땅에 유대인이 이스라엘을 건국한 뒤로 원래 그 지역에 살던 팔레스타인 사람들은 나라 없는 난민 신세가 됐다. 이후 팔레스타인 사람들은 빼앗긴 조국을 되찾기 위해 PLO를 중심으로 게릴라 활동과 테러 등 무장투쟁을 벌인다. 훗날 평화 협상을 통해 이스라엘의 지배하에 자치 정부를 세운다.

PLO 의장 야세르 아라파트

통킹만 사건으로 미국이 베트남전쟁에 뛰어들다

8월 7일, 미국 의회는 통킹만 사건을 계기로 향후 전쟁 수행에 관한 모든 권한을 대통령에게 위임하는 결의안을 통과시켰다. 통킹만 사건이란 8월 2일과 4일 베트남 통킹만에서 북베트남 어뢰정이 미군 함정을 공격한 일을 말한다. 이후 미국은 베트남전쟁에 본격적으로 개입해,[1] 대규모 지상군을 파견하고 북베트남에 대한 폭격을 감행한다.

그러나 훗날 8월 4일의 2차 공격은 실제로 일어나지 않았던 것으로 밝혀진다. 미국 정부가 베트남전쟁에 개입할 명분을 마련하기 위해 군사적 충돌의 규모를 고의로 부풀린 것이었다.

통킹만

1 미국의 베트남전쟁 참전 | 미국은 통킹만 사건 이전에도 남베트남에 무기를 지원하고 군사 고문단과 특수 부대를 파견하는 등 베트남전쟁에 비공식적으로 참여하고 있었다.

고속 철도 신칸센이 개통되다

10월 1일, 일본에서 세계 최초의 고속 철도 신칸센이 개통됐다. 처음 개통된 구간은 도쿄와 오사카를 잇는 515킬로미터의 도카이도 구간이었다. 곡선 구간을 최소화하고, 건널목이 필요 없도록 일반 도로와 교차하지 않게 설계했으며, 레일의 이음매 수를 줄임으로써 최대 시속 210킬로미터의 속도로 달릴 수 있었다.

1964년 운행을 시작한 신칸센 0계 전동차

중국이 핵 실험에 성공하다

10월 16일, 중국이 핵 실험에 성공해 미국, 소련, 영국에 이어 세계 네 번째 핵무기 보유국이 됐다. 이로써 중국은 흐루쇼프의 스탈린 비판 이후 관계가 악화된 소련과 군사적으로 맞설 수 있는 잠재력을 지니게 됐다.

한·일협정을 맺다

6월 22일, 한국과 일본의 외무장관이 도쿄에서 한·일기본조약 및 청구권[1] 등에 관한 협정(한·일협정)에 조인했다. 이로써 한국은 해방 후 20년 만에 일본과 국교를 맺게 됐다.

한·일회담은 1951년에 시작됐다. 1950년대에는 회담이 성과를 거두지 못했다. 한국은 침략에 대한 사죄와 피해 배상을 요구했지만, 일본은 한국에 남아 있는 일본인 자산을 반환하라고[2] 반박했다.

한·일회담은 5·16쿠데타 후 급물살을 탔다. 박정희 정권이 경제 개발을 위해 일본으로부터 서둘러 돈을 들여오려 했기 때문이다. 또한 미국이 한·일협정을 빨리 맺으라고 재촉했다. 미국-일본-한국으로 이어지는 반공 동맹을 강화하기 위해서였다. 일본도 이 협정을 통해 한국을 자신의 경제권으로 끌어들여 하위 파트너로 삼을 수 있다고 생각했다.

한·일협정 결과, 일본은 청구권 문제와 관련해 한국에 8억 달러를 건넨다.[3] 한국 정부는 그 돈의 상당 부분을 경제 개발 자금으로 활용했다. 그러나 한·일협정에는 일본이 침략과 식민지 지배를 사죄하는 내용이 없었다. 또한 '종군위안부', 원자폭탄 피해자, 사할린으로 끌려간 강제 징용자 문제 등은 한·일협정에서 배제됐다. 독도 영유권, 약탈 문화재 반환 문제 등도 해결되지 않았다.

많은 국민이 '굴욕 협상'이라며 한·일협정에 반대했으며 1964~1965년에는 한·일회담 반대 시위가 거세게 일어났다. 정부는 군대를 동원해 반대 의견을 힘으로 눌렀다.

3월 24일 종로를 메운 한일회담 반대 시위대

1 청구권 | 일본의 침략과 식민 지배로 발생한 피해를 보상할 것을 요구할 수 있는 권리

2 일본인 자산을 반환하라는 요구 | 이를 역(逆)청구권이라 한다. 이와 관련해 1953년 일본 측 회담 대표이던 구보타 간이치로는 "일본의 한국 통치는 한국에 유익했다"라는 망언을 하며 한국의 청구권 자체를 인정할 수 없다고 주장했다.

3 일본이 지불한 돈 | 한국 정부에 3억 달러를 무상으로 주고 2억 달러를 낮은 이자로 빌려 줬으며, 민간 상업차관으로 3억 달러를 대여했다. 일본은 한국에 건넨 자금에 대해 '배상금'이 아니라 '경제 협력 자금', '독립 축하금'이라고 표현했다.

무즙 파동이 일어나다

1965학년도 중학교 입시에서 복수 정답 논란이 일었다. '엿기름 대신 넣어 엿을 만들 수 있는 물건을 고르라'는 문제의 정답으로 디아스타제가 제시되자, 무즙을 택한 학생의 학부모들은 소송을 제기했다. 이들은 무즙으로 엿을 직접 만들어 증거물로 제출했다. 무즙 파동 과정에서 유력 인사 자녀들이 이른바 '명문 중학교'에 부정 입학한 사실이 드러나 논란은 더 커졌다. 3월 30일 서울고등법원은 무즙도 정답이라고 판결했다.

무즙 파동 때 서울시교육위원회 학무국장에게 항의하는 학부모

미국이 북베트남을 폭격하다

2월 7일, 베트콩(1960년 참조)이 베트남 중부의 미군 기지를 공격했다. 미국이 즉각 북베트남에 대한 보복 폭격에 나섬에 따라 베트콩과 미군 사이에 전투가 격화됐다.

북베트남 정부는 캄보디아 국경 서쪽의 '호치민 루트'를 통해 비밀리에 군대를 내려보내 베트콩을 도왔다. 베트콩은 남베트남의 농촌 지역을 중심으로 점차 세력을 넓혔으며, 땅굴과 부비트랩 등 '원시적인' 무기와 전술을 통해 최신 무기와 막강한 화력으로 무장한 미군을 압도했다.

미국은 1967년까지 베트남에 38만 명이 넘는 병력을 파견하는 한편, 밀림 지대에서 활동하는 베트콩을 제압하기 위해 고엽제 수천만 리터를 퍼붓지만 전세를 역전시키지는 못한다.

고엽제를 살포하는 미군 항공기
고엽제는 나무와 풀을 모조리 말려 죽이는 약품으로, '에이전트 오렌지'라고 불렸다. 자연 생태계에 끔찍한 재앙을 초래할 뿐만 아니라 사람에게도 암 발병과 기형아 출산과 같은 부작용을 일으키는 것으로 알려져 있다.

맬컴 엑스가 암살되다

2월 21일, 미국 뉴욕에서 흑인 지도자 맬컴 엑스가 인종 차별에 반대하는 연설을 하던 중 괴한들의 총탄에 살해됐다. 그의 인기를 경계한 이슬람국가운동[1] 세력이 저지른 일이었다.

맬컴 엑스는 도박과 도둑질 등 온갖 범죄를 저지르며 불우한 청년 시절을 보냈으나, 감옥에서 무슬림으로 개종한 뒤 종교와 독서에 힘쓰며 새로운 삶을 살게 됐다. 출소한 뒤 이슬람국가운동에 가담했으며 뛰어난 웅변술과 과감한 주장 덕에 흑인 운동의 지도자로 부상했다.

마틴 루서 킹 등의 흑백 통합 노선을 거부하고 흑인과 백인은 결코 함께 살 수 없다고 주장했으며, 방어를 위해서라면 폭력도 얼마든지 사용할 수 있다고 선언했다. 그러나 1964년 이슬람국가운동 지도자들의 윤리적 타락에 반발해 조직을 떠났고, 이슬람의 성지 메카와 아프리카를 둘러보고 온 뒤 인종들 사이에 평화와 공존이 가능하다고 입장을 바꿨다.

맬컴 엑스
원래 이름은 맬컴 리틀이었으나, '리틀'은 백인 노예 주인들이 지어준 성(姓)이라며 "알 수 없다"는 뜻의 엑스(X)로 바꾸었다.

1 이슬람국가운동 | 미국의 이슬람 교파 중 하나다. 백인들의 종교인 크리스트교를 거부하고, 흑인들의 문화적, 도덕적 우월성과 자립을 추구했다. 일라이저 무하마드가 주도했으나 맬컴 엑스의 참여로 전국적인 영향력을 갖게 됐다.

인도네시아에서 공산당 쿠데타가 일어나다

9월 30일, 인도네시아공산당이 쿠데타를 일으켰다. 수카르노 대통령은 군부와 공산당을 주요한 지지 기반으로 삼고 있었는데, 둘 사이의 권력 투쟁이 군사적인 충돌로 이어진 것이었다. 쿠데타는 고작 하루 만에 하지 무하마드 수하르토가 이끄는 군부에 의해 진압됐다. 이를 계기로 공산당은 완전히 몰락하고, 수하르토는 국부(國父)인 수카르노를 쫓아낸 뒤 1998년까지 대통령으로 장기 집권한다.

2 인도네시아공산당 | 인도네시아공산당은 사회주의 국가가 아닌 나라의 공산당 가운데 가장 많은 당원을 갖고 있었지만, 쿠데타 실패 이후 대부분의 공산당원이 학살된다. 학살된 사람의 수는 정확히 밝혀지지 않았으나 50만 명이 넘는 것으로 추정된다.

2002년에 만들어진
영화 〈천리마축구단〉
영국인 감독 다니엘 고든이
1966년 북한 축구 대표팀에
서 활약한 선수들을 직접 만
나 만든 다큐멘터리 영화다.

1 한국비료 | 지금의 삼성정
밀화학

2 사카린 | 합성 감미료의 일종

9월 15일 사카린 밀수 사건
을 폭로한 『경향신문』 보도

3 이맹희 | 이맹희는 훗날 회
고록을 통해 이 사건에 대해
'박정희 대통령과 이병철 회
장이 공모하고 정부 기관이
감싼 가운데 이뤄진 조직적인
밀수 사건'이라고 밝혔다. 이
맹희는 사카린 밀수 현장을 자
신이 지휘했다고 털어놓았다.
사건 발생 당시 중앙정보부장
이었던 김형욱도 회고록에서
박 대통령과 이병철 회장 사이
에 은밀하게 오간 정치 자금에
대해 증언했다.

4 삼성그룹의 후계 구도 | CJ
그룹은 이 회장의 큰아들 계
열, 새한그룹은 둘째아들 계
열이다.

북한 축구가 아시아 최초로 월드컵 8강에 진출하다

7월, 잉글랜드에서 열린 제8회 월드컵에서 북한 축구 대표팀이 8강
에 진출했다. 16개 국가가 참가한 이 대회에서 북한은 소련, 이탈리
아, 칠레와 함께 D조에 속했다. 북한은 예상을 뒤엎고 이탈리아를 1
대 0으로 누르며 D조 2위로 8강에 진출했다. 이탈리아는 이 대회 전
까지 월드컵에서 두 번이나 우승한 축구 강국이다. 아시아 국가가 월
드컵 8강에 진출한 것은 이때가 처음이다. 북한은 8강전에서 포르투갈
에 3대 5로 역전패하며 대회를 마무리했다.

한국비료 사카린 밀수 사건이 일어나다

9월, 한국비료[1] 사카린[2] 밀수 사건이 터졌다. 당시 삼성은 일본의 미쓰이물산에서
차관을 얻어 한국비료 공장을 짓고 있었다. 그런데 삼성이 5월에 한국에서 인기
가 높은 사카린의 원료를 한국비료 공장 건설 자재로 위장해 대량으로 밀수한
사실이 나중에 드러난 것이다. 9월에 『경향신문』이 이 사건을 특종 보도하면서
큰 파장을 불러일으켰다.

비판 여론이 들끓자, 이병철 한국비료 사장(삼성 회장)은 경영 일선에서 물러나야
했고 이 회장의 둘째아들인 이창희 한국비료 상무가 구속됐다. 또한 삼성은 한
국비료 공장을 완공한 후 국가에 바쳐야 했다.

이 밀수 사건에 관련된 것은 삼성만이 아니었다. 막대한 정치 자금이 필요했던
박정희 대통령과 이병철 회장이 손잡고 벌인 일이라는 정황이 곳곳에서 드러났
다. 사건은 정치권에서도 큰 논란이 돼 국회에서 대정부 질의가 열렸다. 9월 22
일 김두한 의원이 국회의사당에서 이 사안과 관련해 질타를 받던 정일권 총리
를 비롯한 국무위원들에게 인분(人糞)을 뿌리는 사건도 발생했다. 김두한 의원은
이 일로 인해 국회의원 자격을 잃는다.

한편 사건 처리 과정에서 이 회장의 큰아들(이맹희[3])과 둘째 아들이 아버지의 눈
밖에 나는데, 이는 훗날 삼성그룹의 후계 구도[4]에 영향을 준다. 이병철 회장의 셋
째아들인 이건희가 삼성그룹을 이어받은 것도 이 사건과 관련이 있었다.

문화대혁명이 시작되다

아시아

8월 8일, 중국공산당 중앙위원회 전체회의에서 마오쩌둥이 문화대혁명의 개시를 선포했다. 마오는 류사오치와 덩샤오핑 같은 공산당의 새 지도부가 사회주의를 버리고 자본주의의 길로 나아가려 한다며, 인민이 직접 "사령부를 포격하라"고 촉구했다. 새 지도부의 개혁 정책을 견제함과 동시에 잃어버린 자신의 권력을 되찾기 위한 포석이었다.[1]

마오는 수백만의 청소년과 젊은이들을 홍위병(紅衛兵)으로 조직해 혁명의 주도 세력으로 삼았다. 이들이 열렬히 참여한 것은 차별과 불평등이 모두 사라진 새로운 이상 사회를 건설할 수 있으리라는 기대 때문이었다. 홍위병은 '조반유리(造反有理)'[2]라는 구호를 앞세우며 당과 학교, 공장과 농촌에서 고위 관리, 지식인, 전문가를 쫓아내고, 전통적인 문화와 관습 일체를 파괴하려 했다. 이 과정에서 수많은 무고한 사람들이 가혹한 비판과 조리돌림을 당했으며 집단 폭행으로 목숨을 잃었다.

혁명은 1976년 9월 마오가 죽고 이른바 '4인방'[3]이 체포된 뒤에야 마침내 막을 내린다. 10년간 수백만 명이 숙청됐으며, 학교는 문을 닫고, 경제는 피폐해진다. 1981년 공산당은 문화대혁명이 "당과 국가, 인민에게 가장 심한 좌절과 손실을 가져다준 마오의 오류"였다고 공식적으로 평가한다.

톈안먼 광장에 모인 홍위병들
모두가 『마오 어록』을 손에 들고 있다.

자본주의를 따르는 '주자파(走資派)'로 몰려 조리돌림을 당하는 모습

1 마오쩌둥 | 당시 대약진운동의 실패로 제2선으로 물러나 있었다.

2 조반유리(造反有理) | "반란에는 정당한 이유가 있다"라는 뜻

3 4인방 | 마오의 아내인 장칭을 비롯해 왕훙원, 장춘차오, 야오원위안을 가리킨다. 마오와 함께 문화대혁명을 주도한 이들이었다.

아프리카에서 군사 쿠데타가 계속되다

아프리카

아프리카의 여러 신생 독립국에서 군사 쿠데타가 연달아 일어났다. 1965년 11월 콩고민주공화국에서 모부투 세세 세코가 쿠데타로 권력을 차지한 데 이어, 12월에는 중앙아프리카공화국의 장 베델 보카사도 쿠데타에 성공했다. 1966년 1월 나이지리아, 2월 우간다와 가나, 3월 시에라리온, 1967년 1월 토고에서도 쿠데타가 이어졌다. 쿠데타로 집권한 독재자들은 또 다른 쿠데타에 의해 쫓겨나거나 아니면 죽을 때까지 권좌에서 물러나지 않았다.

오늘날까지도 아프리카의 많은 나라들에서는 쿠데타와 내전, 학살과 같은 정치적 혼란이 끊이지 않고 있다. 다양한 민족들 사이의 대립과 갈등, 서구 강대국들의 이권을 노린 배후 지원, 그리고 극심한 빈곤과 민주주의 경험의 부족 등이 그 원인으로 지적되고 있다.

토고의 독재자 나싱베 에야데마
에야데마는 2005년 죽을 때까지 38년 동안 권력을 유지했다.

〈홍길동〉 포스터

주한미군 표지

1 한미주둔군지위협정의 불평등성 | 2000년까지 한국 측이 재판권 포기를 요청했을 때 미군 당국은 단 한 번도 포기하지 않았다. 이와 달리 미군 당국이 요청했을 때 한국은 90퍼센트 넘게 포기했다.

1월 7일, 한국 최초의 총천연색 장편 만화영화 〈홍길동〉이 개봉되다

한·미주둔군지위협정의 효력이 발생하다

2월 9일, 한·미주둔군지위협정(SOFA)의 효력이 발생했다. 한·미주 둔군지위협정은 주한미군의 법적 지위에 관해 한국과 미국 두 나 라가 합의한 사항으로, 1966년 7월 9일 체결됐다.

한·미주둔군지위협정에는 한국의 주권을 지나치게 제한하고 미국에 유리하게 적용되는 조항이 여럿 있었다. 대표적인 것은 주한미군이 범죄를 저질렀을 때 한국과 미국 중 어느 쪽의 재판을 받을 것인가 하는 형사재판권 관련 조항이다. 한·미주둔군지위협정에는 주한미군이 '공무 수행 중' 범죄를 저질렀을 때 미군 측이 1차 재판권을 행사한다고 규정돼 있었다. 여기서 공무 수행 중이었는지 여 부는 미군 당국이 판단한다. 공무 수행 중이 아닐 때 범죄를 저질렀더라도, 한국 측이 아니라 미군 당국이 그 미군을 가두도록 돼 있었다. 또한 양측의 재판권이 부딪히는 사안에서 미군 당국이 재판권을 요구할 때, 한국은 재판권 행사가 중요 하다고 결정한 경우를 제외하면 1차 재판권을 포기하도록[1] 하고 있었다. 즉 한국 인이 미군 범죄의 피해자가 돼도 미군을 한국의 법정에 세우기 어렵게 한 것이다. 이밖에 시설과 기지를 사용하는 문제에서도 미국 측에 유리한 조항이 적지 않 았다. 이 때문에 한·미주둔군지위협정은 불평등한 협정이라는 비판을 받았다.

5월 3일 치러진 제6대 대선에서 박정희가 다시 당선되다

북한에서 김일성 권력 절대화가 추진되다

5월, 조선노동당 중앙위원회 제4기 제15차 전원회의에서 박금철과 이효순 등이 숙청됐다. 숙청된 사람들은 1930년대 후반 김일성이 이끌던 만주 항일 유격대와 손잡고 일본에 맞섰던 갑산파 인사들이었다.

갑산파가 제거된 이유는 김일성에게 모든 권력이 집중되는 유일사상 체계를 만 드는 데 방해가 됐기 때문이다. 이를 계기로 북한에서는 '수령'으로 불리는 김일 성에 대한 개인 숭배가 강화됐다.

제3차 아랍·이스라엘전쟁이 일어나다

아랍과 이스라엘 사이에 세 번째 전쟁이 벌어졌다. 팔레스타인해방기구(PLO)가 시리아에 근거지를 마련하고 게릴라전을 전개하자, 6월 4일 이스라엘이 그 보복으로 시리아 전투기 6대를 격추시키고 시나이반도를 침공했다. 이에 6월 5일 나세르 이집트 대통령이 이스라엘에 맞서기 위해 대규모 병력을 파견했지만 크게 패하고 말았다.

유엔의 중재로 전쟁은 6일 만에 중단됐으나, 이스라엘은 그사이에 요르단으로부터 동(東)예루살렘과 요르단강 서안(西岸) 지역을, 이집트로부터 시나이반도와 가자 지구를, 시리아로부터 골란고원 일부를 점령해 빼앗았다. 1982년 시나이반도는 이집트에 반환되지만 나머지 지역은 아직도 이스라엘이 지배하고 있다.

1 제3차 아랍·이스라엘 전쟁 | 6일 만에 끝났기 때문에 '6일 전쟁'으로도 불린다.

제3차 아랍·이스라엘전쟁

『백 년의 고독』이 출간되다

6월, 콜롬비아의 작가 가브리엘 가르시아 마르케스가 라틴아메리카의 역사를 환상적이고 신화적인 기법으로 표현한 소설 『백 년의 고독』을 출간했다. 이 작품은 부엔디아 가문 사람들의 신비로운 이야기를 통해 라틴아메리카인들이 겪어 온 고난의 근대사를 말하고 있으며, '마술적 사실주의'의 대표적인 작품으로 평가받는다.

동남아시아국가연합이 결성되다

8월 8일, 타이 방콕에서 필리핀, 말레이시아, 싱가포르, 인도네시아, 타이의 대표가 모여 동남아시아국가연합(ASEAN)을 결성했다. 초기에는 동남아시아 지역의 경제적, 사회적 발전을 추구하는 느슨한 기구였지만, 지금은 유럽연합(EU)과 같은 강력한 지역 공동체를 지향하고 있다. 2012년 현재 10개 나라가 가입해 있다.

ASEAN 가입국

체 게바라가 살해되다

10월 9일, 쿠바혁명(1959년 참조)의 영웅 체 게바라가 볼리비아의 산악지대에서 게릴라 활동을 벌이던 중 정부군에 붙잡혀 처형됐다. 혁명이 성공한 뒤 쿠바에서 중앙은행 총재 등을 지냈지만, 곧 라틴아메리카 전체의 혁명을 꿈꾸며 다시 길을 떠난 것이었다. 이후 게바라의 얼굴은 혁명과 반항의 아이콘으로 자리 잡는다.

체 게바라
아르헨티나 출신의 의사로, 본명은 에르네스토 라파엘 게바라 데 라 세르나였다. '체'는 에스파냐어로 '어이'하며 상대를 친근하게 부르는 말이다.

대동강에 전시돼 있는 푸에블로호

분열식을 하는 여자 향토예비군

동대문역에 마지막으로 도착한 열차를 향해 작별 인사를 하는 전차 승무원들

1·21사건과 푸에블로호사건이 발생하다

1월 21일, 북한의 특수부대원 31명이 청와대 습격을 시도했다. 이들은 청와대에서 500미터 떨어진 곳까지 접근했다가 경찰에 발각됐다. 총격전 끝에, 생포된 김신조를 제외하고 대부분의 북한 특수부대원[1]이 사살됐다.

이틀 후인 1월 23일에는 미국 군함 푸에블로호(승무원 83명)가 동해에서 첩보 활동을 하다가 북한에 나포됐다. 북한은 푸에블로호가 해상 경계선을 넘어 자신들의 영해를 침범했다고 주장했다. 그러나 미국은 푸에블로호가 공해상에 있었다고 반박했다.

두 사건이 연이어 일어나면서 한반도에는 긴장감이 매우 높아졌다. 6·25전쟁이 멈춘 후 전쟁 발발 가능성이 가장 높아진 때였다. 박정희 대통령은 1·21사건에 분노해 북한에 대한 보복 공격을 계획했다. 보복 공격 계획은 미국의 반대로 실행되지 않았다. 그 대신 미국은 핵 추진 항공모함을 출동시켜 북한을 압박하면서 푸에블로호와 승무원들을 돌려보내라고 요구했다. 북한이 버티자, 미국은 북한과 협상하는 길을 택했다.[2] 협상 끝에 북한은 푸에블로호 함장에게 '북한의 영해를 침범했다'는 내용의 사과문에 서명하게 한 후 12월 23일 승무원들을 모두 돌려보냈다.[3]

한편 남북 간의 긴장이 고조되자 박정희 정부는 반공 태세를 강화한다는 명분을 내세워 4월 1일 향토예비군을 창설하고, 1969년에는 교련 과목을 도입해 고등학생과 대학생에게 군사 교육을 실시한다. 또한 11월 21일, 간첩 식별에 도움이 된다며 만 18세 이상의 모든 국민에게 주민등록증을 발급했다. 이와 마찬가지로 북한도 전쟁 가능성에 대비해야 한다며 주민 통제를 강화했다.

전차가 역사 속으로 사라지다

11월 30일 자정, 서울시의 모든 전차가 운행을 마감했다. 전차는 1899년 개통된 이래 대표적인 대중교통 수단으로서 시민의 발 노릇을 했다. 그러나 대중교통이 자동차 중심으로 바뀜에 따라, 전차는 69년 만에 사라졌다.

12월 5일, 「국민교육헌장」이 반포되다

유럽
프라하에 짧은 봄이 찾아오다

4월, 체코슬로바키아공산당 서기장 알렉산드르 둡체크가 '인간의 얼굴을 한 사회주의'라는 슬로건을 내세우며 자유화와 민주화를 위한 계획들을 발표했다. 사전 검열 폐지, 민주적 선거 도입, 언론·출판·집회의 자유 보장, 국외 여행과 이주의 자유 보장, 체코와 슬로바키아의 평등한 연방제 도입 등의 내용이었다.[2]

프라하에 진입하는 바르샤바조약군

하지만 소련공산당 서기장 레오니트 브레즈네프는 체코슬로바키아의 민주화가 다른 동유럽 나라들에 번질 것을 우려해 둡체크의 개혁을 무너뜨리려 했다. 결국 8월 20일 밤, 소련이 주도하는 바르샤바조약군 20만 명이 체코슬로바키아를 전격 침공했고, 이튿날 수도 프라하를 점령해 둡체크를 비롯한 개혁파 지도자들을 모두 체포했다.

1 체코슬로바키아 | 1993년 체코와 슬로바키아의 두 나라로 분리된다.

2 둡체크의 개혁 | 체코슬로바키아인들은 둡체크의 개혁으로 시작된 자유화와 민주화를 '프라하의 봄'이라고 불렀다.

유럽
68혁명이 서유럽 사회를 뒤흔들다

5월, 프랑스 파리에서 기성 체제의 권위주의, 성차별과 인종 차별, 서유럽의 제3 세계 침략에 반대하는 대규모 학생 시위가 터져 나왔다. 경찰과 군대가 진압에 나서자 학생들은 시내 곳곳에 바리케이드를 설치해 맞섰고, 곧 전국의 노동자들도 총파업으로 호응함에 따라 '68혁명'이 프랑스 전역을 강타했다.

시위는 국경을 넘어 미국, 영국, 서독, 이탈리아, 에스파냐를 비롯해 일본과 라틴아메리카까지 확산됐다. 특히 미국에서는 1월 30일 베트콩의 테트 공세[3]를 계기로 전쟁 반대 시위가 격렬하게 벌어졌다. 4월 23일에는 컬럼비아 대학에서 학생들의 점거 시위가 일어났고, 8월 22일의 민주당 전당 대회에도 수많은 반전 시위대가 몰려들었다. 흑인 민권 운동과 여성 해방 운동까지 가세해 미국 사회는 그야말로 혼란의 소용돌이 속으로 빠져들었다.

68혁명의 주역들은 기존 좌파 노선과 다른 주장을 해서 '신좌파'라는 이름으로 불렸다. 정치적으로 뚜렷한 성취를 이루지는 못했지만, 평화, 인권, 생태 등 새로운 이념과 가치를 서구 사회에 확산시켰다.

파리의 바리케이드

"금지하는 것을 금지하라!"라는 68혁명의 슬로건이 적혀 있다.
이외에도 "불가능한 것을 요구하라" 등의 슬로건이 등장했다.

3 테트 공세 | '테트'는 베트남어로 '설날'을 뜻한다. 즉 설날 베트콩이 사이공을 비롯한 남베트남의 주요 도시에서 감행한 전면적인 기습 공격을 이르는 말이다. 베트콩은 3만 3000명이 전사하는 등 큰 손실을 입었다. 그러나 이를 계기로 미국에서는 전쟁이 결코 쉽게 끝나지 않으리라는 생각에 반전 여론이 빠르게 번져 갔다.

1 국민학교 | 지금의 초등학교

2 국6병 | 국민학교 6학년이 중학교 입시 때문에 겪는 고통

중학교 입시가 폐지된 후, 학생들이 '삥뼁이'라 불린 수동식 추첨기를 돌려 학교를 배정받고 있다.

3 날치기 개헌 | 이효상 국회의장은 의사봉 대신 주전자 뚜껑을 사용해 3선 개헌안을 처리했다. 몰래 날치기를 하느라 의사봉을 준비하지 못했기 때문이다.

3선 개헌에 반대한다는 뜻으로 검정 치마에 흰 블라우스를 입은 이화여대생들

서울에서 중학교 무시험 진학제가 실시되다

2월 5일과 6일, 서울 시내의 국민학교[1] 졸업생들이 어느 중학교로 진학할지를 결정하기 위한 추첨이 이뤄졌다. 이 추첨은 1968년 7월 15일 정부가 중학교 무시험 진학제를 도입하겠다고 발표한 데 따른 것이다.

1960년대에는 '국6병[2]'이라는 말이 나올 정도로 어린 학생들이 입시 준비에 시달렸다. 학부모들은 비싼 사교육비에 힘들어했다. 현직 교사가 은밀히 과외를 하는 일도 적지 않았다. 이렇게 입시 경쟁이 과열되면서 무즙 파동(1965년 참조) 같은 일까지 벌어지자, 정부가 중학교 입시를 폐지한 것이다.

중학교 무시험 진학제는 1970년에 10대 도시로, 1971년에는 전국으로 확대 실시된다. 또한 정부는 1974년 고등학교 입시를 폐지하고 고교 평준화를 실시한다.

3선 개헌안이 날치기로 통과되다

9월 14일, 여당인 민주공화당 의원들과 몇몇 무소속 의원이 3선 개헌안을 날치기로 통과시켰다.[3] 이들은 이날 새벽 2시 50분 국회 제3별관에 몰래 모여 3선 개헌안을 기습 처리한 후, 뒷문으로 빠져나갔다. 제3별관에 모인 까닭은 국회 본회의장에서 3선 개헌 반대 농성을 하고 있던 야당 의원들을 피하기 위해서였다.

3선 개헌은 한 사람이 대통령 직책을 세 번 수행할 수 있도록 헌법을 바꾸는 것을 뜻한다. 3선 개헌안이 통과됨으로써, 이미 두 번 대통령이 된 박정희가 또 대선에 나설 수 있게 됐다. 박정희 대통령은 1967년 대선 때 "3선 개헌은 절대 하지 않는다."라고 이야기한 것과 달리, 실제로는 3선 개헌을 추진했다. 1967년 총선에서 공무원을 앞세워 관권 선거를 해 개헌에 필요한 국회 의석을 확보한 것도 3선 개헌 준비의 일환이었다.

그러나 야당이 반대했고, 여당 내에서도 박 대통령의 후계자로 거론되던 김종필을 따르는 이들은 3선 개헌을 못마땅하게 여겼다. 박 대통령은 김종필 추종 세력을 여당에서 제거한 후, 3선 개헌을 밀어붙여 장기 집권의 길을 열었다.

아시아·유럽

중·소국경분쟁이 벌어지다

3월 2일, 우수리강 전바오섬(소련 이름 다만스키섬)에서 중국군과 소련군이 충돌했다. 애매한 국경 문제[1] 때문에 벌어진 일이었지만, 스탈린 사후 악화돼 온 두 나라의 대립이 급기야 군사적 충돌로 폭발한 것이었다. 9월 11일 저우언라이와 알렉세이 코시긴의 회담으로 간신히 수습된다.

아메리카

인류가 달에 첫발을 딛다

7월 20일, 미국의 우주 비행사 닐 암스트롱과 에드윈 올드린이 아폴로 11호를 타고 날아가 달의 '고요의 바다'에 첫발을 내디뎠다.[2] 전 세계 수억 명이 텔레비전으로 이 장면을 지켜봤으며, 암스트롱은 "한 사람의 작은 한 걸음이지만, 인류에게는 위대한 도약이다(That's one small step for a man, one giant leap for mankind)"라는 말을 전해 왔다. 우주인들은 21시간 동안 달에 머무르며 토양 샘플을 채취하고 여러 과학 기기를 설치한 뒤 무사히 지구로 돌아왔다.

아메리카

닉슨독트린이 선포되다

7월 25일, 미국 대통령 리처드 닉슨이 이른바 '닉슨독트린'을 발표해 아시아 정책의 변화를 천명했다. 닉슨은 미국이 앞으로는 베트남전쟁과 같은 군사적 개입을 최소화하고 경제적 지원에만 주력할 것이라며, 아시아의 여러 나라들은 자신의 힘으로 공산주의의 위협에 대처해야 할 것이라고 선언했다. 이후 미국은 베트남에서 점진적으로 군대를 철수한다.

아프리카

카다피가 쿠데타로 정권을 장악하다

9월 1일, 리비아의 육군 대위 무아마르 카다피가 군사 쿠데타를 일으켜 국왕을 쫓아내고 공화정을 선포했다. 독실한 이슬람교 신도이자 아랍 민족주의자였던 카다피는 영국과 미국의 군사 기지를 폐쇄하고, 외국인 재산을 몰수하며, 석유 산업을 국유화하는 등 서구 세력을 축출했다.

유럽

브란트가 동방정책에 착수하다

10월 28일, 서독 총리 빌리 브란트가 동방정책을 추진해 통일의 초석을 닦았다. 서독은 이후 동유럽 사회주의 국가들과 차례로 외교 관계를 맺으며, 1972년 동독과 동서독기본조약을 맺어 '1민족 2국가' 체제를 수립함으로써 평화 공존의 분위기를 조성한다.[3]

1 국경 문제 | 중국과 소련의 경계에는 어느 나라의 영토인지 불분명한 지역이 여럿 있었다. 중국은 19세기에 맺은 불평등 조약에 의해 빼앗긴 땅이라고 주장했지만, 소련은 인정하지 않았다.

아폴로 11호를 싣고 발사된 새턴 5형 로켓(위)과 달 표면에 선 올드린(아래)

2 아폴로 11호의 승무원들 | 아폴로 11호의 또 다른 승무원 마이클 콜린스는 사령선을 조종하며 달 궤도에 머무르고 있었다.

빌리 브란트

3 동서독의 평화 | 서독 정부는 1990년 통일을 이룰 때까지 동독의 경제 성장을 위해 1000억 마르크 이상의 금액을 지원한다.

와우아파트가 무너지다

4월 8일, 지은 지 넉 달밖에 안 된 와우아파트(서울시 마포구)가 무너져 33명이 목숨을 잃었다. 부실 공사와 안전 불감증에서 비롯된 참사였다. 와우아파트는 서울시가 추진한 시민아파트 사업의 일환으로 건설됐다.

와우아파트 붕괴

새마을운동이 시작되다

4월 22일, 박정희 대통령이 '새마을 가꾸기 운동'을 제창했다. 대도시 중심으로 산업화가 진행되면서 경제적·문화적으로 많이 뒤처진 농촌을 근대화하자는 운동이었다.

새마을운동을 실시한 결과 초가지붕이 사라지고 마을 길이 포장되는 등 농촌 모습이 많이 달라진다. 1970년대에 농가 평균 소득도 늘어난다. 그렇지만 농가의 빚은 그보다 더 많이 늘어나고, 농촌을 떠나는 현상도 계속된다. 농업을 홀대하는 정책의 기본 틀이 바뀌지 않기 때문이다. 새마을운동을 통해 국민에 대한 통제를 강화하려는 의도[1]가 있었다는 시각도 있다.

1 새마을운동을 통한 국민 통제 | 정부가 1974년 무렵 새마을운동을 도시로 확산시킨 것도 이 문제와 관련이 있었다.

2 부실공사 | 경부고속도로를 건설하는 데 든 비용보다 개통 후 10년간 유지보수 공사를 하는 데 들어간 비용이 더 많을 정도다.

경부고속도로가 개통되다

7월 7일, 경부고속도로가 개통됐다. 고속도로 건설은 1967년 대선에서 박정희 대통령이 공약한 사항이다. 박정희는 착공한 지 2년 5개월 만에 경부고속도로를 완공했다.

경부고속도로는 전국을 1일 생활권으로 바꾸고, '경제 대동맥'으로서 물류 혁신에 기여한다. 그러나 군사 작전을 하듯 밀어붙여 짧은 시간 안에 완공하는 과정에서 77명이 숨지고, 부실 공사 때문에 준공 후 지속적으로 유지·보수 공사[2]를 해야 하는 등의 문제도 낳았다.

경부고속도로 준공

전태일이 분신하다

11월 13일, 22세의 노동자 전태일이 서울 평화시장에서 『근로기준법』 책을 안고 분신했다. 경제 개발 제일주의를 내세워 노동자를 혹사시키는 정부와 기업에 항의하는 의미에서 자신의 몸을 불사른 것이었다. 이 무렵 노동자들은 건강에 심각한 문제를 일으키는 열악한 환경 속에서 장시간 저임금 노동에 시달리고 있었다. 전태일의 분신은 노동자들의 처참한 현실에 대한 사회의 관심을 불러일으키고, 노동 운동이 활발하게 벌어지는 계기가 된다. 전태일은 죽었지만, 노동자도 인간임을 선언한 이 사건은 한국 현대사에 커다란 영향을 끼친다.

전태일의 어머니 이소선이 아들의 영정을 부여안고 오열하고 있다.

세계

핵확산금지조약이 발효되다

3월 5일, 미국과 소련 등 핵무기 보유국들의 주도로 유엔 총회에서 채택된 핵확산금지조약(NPT)이 발효됐다. 핵무기 보유국이 비(非)보유국에 핵무기를 제공하는 것과 비보유국이 핵무기를 개발하는 것을 금지하는 내용이었다.[1]

1 핵확산금지조약 | 한국은 1975년 조약을 비준하고, 북한은 1985년에 비준하나 2003년 핵무기 개발을 위해 탈퇴한다.

아메리카

멕시코 월드컵에서 브라질이 세 번째 우승국이 되다

6월 21일, 멕시코에서 열린 제9회 월드컵 축구 대회에서 브라질이 우승했다. 이로써 브라질은 통산 세 번째로 우승해 우승컵인 쥘리메컵을 영구히 소유하게 됐다. 대회의 최고 스타는 브라질의 '축구 황제' 펠레였다. 펠레는 빠른 발과 화려한 개인기, 완벽한 팀 플레이로 경기장을 누비며 우승의 일등 공신 역할을 했다. 한편 1969년의 지역 예선에서는 온두라스와 엘살바도르가 축구 경기의 과열된 분위기로 인해 실제 전쟁을 벌이는 일도 있었다.[2]

축구 황제 펠레(왼쪽)와 우승국 브라질 대표팀(오른쪽)

아메리카

칠레에서 선거를 통해 사회주의 정권이 수립되다

10월 24일, 칠레의 사회주의 계열 정당들이 모여 결성한 인민연합의 후보 살바도르 아옌데가 대통령 선거에서 승리했다. 이로써 세계 최초로 선거를 통한 평화적 방법으로 사회주의 체제가 수립됐다. 아옌데 정부는 구리 광산과 은행, 대기업을 국유화하고 토지 개혁을 실시하며 "사회주의로 향하는 칠레의 길[3]"로 나아갔다. 초기에는 경제가 빠르게 성장하고 실업이 감소하는 등 긍정적인 변화가 있었다. 그러나 1972년 들어 성장이 멈추고 물가가 급등하는 위기가 찾아왔다. 정부는 노동자들의 임금을 올리고 물가를 강제로 고정시키는 조치를 취했으나, 오히려 시장에서 생필품이 사라지고 지하 경제가 활성화됐다. 설상가상으로 지주, 기업가, 전문가 등 기득권층의 저항도 거세졌다.

한편 칠레의 구리 광산은 대부분 미국인이 소유하고 있었기 때문에, 미국 정부는 구리 광산의 국유화에 큰 불만을 품었다. 게다가 미국은 라틴아메리카에 또다시 쿠바와 같은 사회주의 정부가 들어서는 것도 용납할 수 없었다.

마침내 1973년 9월 11일 미국 중앙정보국(CIA)의 지원을 받은 아우구스트 피노체트 장군 세력이 쿠데타를 일으켜 아옌데 정부를 무너뜨렸다. 많은 사회주의자들이 체포돼 처형됐고, 아옌데는 쿠바의 카스트로가 선물한 AK-47 소총을 들고 최후까지 대통령궁을 지키다 스스로 목숨을 끊었다.

2 온두라스와 엘살바도르의 전쟁 | '축구 전쟁'이라고 한다. 하지만 그 배경에는 두 나라 사이의 해묵은 경제적·국민적 악감정이 자리 잡고 있었다. 7월 14일 엘살바도르군이 온두라스를 침공해 5일간 전투가 벌어졌다.

3 사회주의로 향하는 칠레의 길 | 아옌데 정부의 슬로건이었다.

살바도르 아옌데

쿠데타군의 폭격으로 불타는 대통령궁

나는 (……) 올해의 우리나라
경제 지표를 증산, 수출, 건설에
두었습니다. (……) 공업 원료의 수입
의존도가 높은 나라에서 수출은
경제의 생명입니다. 2차 대전 직후,
영국의 처칠 수상의
'수출 아니면 죽음'이란 호소가
결코 과장이 아닐 것입니다.[1]

우리는 기계가 아니다.[2]

[1] 1965년 박정희 대통령 연두교서 중 일부
박정희 대통령은 수출을 늘리는 데 사실상 모든 것을 거는 수출 지상주의
정책을 추진했다. 그 결과 수출액은 1억 달러(1964년)를 넘어선 지 13년
만에 100억 달러(1977년) 이상으로 급증했다. 수출이 늘면서 경제 규모도
급성장했다. 그러나 경제 건설의 주역인 노동자들은 열악한 환경에서 저임금
장시간 노동에 시달렸다. 성장의 열매는 노동자들에게 공평하게 돌아가지
않았다.

[2] 1970년 11월 13일 전태일이 평화시장에서 분신하며 절규한 말

아마도 이번이 제가 여러분에게 말하는 마지막 기회가 될 것 같습니다. (……) 저는 사임하지 않을 것입니다. 여러분의 충심에 목숨으로 보답하겠습니다. (……) 저는 칠레와 칠레의 운명에 대해 강한 믿음을 갖고 있습니다. 곧 가로수 길들이 다시 열릴 것이고, 그 길 위에서 자유로운 사람들이 더 나은 사회를 건설할 것입니다. 칠레 만세! 민중 만세! 노동자 만세![1]

나는 꿈이 하나 있습니다. 조지아의 붉은 언덕 위에서 노예의 자녀와 주인의 자녀가 우애의 식탁에 함께 둘러앉는 날이 오리라는 꿈입니다.[2]

1 칠레 대통령 살바도르 아옌데의 마지막 라디오 연설에서
아옌데는 대통령궁에서 피노체트 장군의 쿠데타 세력에 맞서다 스스로 목숨을 끊었다.

2 마틴 루서 킹 목사가 워싱턴대행진에서 행한 연설에서
킹 목사는 흑백 차별을 해결할 대안으로 흑인과 백인의 화해와 통합을 제시했다.

1970년대

1971~1980

박정희 정권이 무너지고,
'자본주의 황금시대'가 막을 내리다

—— | ——

1970년대의 한국과 세계

박정희 정권이 무너지고, '자본주의 황금시대'가 막을 내리다

1972년 7·4남북공동성명을 계기로, 많은 한국인은 세계적인 긴장 완화 추세에 발맞춰 한반도에서도 대결 구도가 끝나기를 기대한다. 그러나 바람은 실현되지 않는다. 오히려 남북한에서는 독재 체제가 더 강화된다. 박정희는 10월유신을 선포하고 영구 집권을 도모한다. 북한에서도 김일성 유일 체제가 만들어진다. 이에 더해 김일성은 아들 김정일을 후계자로 결정하고, 권력 세습 작업을 진행한다.

박정희 정권은 10월유신을 비판하는 목소리는 물론 노동자와 농민들의 사회 운동을 힘으로 누른다. 1979년 박정희가 측근에게 살해되면서(10·26사건) 유신 정권은 무너진다. 하지만 신군부가 12·12쿠데타를 일으키고, 5·18민주화 운동을 유혈 진압하며 민주주의를 다시 질식시킨다. 한편 박정희 정권이 추진한 중화학공업화는 한국 경제의 풍경을 적잖이 바꿔 놓는다.

이 시기에 세계정세도 요동친다. 제2차 세계대전 이후 세계 경제의 기본 축이던 브레턴우즈 체제가 무너지고, '자본주의 황금시대'도 막을 내린다. 두 차례에 걸친 석유 파동도 세계 경제를 뒤흔든다. 장기 호황이 끝난 자본주의 중심부 국가들에서는 보수적 색채가 강한 신자유주의 세력이 힘을 얻는다. 이와 함께 중국이 미국과 화해하는 한편 개혁 개방 노선을 채택한 것과 개인용 컴퓨터가 세상에 등장한 것도 이후의 역사에 많은 영향을 끼친다.

광주대단지사건	**1971**년	브레턴우즈 체제 붕괴
		최초의 마이크로프로세서 출시
7·4남북공동성명	**1972**년	북아일랜드, 피의 일요일 사건
10월유신		닉슨, 중국 방문
		검은9월단, 뮌헨올림픽 테러
중화학공업화 선언	**1973**년	제1차 석유 파동
김대중 납치 사건		
북한, 김정일을 김일성 후계자로 결정	**1974**년	
언론 자유 요구한 『동아일보』 기자 대량 해고	**1975**년	캄보디아, 크메르루주 대량 학살
인혁당 재건위 사건		베트남전쟁 종전
판문점 미루나무 사건	**1976**년	바이킹 1호 화성 착륙
수출 100억 달러, 1인당 국민 소득 1000달러 달성	**1977**년	애플II 컴퓨터 시판
동일방직 똥물 사건	**1978**년	최초의 시험관 아기 탄생
		중국, 개혁 개방 선언
YH사건	**1979**년	이란, 이슬람혁명
10·26사건		영국, 대처 취임
12·12쿠데타		소련, 아프가니스탄 침공
5·18민주화 운동	**1980**년	이란·이라크전쟁

서울 장충단공원에서 유세하는 김대중 후보

1 4대국 안전보장론 | 네 강대국(미국, 소련, 중국, 일본)이 한반도 평화를 보장해야 한다는 주장

2 총통 | 독재자 히틀러의 호칭인 '퓌러(Führer)'의 번역어

제7대 대선에서 박정희가 김대중을 물리치다

4월 27일에 치러진 제7대 대통령 선거에서 민주공화당의 박정희 후보와 신민당의 김대중 후보가 맞붙었다. 김대중은 당 내 경선에서 김영삼에게 역전승을 거두고 대선 후보가 됐다. 40대의 젊은 후보이던 김대중은 박정희가 주도한 성장 위주의 개발 정책을 비판했다. 또한 향토예비군 폐지, 4대국 안전 보장론,[1] 언론·체육 등 정치 이외 분야에서의 남북 교류 등을 주장하고, 이번에 정권을 바꾸지 못하면 박정희가 총통(總統)[2]제를 도입해 종신 집권할 것이라고 경고했다. 이에 맞서 박정희는 경제 발전을 위해 자신이 다시 대통령이 돼야 한다고 강조했다. 또한 이번이 마지막 대선 출마라고 눈물로 호소하며 총통제 의혹을 부인했다.

평화를 지향하자는 김대중의 주장은 많은 유권자의 호응을 얻었다. 그러자 박정희 측은 지역감정을[3] 불러일으켰다. 결국 박정희(634만 표)가 김대중(539만 표)을 눌렀지만 상처뿐인 영광에 가까웠다. 현직 대통령이라는 이점도 누렸고 야당보다 선거 비용을 훨씬 많이 투입했으며 관권 선거까지 했는데도 힘겹게 이겼기 때문이다.

무령왕릉 입구

3 지역감정 | 박정희 측은 '김대중이 집권하면 경상도에 피의 보복이 있을 것이다' 등의 유언비어를 퍼뜨렸다. 선거 결과 전라도에서는 김대중이, 경상도에서는 박정희가 상대를 압도했다. 박정희 측이 노골적으로 지역감정을 조장한 데다 경제 개발 과정에서 호남이 영남의 뒷전으로 밀려났기 때문이다.

무령왕릉이 발견되다

7월, 충청남도 공주 송산리 고분군의 보수 및 배수 시설 공사 중 백제 제25대 무령왕의 능이 발견됐다. 만들어진 지 1400여 년 만에 세상에 모습을 드러낸 것이다. 무령왕릉은 잊혔던 백제의 모습을 되살리는 데 큰 도움이 된다.

광주대단지사건이 일어나다

8월 10일, 경기도 광주군 중부면(지금의 성남)에서 수만 명이 주거 문제 해결을 요구하며 들고일어났다. 대다수는 본래 서울의 청계천·용산 등의 무허가 판자촌에서 살던 가난한 사람들이었다. 당시 서울은 곳곳에서 사람들이 몰려든 데다 부동산 투기도 심한 탓에 주택 문제가 심각했다. 무허가 판자촌이 여기저기 생긴 것도 그 때문이었다.

정부는 판자촌 사람들을 광주군 중부면으로 반강제로 이주시켰다. 이들에게 택지를 분양해 주거 단지를 만든다는 '광주대단지 개발 사업'이었다. 그러나 땅값은 지나치게 높게 정해졌고, 가난한 사람들은 이를 감당할 수 없었다. 당국이 태도를 바꾸지 않자, 수만 명이 들고일어나 파출소 등을 불태운 것이다. 당황한 당국이 요구를 받아들이겠다고 밝히면서 상황은 가라앉았다.

주거 문제 해결을 요구하며 시위를 하는 광주대단지 주민들

브레턴우즈 체제가 붕괴하다

8월 15일, 미국 대통령 닉슨이 더 이상 미국 정부가 달러를 금으로 바꿔 주지 않겠다고 선언함에 따라 브레턴우즈 체제가 무너졌다. 이 체제는 지난 1944년, 국제 무역의 활성화를 위해 여러 국가들 사이의 환율을 고정시키고 금-달러 본위제를 도입한 브레턴우즈협정[2]에 의해 탄생했다.

그러나 베트남전쟁 등에 쏟아부은 막대한 비용 때문에 미국의 금 보유고가 바닥을 드러내자 더 이상 달러를 금으로 교환해 줄 수 없게 돼 붕괴를 맞은 것이었다. 서유럽과 일본의 경제가 크게 성장하고 미국의 경제적 위상이 하락한 상황을 보여 주는 상징적인 사건이었다.

1 금-달러 본위제 | 35달러를 금 1온스(28.35그램)로 교환해주기로 약속했기 때문에, 이후 달러가 기축 통화(국가 간 거래의 매개가 되는 화폐)로 자리 잡았다.

2 브레턴우즈협정 | 미국 뉴햄프셔 주 브레턴우즈에서 협정이 맺어졌기에 이러한 이름이 붙었다.

그린피스가 결성되다

9월 15일, 캐나다 밴쿠버에서 국제 환경 보호 단체 그린피스(Greenpeace)가 결성됐다. 미국 알래스카 주 암치카섬에서 벌어질 핵실험에 반대하기 위해 처음 조직됐으며, 이후 멸종 위기 동물의 포획 반대, 원자력 발전 반대, 원시림과 해양 보호, 기후 변화 방지, 유전자 조작 반대 등 폭넓은 활동을 벌인다.

그린피스는 보트를 타고 포경선의 사냥을 방해하거나 오염 시설을 망가뜨리는 등 '비폭력 직접 행동'의 운동 방식을 취하며, 환경 문제에 대한 대중의 관심을 높이기 위해 TV나 신문 같은 대중 매체를 적극적으로 활용하는 전략을 펼친다.

그린피스의 '레인보우 워리어(무지개 전사) 2호'
레인보우 워리어 1호는 1985년 프랑스의 핵 실험에 항의하러 가던 중 프랑스 정보 요원들에 의해 폭파됐다.

중화인민공화국이 유엔에 가입하다

10월 25일, 유엔 총회는 중화인민공화국(공산당 정부)을 중국의 유일한 합법적인 정부로 결정하고 유엔 가입을 승인했다. 이로써 이때까지 유엔에서 중국을 대표하던 국민당 정부의 중화민국(타이완)은 회원국 지위를 상실했다.

최초의 마이크로프로세서가 출시되다

11월 15일, 미국의 인텔사가 4004마이크로프로세서를 출시했다. 마이크로프로세서는 컴퓨터의 계산 기능 및 여러 주변 장치를 제어하는 기능을 1개의 작은 실리콘 칩에 모아 담은 것이었다. 이 덕분에 컴퓨터의 크기가 훨씬 작아지고 속도가 빨라지며 가격이 매우 저렴해져 개인용 컴퓨터(PC)의 시대가 열리게 된다.

4004마이크로프로세서
4비트 방식으로 최고 클럭 속도는 740킬로헤르츠였다.

7 · 4남북공동성명이 발표되다

7월 4일, 남북공동성명이 서울과 평양에서 동시에 발표됐다. 7·4남북공동성명¹의 핵심은 남한과 북한이 자주, 평화, 민족대단결²이라는 통일의 3대 원칙에 합의한 것이었다. 이 성명은 분단 이후 남한과 북한이 처음으로 통일 문제에 대해 이룬 합의였으며, 시민들의 열렬한 환영을 받았다.

시민들이 껴남북공동성명 발표를 알리는 게시판과 호외를 관심 있게 보고 있다.

1 **7·4남북공동성명** | 7·4남북공동성명이 나온 배경 중 하나는 미국과 중국이 화해하는 등 동아시아에서 냉전 체제가 완화된 것이었다.

2 **자주, 평화, 민족대단결** | 자주는 외국 세력에 의존하지 말자는 것이고, 평화는 전쟁을 벌여 통일하려 하지 않는다는 것이며, 민족대단결은 사상과 이념을 넘어 단결하자는 것이다.

3 **8·3사채동결조치** | 부실기업에 대한 특혜라는 비판을 많이 받았다. 초법적인 조치라는 점에서 '경제 쿠데타'로 불리기도 한다.

8 · 3사채동결조치가 취해지다

8월 2일 밤, 정부가 사채 동결 긴급명령을 내렸다. 기업이 빚을 질 때 정한 상환 조건을 8월 3일부터 무효로 하고, 조건을 새로 정한다는 내용이었다. 정부가 제시한 새 조건은 기업이 돈을 갚는 시기를 늦추고 이자를 대폭 낮추는 것이었다. 이 때문에 빚이 많던 부실 대기업은 위기에서 벗어났지만 기업에 돈을 빌려 준 사람들은 큰 타격을 입었다. 8·3사채동결조치³로 인해 경제는 더욱더 재벌 위주로 재편됐다.

10월유신이 일어나다

10월 17일, 박정희 대통령이 군대를 동원해 비상계엄령을 선포하고 헌법을 정지시켰다. 10월유신이었다. 박정희는 통일에 대비한 강력한 체제가 필요하다며 국회를 해산하고 유신 헌법을 만들었다.

유신 헌법의 핵심은 박 대통령 한 사람에게 모든 권력을 집중시키는 것이었다. 대통령이 국회의원의 3분의 1을 지명하고, 원하면 몇 번이든 다시 대통령이 될 수 있게 했다. 또한 국민이 대통령을 직접 뽑는 직선제를 없애고, 대통령이 의장을 맡은 통일주체국민회의에서 대통령을 뽑게 했다. 12월 23일 박정희는 통일주체국민회의 대의원 2359명 중 2357명의 지지를 받아 제8대 대통령이 됐다.⁴ 이처럼 10월유신은 민주주의의 기본 모양새마저 짓밟은 친위 쿠데타⁵였다. 박정희는 10월유신 후 '한국적 민주주의'라며 철권통치를 했다.

비상계엄령 선포 직후 광화문 앞에 주둔한 탱크

4 **제8대 대통령 선거의 표결** | 나머지 2표는 무효표였다. 선거가 체육관에서 진행돼 '체육관 대통령'이라는 비웃음을 샀다.

10월유신 홍보 포스터

5 **친위 쿠데타** | 집권 세력이 무력을 동원해 헌법을 폐지하고 나라의 질서를 바꾸는 것

한편 12월에 북한도 헌법을 바꿨다. 수상이던 김일성을 주석으로 추대하고 '김일성 유일 체제'를 법적으로 보장하는 내용이었다. 7·4남북공동성명을 발표하며 거리를 좁히는 듯하던 남한과 북한은 각기 '유신 체제'와 '유일 체제'를 구축하고 더 극심하게 대결했다.

북아일랜드에서 '피의 일요일' 사건이 벌어지다

1월 30일 일요일, 북아일랜드 런던데리에서 아일랜드계 주민들이 평등한 시민권을 요구하는 시위를 벌이던 중 영국 공수부대의 총격을 받아 14명이 목숨을 잃는 비극이 벌어졌다. 하지만 영국 정부는 폭탄과 총을 소지한 시위대가 먼저 공격했다고 주장하며 사건의 진상을 은폐했다.[1]

영국의 식민지였던 아일랜드는 1922년 자치를 얻고 1949년 완전한 독립을 쟁취했지만, 북아일랜드 지역만은 계속 영국의 지배를 받아 왔다. 이후 북아일랜드에서는 영국에서 건너온 다수의 신교도들이 아일랜드계 주민(가톨릭교도)들을 지배하며 차별하는 상황이 벌어졌다.

이날의 사건을 계기로 아일랜드계 주민들은 평화적인 저항 운동보다 아일랜드공화국군(IRA)이 주도하는 과격한 무장 투쟁 노선을 지지하게 된다. 신교도들도 얼스터의용군을 조직해 맞섬에 따라 양측의 무력 충돌로 1998년 평화 협정을 맺을 때까지 3000여 명이 희생된다.

희생자들을 기리기 위해 제작된 벽화. 희생된 14명 중 7명은 10대 소년이었다.

1 영국 정부의 사과 | 2010년 영국 정부는 잘못을 인정하고 공식 사과한다.

2 미국과 중국의 화해 | 1971년 중국이 미국 탁구 대표단을 초청한 일을 계기로 관계 개선이 시작됐기에, 미국과 중국의 외교적 접근을 흔히 '핑퐁(탁구) 외교'라고 불렀다.

닉슨이 중국을 방문하다

2월 21일, 미국의 닉슨 대통령이 미국 대통령으로서는 처음으로 중국을 방문해 마오쩌둥 주석과 만났다. 미국과 중국이 국제 사회에서 소련의 힘을 견제하기 위해 서로 손을 잡은 것이었다.[2] 중국은 1969년 중·소국경분쟁으로 소련과 관계가 극도로 악화됐고, 미국 또한 아시아에서 소련의 영향력 확대를 막고 싶어 했다. 이로써 제2차 세계대전 이후 지속돼 온 냉전 체제에 최초의 균열이 발생한다.

마오와 닉슨의 악수

검은9월단 사건이 벌어지다

9월 5일, 서독 뮌헨에서 제20회 올림픽 대회가 열리던 중, 검은9월단 조직원 8명이 선수촌에 잠입해 이스라엘 선수단 2명을 사살하고 9명을 인질로 잡았다. 팔레스타인 무장 저항 단체인 검은9월단은 인질을 풀어 주는 대가로 이스라엘에 붙잡혀 있는 팔레스타인 게릴라 200여 명의 석방을 요구했다. 그러나 이스라엘 정부는 거절했고, 서독 정부가 진압에 나섰으나 작전 도중 모든 인질이 목숨을 잃었다.

이후 이스라엘은 보복을 위해 팔레스타인인 거주 지역에 폭격을 가하고, 검은9월단 관계자를 추적해 모두 살해한다.

검은9월단

포항제철 착공식에 참석한
박정희 대통령(가운데)

1 구류 | 1일 이상 30일 미만
의 기간 동안 교도소나 경찰서
유치장에 가두는 형벌

경찰이 여성의 무릎과 미
니스커트 사이 길이를 재
고 있다.

2 김대중 납치 사건 | '국가정
보원 과거 사건 진실 규명을
통한 발전위원회'는 2007년
김대중 납치 사건에 관한 최종
조사 결과 발표에서 "박정희
대통령의 직접 지시 가능성과
더불어 최소한 묵시적 승인이
있었다고 보아야 할 것"이라
고 밝혔다.

김대중 귀국 사진

중화학공업화를 선언하다

1월 12일, 박정희 대통령이 중화학공업과 방위산업을 집중적으로 육성하겠다고
선언했다. 경공업 중심에서 중화학공업 중심으로 산업 구조를 바꿔, 북한을 상
대로 한 체제 경쟁에서 승리하겠다는 구상이었다. 10월유신으로 1년에 100억
달러 수출과 1인당 국민 소득 1000달러를 이루겠다는 '10·100·1000'이라는 구
호가 이를 상징한다.

정부는 지역별로 특성화된 공업 단지를 건설하고, 세금을 파격적으로 감면해
주는 등의 특혜를 주며 대기업을 끌어들였다. 중화학공업화가 진행될수록 대기
업이 경제에서 차지하는 비중이 높아졌다. 대기업은 처음에는 주저했지만 나중
에는 너도나도 뛰어들었다. 이로 인한 중복·과잉 투자 문제가 1970년대 후반에
경제를 어렵게 만든다. 그 위기가 지나간 후인 1980년대 중후반에 중화학공업은
경제의 버팀목 노릇을 한다.

장발과 미니스커트를 단속하다

3월 10일, 장발과 미니스커트 단속 기준을 강화한 '개정 경범죄 처벌법'이 발효
됐다. 이에 앞서 1971년 10월, 정부는 장발과 미니스커트를 '퇴폐풍조'로 규정하
고 이를 엄단하겠다고 발표했다. 이에 따라 경찰이 가위와 자를 들고 다니며 거
리에서 남성의 머리카락을 자르고 여성의 무릎과 치마 사이 길이를 쟀다. 장발
단속 건수는 1973년 한 해에만 1만 2870건에 이르렀다. 미니스커트를 입은 여성
이 즉심에 회부돼 25일 구류[1] 처분을 받는 일도 벌어졌다.

김대중 납치 사건이 일어나다

8월 8일, 김대중이 일본 도쿄에서 한국의 중앙정보부 요원들에게 납치됐다. 김대
중은 배에 실려 바다에 수장될 뻔했다. 그러나 미국 CIA 한국지부장 도널드 그
레그가 "절대로 김대중을 죽이지 말라"고 박정희 정부를 압박했다. 김대중은 납
치 129시간 만인 8월 13일 서울의 자택 근처에서 풀려났다.[2]

한편 일본에서는 '한국이 일본의 주권을 침해했다'는 비난 여론이 일었다.
이 때문에 한·일 관계는 한동안 냉각됐다.

아시아

미국이 베트남전쟁에서 발을 빼다

1월 27일, 미국과 남베트남, 북베트남과 베트남민족해방전선 등 베트남전쟁의 당사자들이 맺은 정전협정(파리평화협정)이 발효됐다. 이에 따라 베트남에서 전쟁은 무기한 중단됐고, 미군을 비롯한 모든 외국군은 60일 이내에 철수하기로 했다.

하지만 외국군이 철수했음에도 북베트남과 해방전선은 남베트남에 대한 공세를 멈추지 않았다. 남베트남은 미군에게 넘겨받은 최신 무기로 무장했지만, 정치적 혼란과 부패로 제힘을 발휘할 수 없었다. 심지어 일부 장교들이 적군에 무기를 몰래 팔아먹는 실정이었다.

미국은 정전협정이 사실상 깨어짐에 따라 다시 개입할 명분이 있었지만, 워터게이트사건(1974년 참조)으로 닉슨 행정부가 궁지에 몰린 탓에 적극적인 대응을 하지 못했다.

아시아

제4차 아랍·이스라엘전쟁으로 석유 파동이 세계를 강타하다

10월 6일, 이집트와 시리아가 유대교 축일인 욤키푸르를[1] 틈 타 이스라엘을 기습 공격함으로써 제4차 아랍·이스라엘전쟁이 일어났다. 지난 제3차 전쟁(1967년 참조) 때 이스라엘에 빼앗긴 영토를 되찾기 위해서였다. 이집트군은 재빨리 이스라엘 공군과 전차 부대를 제압하고 시나이반도의 거점들을 장악했으나, 골란고원을 공격한 시리아군은 이스라엘군의 방어벽을 뚫지 못했다.

수에즈운하를 건너 시나이반도로 가는 이집트군

10월 10일 이스라엘은 전열을 가다듬어 대대적인 반격에 나섰다. 시리아군을 격파한 이스라엘군은 시리아 수도 다마스쿠스 부근까지 진출했고, 이집트군에게도 역습을 가해 수도 카이로를 위협했다. 결국 10월 22일 유엔 안전보장이사회가 정전을 요구하는 결의안을 채택하고 양측 모두 받아들임에 따라 전쟁은 16일 만에 막을 내렸다.[2]

한편 전쟁이 한창이던 10월 16일 아랍석유수출국기구(OAPEC)는 석유 가격을 배럴당 3.02달러에서 3.65달러로 크게 올리는 한편, 이스라엘이 점령 지역에서 철수할 때까지 매달 석유 생산을 5퍼센트씩 줄이겠다고 선언했다. 석유 자원을 무기로 사용한 것이었다. 석유 가격은 1974년 봄까지 무려 5배나 상승하고, 세계 경제는 불황과 물가 상승으로 극심한 침체를 겪는다.

1 욤키푸르 | 제4차 아랍이스라엘전쟁은 '욤키푸르전쟁'으로도 불린다. 욤키푸르는 성서에서 모세가 두 번째 십계명을 받아 온 날을 기리는 축일이다.

2 제4차 아랍이스라엘 전쟁의 종결 | 이집트는 거듭된 전쟁으로 인한 경제적 부담을 줄이기 위해 1979년 이스라엘과 평화 조약을 맺고 시나이반도도 돌려받는다. 다른 아랍 국가들과 팔레스타인해방기구는 격렬히 반발하며 이집트의 무하마드 안와르 사다트 대통령을 배신자라고 손가락질한다.

긴급조치 제1호 발동 소식을
전한 『경향신문』

10월 29일 광화문에서 대
학생들이 유신 헌법 폐지
시위를 하고 있다.

1 긴급조치 | 대통령이 헌법에
규정된 국민의 권리를 정지하
는 것. 2010년 12월 대법원
은 '긴급조치 제1호는 위헌'이
라고 판결했다.

2 북한의 후계 구도 | 부자 세
습을 한 북한은 1980년에 김
정일이 김일성 주석의 후계자
라는 사실을 안팎에 알린다.

3 지하철 | 북한은 1973년
9월 평양에 지하철을 개통
했다. 세계 최초의 지하철은
1863년, 영국 런던에서 개통
됐다.

긴급조치를 발동하다

1월 8일, 박정희 대통령이 긴급조치[1] 제1호를 발동했다. 유신 헌법을 비판하
는 사람을 영장 없이 체포해 최대 15년 동안 감옥에 가두고, 유신 체제 비
판을 보도·출판한 사람도 똑같이 처벌한다는 내용이었다. 박정희는 각계
에서 유신을 비판하는 목소리가 나오자, 긴급조치를 연이어 발동해 저항
을 힘으로 눌렀다. 1975년 5월 13일 발동된 긴급조치 제9호는 1979년 박정
희 정권이 무너질 때까지 계속된다.

긴급조치 시기에 정보기관 요원과 사복 경찰들은 대학, 언론사, 교회, 절 등 수
많은 기관을 사찰해 독재를 비판하는 사람들을 잡아 가두고 고문했다. 그렇게
가혹한 탄압을 받았음에도 독재를 비판하는 목소리는 계속됐다.

김정일이 김일성의 후계자로 추대되다

2월 13일에 열린 조선노동당 중앙위원회 제5기 제8차 전원회의에서 김일성 주
석의 아들인 김정일이 정치위원회 위원으로 선출되면서 북한 권력의 후계자로
추대됐다. 김정일은 1964년부터 당에서 활동했고, 1967년 갑산파를 숙청하는
데 앞장섰다. 김정일은 김일성의 사상인 주체사상을 북한 사회의 유일한 지침으
로 만드는 일을 주도하며 후계자로서 기반을 구축해 간다.[2]

『전환시대의 논리』가 출간되다

6월, 해직 기자 출신인 리영희 한양대 교수가 『전환시대의 논리』를 출간했다. 저
자는 이 책에서 중국, 베트남, 미국 등에 대해 극우 반공주의가 강요한 일방적
시각에 도전하고 열린 이성으로 역사와 세계를 바라봤다. 이 책은 한국 사회에
큰 영향을 끼쳤다. 특히 젊은이들이 이 책의 영향을 많이 받아, 리영희는 '사상
의 은사'로 불렸다.

8월 15일, 서울 지하철[3] 1호선이 개통되다

대통령 부인 육영수가 살해되다

8월 15일, 재일교포 문세광이 광복절 기념식장에서 박정희 대통령에게 총을 쐈
다. 박 대통령은 몸을 피했으나, 함께 있던 대통령 부인 육영수가 총탄에 맞아
사망했다.

아시아

시황제의 무덤을 지키는 병마용갱이 발견되다

3월, 중국 산시성에서 농민들이 우물을 파던 중 진나라 시황제의 무덤을
지키는 병마용갱(兵馬俑坑)[1]을 발견했다. 발굴해 보니 1만 2000제곱미터
의 지하 공간에 실물과 비슷한 크기로 매우 정교하게 만들어진 병사와
말 등의 인형 약 6000개가 가득 늘어서 있었다. 이후 2호 갱과 3호 갱이
추가로 발견되며 부근에서 시황제의 무덤 위치도 확인되지만, 그 규모가
너무 방대해 아직도 발굴을 다 마치지 못한 상태다.

진시황릉의 병마용

1 병마용갱 | '병사와 말 인형
이 묻힌 구덩이'라는 뜻

아메리카

염화불화탄소가 오존층 파괴의 주범으로 밝혀지다

6월 28일, 미국의 화학자 셔우드 롤런드와 마리오 몰리나가 염화불화탄소(CFC)
를 오존층 파괴의 주범으로 지적했다. 흔히 '프레온'[2]으로 불리는 CFC는 화학적
으로 안정되고, 독성이 약하며, 금속을 부식시키지 않아서 냉장고, 에어컨의 냉
매와 각종 스프레이의 분사제로 널리 사용됐다.

그런데 이 물질은 바람을 타고 성층권으로 올라가 오존(O_3) 분자를 파괴하기 때
문에, 오존층이 막아 주는 태양 자외선이 지표면까지 그대로 도달하게 된다. 과
도한 자외선은 인간에게 피부암을 일으키고 자연 생태계에도 치명적인 영향을
끼친다. 이 사실이 널리 알려지자 세계 각국은 2010년까지 CFC의 사용을 완전
히 중지하기로 합의한다.

2 프레온 | 미국 듀폰사의 상
품명이었다.

구멍 뚫린 오존층

아메리카

워터게이트사건으로 닉슨 대통령이 물러나다

8월 8일, 미국 대통령 닉슨이 민주당 전국위원회 도청 사건으로 인한 의회의 탄
핵을 앞두고 스스로 대통령직에서 물러났다.

지난 1972년 6월 17일 새벽, 워싱턴의 워터게이트 빌딩에 있는 민주당 전국
위원회 사무실에 괴한들이 침입했다가 체포되는 일이 벌어졌다. 대통령 선
거를 앞두고 닉슨의 재선 운동 본부에서 경쟁 상대인 민주당 후보의 선거
운동을 염탐하기 위해 도청 장치를 설치하려 했던 것이다.

사임 연설을 하는 닉슨

닉슨은 대통령 선거에서는 승리했지만, 『워싱턴포스트』[3] 등의 언론이 꾸준
히 폭로 기사를 내보냈고 침입자들의 재판 과정에서도 불리한 증거들이 속속
드러났다. 마침내 의회 청문회에서 닉슨이 사건의 은폐를 지시했다는 사실이 밝
혀짐으로써 탄핵 위기에 놓인 것이다.

3 언론 제보 | 『워싱턴포스트』
기자들은 익명의 제보자로부
터 극비 정보를 넘겨받았는
데, 훗날 그 제보자는 연방수
사국(FBI)의 부국장이었던 것
으로 밝혀진다.

1 해직 기자 | 쫓겨난 기자들은 동아자유언론수호투쟁위원회(동아투위)를 만들어 언론 자유를 위한 싸움을 계속한다. 2008년 '진실화해를 위한 과거사정리위원회'는 이 사건이 "국가 공권력에 의한 중대한 인권 침해 사건"이며 동아일보사가 "언론 자유를 위해 헌신해 왔던 자사 언론인들을 보호하기는커녕 정권의 요구대로 해임함으로써 유신 정권의 부당한 요구에 굴복"했다고 발표했다.

1974년 10월 24일 자유언론실천선언을 발표하는 『동아일보』 기자들

2 민청학련 | 전국민주청년학생총연맹

3 인혁당 재건위 재판 | 국제법학자협회는 4월 8일을 '사법사상 암흑의 날'로 선포했다. 이 사건은 1995년 MBC가 판사들을 대상으로 실시한 설문조사에서 '한국 사법사상 가장 수치스러운 재판'으로 꼽혔다. 2002년, 의문사진상규명위원회는 인혁당 재건위 사건이 고문에 의해 조작된 것이라고 발표했다. 2007년, 법원은 이 사건에 대한 재심에서 8명에게 모두 무죄를 선고했다.

〈바보들의 행진〉

언론 자유를 요구하던 기자들이 해직되다

3월, 동아일보사가 언론 자유를 요구하며 농성하던 기자와 사원들을 해고했다. 6월까지 이 문제로 모두 134명이 해고됐다. 정부가 독재를 비판하는 목소리가 퍼지지 않게 하기 위해 보도를 통제했던 것이 계기인데, 중앙정보부 요원이 신문사에 상주하며 기사를 검열할 정도였다.

이를 견디다 못한 기자들은 1974년 10월 '언론에 대한 외부의 간섭 배제'를 요구하는 자유언론실천선언을 발표했다. 정부는 동아일보 사측을 압박하는 한편 광고주들에게 압력을 넣었다. 이 때문에 『동아일보』 광고의 90퍼센트 이상이 떨어져나가 광고 자리가 텅 비는 '백지 광고' 사태가 벌어졌다. 그러자 시민들이 자발적으로 '격려 광고'를 내고 성금을 보내며 기자들을 지지했다. 그러나 동아일보 사측은 정부의 압력에 굴복해 기자들을 내쫓았다.[1]

한편 조선일보사도 3월에 언론 자유를 요구하며 농성하던 기자 등 33명을 해고했다.

인혁당 재건위 사건이 일어나다

4월 8일, 대법원이 인민혁명당 재건위원회 사건 관련자 8명에 대한 사형 선고를 확정했다. 다음 날 새벽, 서대문형무소에서 8명에 대한 사형이 전격적으로 집행됐다.

인민혁명당(인혁당)이라는 이름은 1964년 세상에 알려졌다. 그해 8월, 중앙정보부는 '대한민국을 전복하려는 인민혁명당을 적발했다'고 발표했다(1차 인혁당 사건). 그러나 이 사건은 중앙정보부가 사람들을 고문해 조작한 흔적이 역력했다. 검사들이 증거가 없어서 기소할 수 없다고 상부에 맞설 정도였다.

그로부터 10년 후인 1974년, 중앙정보부는 인혁당 재건위 사건을 발표했다(2차 인혁당 사건). 유신 체제에 맞서던 민청학련[2]의 배후에 북한의 지령을 받는 인혁당 재건위가 있다는 것이었다. 그러나 인혁당 재건위는 존재하지도 않는 단체였다. 중앙정보부가 관련자들을 혹독하게 고문해 조작한 사건이었다. 이 사건은 유신 체제의 폭력을 상징하는 '사법 살인'으로 꼽힌다.[3]

〈바보들의 행진〉이 개봉되다

5월, 영화 〈바보들의 행진〉(감독 하길종)이 개봉됐다. 최인호의 소설을 원작으로 한 이 영화는 젊은이들의 좌절과 방황을 그려 많은 호응을 얻었다.

마이크로소프트가 설립되다

4월 4일, 미국 뉴멕시코 주 앨버커키에서 대학 중퇴생인 19세의 빌 게이츠와 21세의 폴 앨런이 컴퓨터 소프트웨어 회사인 마이크로소프트를 설립했다. 마이크로소프트는 컴퓨터 운영 체제(OS)인 MS-DOS와 Windows를 만들어 개인용 컴퓨터의 시대를 이끌어 간다. 덕분에 게이츠와 앨런은 세계 최고의 부자 대열에 합류한다.

젊은 시절의 앨런(왼쪽)과 게이츠(오른쪽)

크메르루주가 프놈펜을 장악하다

4월 17일, 캄보디아에서 폴 포트가 이끄는 공산당 무장 조직인 크메르루주가 수도 프놈펜을 장악함으로써 공산당 정권이 수립됐다. 폴 포트는 프랑스 식민지 시절 베트남의 호치민과 함께 저항 운동에 참여했으며, 프랑스에서 유학하고 돌아와 1963년 캄보디아공산당의 서기장이 됐다.

그러나 정권을 장악한 뒤에는 급격한 공산주의 정책과 무자비한 학살로 끔찍한 독재 사회를 만들어 냈다. 사유 재산과 종교, 화폐 제도를 없애고, 학교와 병원, 공장을 폐쇄했다. 지식인이라면 그 누구를 막론하고 살해했으며, 모든 국민을 집단농장에 강제로 몰아넣었다. 이 과정에서 전체 인구 700만 명 가운데 140만~200만 명이 목숨을 잃은 것으로 알려져 있다.[1]

크메르루주는 동맹 관계였던 베트남과도 사이가 멀어져 1979년 베트남군의 침공으로 무너지지만, 1990년대까지 타이 국경 지대에서 게릴라 활동을 계속한다.

1 크메르루주의 대량 학살 | '킬링필드(Killing Field)'로 불린다. 그런데 미국도 이에 간접적인 책임이 있었다. 미국은 베트남전쟁에서 북베트남이 캄보디아를 거쳐 남베트남의 베트콩을 지원하는 것을 막기 위해 캄보디아에 집중 폭격을 가했다. 이에 대한 반발심 때문에 캄보디아인들이 과격 집단인 크메르루주를 지지했던 것이다.

크메르루주에 의해 학살된 사람들의 유골

베트남전쟁이 끝나다

4월 30일, 북베트남군이 사이공으로 진격해 대통령궁을 장악함에 따라 남베트남이 무너지고 십여 년에 걸친 전쟁이 종식됐다. 앞서 1973년 정전 협정을 맺었지만 북베트남은 남베트남에 대한 공격을 멈추지 않았으며, 1975년 초부터는 본격적인 대공세를 감행했다. 하지만 남베트남군은 도망치거나 항복하는 등 전쟁을 치를 의지를 이미 상실한 뒤였다. 4월 21일에는 남베트남의 대통령인 응우옌 반티에우마저 타이완으로 도망쳐 버리자 전쟁은 사실상 끝난 것이나 다름없었다.

1976년 7월 2일 남·북베트남은 하노이를 수도로 하는 베트남사회주의공화국으로 공식적으로 통일된다. 남베트남의 수도였던 사이공은 '호치민'으로 이름이 바뀐다.

남베트남의 옛 대통령궁
지금은 '통일궁'이라는 이름의 박물관이다.

양정모 선수

해방 후 처음으로 올림픽 금메달을 획득하다

8월 1일, 레슬링 선수 양정모가 캐나다 몬트리올에서 열린 제21회 올림픽에서 금메달을 획득했다. 한국 선수가 해방 후 처음으로 획득한 올림픽 금메달이었다. 한국인 최초의 올림픽 금메달리스트는 일제강점기이던 1936년 베를린올림픽 마라톤 경기에서 우승한 손기정이다.

판문점 미루나무 사건이 일어나다

8월 18일, 판문점 공동경비구역에서 북한군이 미군 장교 2명을 도끼로 살해했다. 사건은 유엔군이 초소 근처에 있던 미루나무의 가지치기 작업을 하면서 시작됐다. 북한군은 작업을 중지할 것을 요구했다. 유엔군은 이를 받아들이지 않았다. 그러자 북한군이 도끼 등을 휘두르며 유엔군을 공격한 것이다.

판문점 미루나무 사건은 한반도를 긴장 상태로 몰아넣었다. 미국은 한반도 주변의 전력을 증강하고, 문제의 미루나무를 베어 버렸다. 김일성 주석이 유엔군 측에 유감의 뜻을 전하고 한발 물러나며 전쟁 위기는 잦아들었다.

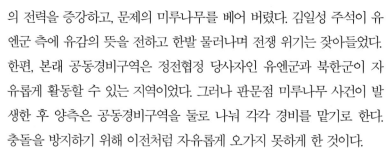

한편, 본래 공동경비구역은 정전협정 당사자인 유엔군과 북한군이 자유롭게 활동할 수 있는 지역이었다. 그러나 판문점 미루나무 사건이 발생한 후 양측은 공동경비구역을 둘로 나눠 각각 경비를 맡기로 한다. 충돌을 방지하기 위해 이전처럼 자유롭게 오가지 못하게 한 것이다.

판문점 미루나무 사건

함평 고구마 사건이 발생하다

11월, 전라남도 함평의 농민들이 고구마 피해 보상을 요구하는 투쟁에 돌입했다. 농협이 고구마를 모두 수매하겠다던 약속을 지키지 않아 생긴 일이었다. 이 때문에 애써 키운 고구마가 썩어 들어가자 농민들이 들고일어난 것이다.

농민들은 가톨릭농민회의 도움을 받아 피해 보상 대책위원회를 구성했다. 농협은 농민의 보상 요구를 계속 무시했고, 정부는 농민들을 '불순 세력'으로 규정하고 탄압했다. 그러나 농민들은 탄압에 굴하지 않았다. 결국 1978년 4월, 농협은 농민들에게 피해를 보상해 주겠다는 약속을 한다. 이렇게 농민의 승리로 끝난 함평 고구마 사건은 농민 운동에 한 획을 그었다는 평가를 받고 있다.

한편 농민들의 투쟁이 마무리된 후 정부는 농협에 대한 대대적인 감사를 실시했다. 그 결과 농협의 일부 단위 조합이 중간 상인 등과 결탁해, 고구마를 수매한 것처럼 조작하고 돈을 빼돌린 사실이 드러났다.

아시아

제1차 톈안먼사건이 일어나다

정치 혁명보다 경제 성장 위주의 정책을 폈던 저우언라이 국무원 총리가 사망하자, 문화대혁명(1966년 참조)을 주도해 온 4인방 등의 강경 세력은 개혁파에 대한 공격에 나섰다. 이에 4월 5일 저우를 추모하는 베이징 시민들이 톈안먼광장에서 4인방을 비판하는 격렬한 시위를 벌였다. 이를 제1차 톈안먼사건이라고 한다. 당국은 시민들을 폭력으로 진압하고 개혁파인 부총리 덩샤오핑을 자리에서 쫓아냈다. 하지만 9월 9일 마오쩌둥이 죽고 4인방이 체포됨에 따라 개혁파는 명예를 회복하고, 이듬해 덩샤오핑도 직무에 복귀한다. 이로써 중국은 정치 혁명인 문화대혁명을 중단하고 경제 성장을 최우선시하는 개혁 개방(1978년 참조)의 길로 나아가기 시작한다.

아프리카

소웨토항쟁이 일어나다

6월 16일, 남아프리카공화국의 흑인 거주 지역인 소웨토에서 1만여 명의 흑인 학생들이 대규모 시위를 벌였다. 경찰의 발포로 35명이 사망했지만 헥터 피터슨이라는 소년의 죽음을 계기로 시위는 전국으로 확산됐다.

직접적인 원인은 학교 수업을 아프리칸스어[1]로 진행하라는 정부의 방침에 대한 반발이었다. 그러나 그 뒤에는 '아파르트헤이트'라는 뿌리 깊은 인종 차별 정책이 놓여 있었다. 인구의 80퍼센트를 차지하는 흑인들은 참정권과 거주 이전의 자유를 갖지 못했고, 교통수단이나 화장실을 이용하는 데도 엄격한 차별을 받았다.

정부의 탄압으로 항쟁은 곧 가라앉지만 흑인들은 불복종 운동과 무장 투쟁으로 저항을 멈추지 않는다. 국제 사회 또한 경제 제재를 가하고 올림픽이나 월드컵 같은 국제 대회의 참가 자격을 박탈하는 등의 방식으로 인종 차별 정책의 폐지를 촉구한다.

헥터 피터슨의 죽음
경찰의 총에 맞아 사망한 12세 소년 헥터 피터슨의 사진이 신문에 실리자 흑인들의 분노는 걷잡을 수 없이 불타올랐다.

1 **아프리칸스어** | 남아프리카공화국의 백인 지배층이 쓰는 언어로, 네덜란드어가 변형된 것이다.

아메리카

바이킹 1호가 화성에 착륙하다

7월 20일, 미국의 무인 우주 탐사선 바이킹 1호가 10개월의 항해 끝에 화성의 크리세평원에 무사히 착륙했다. 바이킹 1호는 좀 더 늦게 도착한 바이킹 2호와 함께 화성의 토양과 대기를 분석하고 많은 사진을 촬영해 지구로 전송했다. 화성은 지구와 비슷한 점이 많아 생명체가 존재할지 모른다는 기대가 있었지만, 이들 탐사선이 보내온 자료에 따르면 그럴 가능성은 희박해 보였다.

바이킹 2호가 촬영한 화성의 유토피아평원

고상돈

이리역 폭발 사고로 이재민이 된 사람들이 머문 천막촌

1 이리역 | 지금의 익산역

2 한국화약 | 지금의 ㈜한화

100억 달러 수출기념탑

3 중동 | 이집트, 사우디아라비아 등 북아프리카와 서아시아의 나라들을 가리키는 용어

9월 15일, 고상돈이 한국인 최초로 에베레스트 정상에 오르다

이리역 폭발 사고가 일어나다

11월 11일, 전라북도 이리역[1]에서 대형 폭발 사고가 일어났다. 다이너마이트용 화약을 비롯한 폭발물 30여 톤을 싣고 역에 정차해 있던 한국화약[2] 소속 화물열차가 폭발한 것이다. 이 사고로 59명이 숨지고 1158명이 다쳤다. 또한 반경 500미터 안에 있는 건물이 대부분 파괴돼 7800여 명이 이재민이 됐다. 이 사고는 그때까지 발생한 폭발 사고 중 최악으로 꼽혔다.

사고는 화약 호송원의 실수에서 비롯됐다. 호송원은 술을 마시고 화약 상자 위에 촛불을 켠 채 잠들었다. 이 촛불이 화약 상자에 옮겨 붙으며 사고가 난 것이다. 폭발물을 실은 열차를 역에 대기하게 한 것도 문제점으로 지적됐다.

이리시(지금의 익산시)는 폭발 사고로 큰 타격을 받았지만, 곧 복구에 나서 역 주변의 판잣집 등을 정리하고 도로망을 정비하며 새로운 모습으로 거듭난다.

수출 100억 달러, 1인당 국민 소득 1000달러를 달성하다

정부가 '1년 수출 100억 달러, 1인당 국민 소득 1000달러' 목표를 1977년에 달성했다. 이는 박정희 정권이 10월유신을 통해 1980년까지 달성하겠다고 공언한 목표였다. 군사 작전을 하듯 밀어붙여, 예정보다 먼저 목표치를 채운 것이다.

이 무렵 경제에 적잖은 기여를 한 것이 '중동[3] 특수'라 불린 해외 건설 붐이었다. 기업들은 1973년부터 서아시아와 북아프리카의 건설 현장에 속속 진출했다. 1975~1979년에 '중동 특수'를 통해 수출액의 40퍼센트에 달하는 외화를 벌어들였다. 1960년대 '베트남 특수'에 버금가는 역할을 1970년대에 '중동 특수'가 한 셈이다.

그러나 이 시기 경제에는 어둠도 있었다. 경제에서 재벌이 차지하는 비중이 지나치게 높아지고, 중소기업과 서민을 위한 정책이 뒷전으로 밀렸다. 전태일의 분신이 상징하는 것처럼 노동자들의 열악한 처우 문제도 심각했다.

아메리카

〈스타워즈〉가 개봉되다

5월 25일, 미국에서 조지 루카스 감독의 영화 〈스타워즈〉가 개봉됐다. 광대한 우주를 배경으로, 공화국을 재건하려는 제다이 기사 세력이 사악한 은하제국에 맞서 싸우는 과정을 그린 공상 과학 영화였다. 화려한 특수 효과를 이용해 다양한 디자인의 우주선과 로봇, 광선 검과 광선 총 등을 선보였으며, 할리우드 액션 영화의 주류를 서부극에서 공상 과학 영화로 바꿔 놓았다.

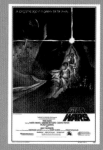

「스타워즈」의 포스터

1 〈스타워즈〉 개봉 | 이때 개봉한 작품은 총 6부작으로 계획된 시리즈 가운데 4부였다. 뒤이어 1980년과 1983년에 5부와 6부가 개봉되며, 1999년부터 2005년에 1~3부가 마저 개봉된다.

아메리카

애플II 컴퓨터가 시판되다

6월 5일, 미국의 애플컴퓨터사가 개인용 컴퓨터 애플II를 시판했다. 애플II는 메인보드와 키보드가 일체형으로 돼 있었고, 저장 장치로는 처음에 카세트테이프를 사용하다 이후 5.25인치 플로피디스크를 사용했다. 개인이 쉽게 다룰 수 있으며 많은 사무용, 교육용, 게임용 소프트웨어를 갖춰 1980년대 전반기까지 개인용 컴퓨터의 시대를 주도했다.

애플컴퓨터사는 1976년 4월 1일 고등학교 선후배 사이인 스티브 잡스와 스티브 워즈니악이 함께 설립했다. 1984년 마우스와 그래픽 인터페이스를 도입한 매킨토시 컴퓨터를 선보이며, 2000년대에 들어서는 MP3플레이어인 아이팟, 스마트폰인 아이폰 등을 출시해 인기를 끌게 된다.

애플II

유럽

적군파의 테러로 독일 사회가 충격에 빠지다

9월 5일, 서독의 무장 테러 조직인 적군파가 독일경영자연맹 회장 한스 마르틴 슐라이어를 납치한 뒤 수감돼 있는 동료들의 석방을 요구했다. 이어 10월 13일에는 루프트한자항공의 여객기도 납치했으나 특수부대에 의해 진압됐다. 감옥에 갇혀 있던 지도부 3명은 얼마 후 숨진 채 발견된다.[2]

서독 적군파는 1968년 급진 학생 운동 세력의 일부가 '무장 투쟁을 통해 제국주의와 자본주의에 반대하고 세계 혁명을 추구한다'라는 목표 아래 결성했다. 학생 운동가 안드레아스 바더와 언론인 울리케 마인호프가 주도해 '바더-마인호프 그룹'으로 불렸으며, 은행 강도 행각을 통해 자금을 마련하고 우익 계열의 정치인과 경제인 등에 대한 암살 및 폭탄 테러 등의 활동을 벌였다. 그러나 과격하고 무차별적인 활동으로 사회적으로 고립됐으며 1998년 4월 20일 언론에 보낸 서한을 통해 공식적인 해산을 선언한다.

2 사망 원인 | 서독 정부는 자살로 발표했으나, 정부에 의해 살해되었다는 주장도 있다.

마인호프(왼쪽)와 바더(오른쪽)

동일방직 똥물 사건이 일어나다

2월 21일, 인천에 있는 동일방직에서 '똥물 사건'이 일어났다. 회사의 사주를 받은 남성 노동자들은 여성 노동자들에게 똥물을 퍼붓고 입과 옷 속에 똥을 집어넣었다. 사건이 벌어지는 동안 경찰은 주변에서 구경했다.[1] 이 사건 후 회사 측은 노조원 124명을 해고하고, 블랙리스트를 만들어 다른 회사에 돌렸다.

여성 노동자들은 섬유, 신발 등 수출 산업의 핵심 인력이었다. 그러나 낮은 임금과 긴 노동 시간에 더해 '공순이(공장에서 일하는 노동자를 낮춰 부른 말)'로 불리며 차별을 당했다. 1970년대 들어 여성 노동자들은 가혹한 현실을 바꾸고자 노동조합을 만들었다. 동일방직은 민주노조 운동을 대표하는 곳 중 하나였다. 정부와 기업은 민주노조[2] 운동을 눈엣가시로 여겨 탄압했다.

1 똥물 사건의 주모 | 이 사건은 중앙정보부와 경찰, 회사가 손잡고 벌인 일이었다.

2 노조 | 노동자들이 민주적으로 조직한 노동조합. 이와 달리 회사가 말 잘 듣는 노동자들로 조직한 노동조합은 어용노조로 불렸다.

『난장이가 쏘아올린 작은 공』이 출간되다

6월, 『난장이가 쏘아올린 작은 공』(약칭 난쏘공)이 출간됐다. 『난쏘공』은 조세희가 1975~1978년에 발표한 12편의 연작 단편 소설 모음집이다. 난쏘공은 경제 성장 과정에서 소외된 노동자를 비롯한 가난한 사람들의 고통스러운 삶을 그려 큰 반향을 불러일으켰다.

'난쏘공'은 '20세기 한국문학사 10대 사건 및 100대 소설'에 관한 설문 조사에서 최고의 문제작으로 선정된다. 또한 스테디셀러로 자리 잡아 2006년 200쇄를 돌파한다.

『난장이가 쏘아올린 작은 공』 표지

압구정동 현대아파트 특혜 분양 사건이 일어나다

6월 30일, 서울 압구정동 현대아파트 특혜 분양 사건이 발생했다. 현대건설이 사원용으로 지은 아파트 900여 호 중 600여 호를 국회의원, 장관, 군 장성, 기업인, 언론인 등에게 특혜 분양한 사실이 드러난 것이다. 이른바 '사회 지도층' 259명은 특혜 분양을 통해 엄청난 이득을 챙겼다.

이러한 부동산 투기의 한가운데에는 강남이 있었다. 정부는 1970년대에 본격적으로 강남을 개발했다. 경부고속도로 건설 재원이 부족해 고민하던 정부는 강남 땅을 싸게 구입해 그 주변을 개발한 후 비싸게 되팔았다. 이와 함께 강북에 있던 '명문고'들을 이전시키는 정책을 펴 강남 개발을 촉진하는 동시에 강북 개발은 억제했다. 그 과정에서 강남의 땅값이 폭등[3]하고 부동산 투기가 극심하게 일어났다.

개발 전의 서울시 강남구 삼성동 일대

3 부동산 투기 | 노동연구원과 한국감정원에 따르면, 1970년부터 1980년까지 실질 임금이 2배 오른 데 비해, 전국의 땅값이 15배 올랐고 그중에서도 강남 땅값은 200배가 올랐다.

최초의 시험관 아기가 태어나다

7월 25일, 영국에서 세계 최초의 시험관 아기인 루이스 브라운이 건강하게 태어났다. 패트릭 스텝토와 로버트 에드워즈 박사는 자연적인 방식으로 자녀를 갖지 못하는 불임 부부의 정자와 난자를 채취해 시험관 속에서 수정시킨 뒤 여성의 자궁에 인위적으로 착상하는 체외수정법을 활용했다. 시험관 아기의 출생에 많은 불임 부부들은 크게 환영했으나, 가톨릭 등의 종교계는 신과 자연의 섭리를 거스르는 일이라며 반발했다.

최초의 시험관 아기
루이스 브라운은 평범하게 자라나 2006년 자연적인 방식으로 임신한 아들을 출산한다.

중국이 개혁 개방의 길로 나아가다

12월 18일, 중국공산당 제11기 중앙위원회 제3차 전체회의에서 국무원 부총리이자 최고 실력자인 덩샤오핑이 농업, 공업, 국방, 과학 기술의 4개 현대화 과제를 제시하며 중국이 개혁과 개방의 길로 나아갈 것이라고 선언했다. 개혁이란 자유 시장과 자본주의를 받아들인다는 뜻이고, 개방이란 중국이 국제 시장에 문호를 개방하겠다는 의미였다.

이후 농촌에서는 농민들에게 토지를 나누어 주고 소규모 농촌 기업인 향진기업이 도입됐으며, 공업 분야에서도 개인이 소유한 민영 기업들이 속속 설립됐다. 경제 정책을 수립하고 집행하는 권한도 중앙 정부로부터 지방 정부로 넘어갔다. 선전과 샤먼 등에 국제 무역을 위한 경제 특구를 설치하고, 상하이와 톈진 등 10여 개 도시를 대외 경제 개방 도시로 설정했다.

이러한 개혁 개방 정책은 덩샤오핑이 주창한 '선부론(先富論)'에 따른 것이었다. 능력이 뛰어난 개인과 기업과 지역이 먼저 부유해지면 머지않아 나머지도 그 혜택을 누리게 되리라는 주장이었다. 덩은 정치적 측면에서는 사회주의를 계속 추구하되, 경제적 측면에서 "검은 고양이든 흰 고양이든 쥐만 잘 잡으면 된다"라는 논리를 내세우며 자본주의를 적극적으로 도입했다.

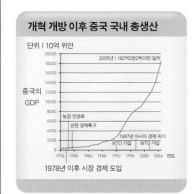

개혁 개방 이후 중국 국내 총생산
단위 | 10억 위안

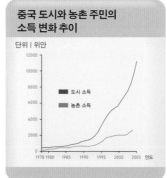

중국 도시와 농촌 주민의 소득 변화 추이
단위 | 위안

YH사건이 일어나다

8월 9일, YH무역에서 일하던 여성 노동자들이 야당인 신민당사 4층을 점거하고 농성을 시작했다. YH무역이 일방적으로 폐업을 결정하고 187명을 해고한 것에 항의하는 농성이었다. 가발 제조업체인 YH무역은 큰돈을 번 사주가 외화를 빼돌리는 등 부실 경영을 일삼아 문제가 된 곳이었다. 8월 11일, 경찰은 무력으로 농성을 진압했다. 경찰은 여성 노동자는 물론 야당 국회의원과 기자까지 무차별 폭행했다. 이 과정에서 22세 여성 노동자 김경숙이 사망했다.[1] YH사건은 유신 정권에 반대하는 투쟁을 불러일으키는 계기가 된다.

1 김경숙 사망 | 경찰은 진압 직전 김경숙 씨가 투신자살했다고 밝혔다. 그러나 '진실·화해를 위한 과거사 정리위원회'는 2008년 "김씨는 경찰의 강제 폭력 진압 과정에서 추락사한 것으로 확인됐다"라고 발표했다.

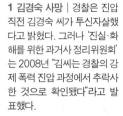

10·26사건 현장 검증 모습

2 안가 | 안전가옥의 준말. 정보기관이 비밀을 유지하기 위해 은밀하게 이용하는 공간

10 · 26사건이 발생하다

10월 26일, 박정희 대통령이 중앙정보부 안가[2]에서 술자리를 하다가 심복인 김재규 중앙정보부장의 총에 맞아 목숨을 잃었다. 그 자리에 있던 차지철 경호실장도 김재규의 총을 맞고 사망했다.

1979년 들어 박정희 정권은 위기에 몰려 있었다. 박정희 정권은 YH무역의 여성 노동자들을 강제 진압한 데 이어 김영삼 신민당 총재의 국회의원 직을 박탈하는 무리수를 두었다. 그러자 10월 16일 김영삼의 정치적 근거지인 부산에서 유신 반대 시위가 거세게 일었고, 이는 마산으로 번졌다(부마민주항쟁).

대응 방안을 놓고 정권 핵심들 사이에서는 의견이 갈렸다. 온건한 대응을 주장한 김재규와 달리 박정희와 차지철은 발포를 포함한 초강경 진압을 하려 했다. 이러한 의견 차이와 함께 권력을 남용하던 차지철에 대한 반감 등이 복합적으로 작용하면서 김재규가 박정희를 쏜 것이다.

이후 최규하 국무총리가 대통령 권한 대행을 맡았다가 12월 6일 통일주체국민회의(1972년 참조)에서 대통령으로 선출된다. 김재규는 체포돼 1980년 처형된다.

3 하나회 | 전두환·노태우 육군 소장 등 육사 11기생을 중심으로 한 군부 내 비밀 사조직. 박정희의 비호를 받으며 성장했다.

12·12쿠데타 당시 중앙청에 진입한 탱크

12 · 12쿠데타가 일어나다

12월 12일, 전두환 보안사령관 겸 계엄사 합동수사본부장(육군 소장)이 이끄는 신군부가 10·26사건 조사를 명목으로 상관인 정승화 육군참모총장 겸 계엄사령관을 체포했다. 대통령의 재가를 받지 않은 불법 연행이자 반란 행위였다. 12·12쿠데타를 기점으로 신군부는 최규하 대통령을 허수아비로 만들고 권력의 중심으로 떠올랐다. 신군부의 핵심은 하나회[3]였다.

아시아

이란에서 이슬람혁명이 일어나다

2월 11일, 이슬람 시아파 지도자 루홀라 호메이니가 이끄는 혁명 세력이 친미(親美) 팔레비왕정을 무너뜨리고 이란이슬람공화국을 수립했다. 이들은 서구 문화와 제도를 배척하고 이슬람 원리주의를 추구했으며, 종교 지도자가 통치하는 신정(神政) 국가를 세웠다. 팔레비 국왕의 독재에 반발한 민주주의 세력과 친미 정권에 반대하는 민족주의 세력, 그리고 이슬람 종교 세력이 혁명의 지지 기반이었다. 11월 4일에는 반미 학생 시위대가 수도 테헤란의 미국 대사관을 점거하고 50여명의 미국인을 인질로 붙잡는 사건이 벌어졌다. 미국은 특수 부대를 투입해 구출 작전을 펼치지만 실패한다. 인질들은 444일 뒤에야 겨우 풀려난다. 이후 이란과 미국은 대립과 반목을 계속한다.

루홀라 호메이니

유럽

대처가 영국 총리로 취임하다

5월 4일, 영국 총선거에서 보수당이 승리함에 따라 마거릿 대처가 최초의 여성 총리로 취임했다. 대처는 정부의 경제 개입을 축소하고 시장의 자유를 확대하는 경제 정책을 추진하는 한편, '철의 여인'이라는 별명까지 얻으며 노동조합의 활동을 적극적으로 탄압한다. 또한 복지 제도가 지나쳐 이른바 '영국병[1]'에 이르렀다며 교육, 의료, 주택 등의 공공 분야를 민영화한다.

경제를 회복시키고 사회의 규율을 바로잡았다는 긍정적인 평가도 받지만, 실업을 크게 늘리고 빈부 격차를 심화시켰으며 제조업을 붕괴시켰다는 비판도 함께 받는다. 미국의 레이건 대통령과 함께 1980년대의 신보수주의[2] 시대를 이끈다.

마거릿 대처

1 영국병 | 영국의 과도한 복지 제도와 노동조합의 강한 영향력으로 인해 높은 생산 비용과 노동 생산성 저하, 사회적인 진취성의 약화 등이 나타났다고 주장하는 입장에서 쓰는 용어이다.

2 신보수주의 | 1980년대 영국과 미국 등에 널리 확산된 정치 이념. 시장에 대한 정부 개입을 줄이고, 국가에 대한 충성을 강조하며, 평등보다 개인의 자유를 중시하는 경향을 띠었다.

아시아

소련이 아프가니스탄을 침공하다

12월 27일, 3만 명의 소련군이 아프가니스탄을 침공해 하피줄라 아민 대통령을 살해하고 친소 정권을 세웠다. 1978년 쿠데타로 공산주의 정권이 들어섰으나, 무슬림 세력의 무장 투쟁으로 위기를 맞자 친소파가 소련에 군사적 지원을 요청한 것이었다.

소련군은 손쉽게 아프가니스탄을 장악할 수 있으리라 자신했지만, 무슬림 게릴라 조직인 무자헤딘은 산악 지방을 중심으로 강력히 저항했다[3]. 전투는 교착 상태에 빠졌고, 국제 사회는 '아프가니스탄은 소련의 베트남'이라고 비아냥거렸다. 결국 소련군은 1989년 전면 철수하고, 1992년 무자헤딘이 수도 카불을 점령해 이슬람공화국을 선포한다.

3 무자헤딘의 저항 | 훗날 국제 테러 단체 알카에다(1988년 참조)를 조직하는 오사마 빈 라덴도 이 전쟁에 이란 측 의용군으로 참전했다.

사북사건이 발생하다

4월 21일부터 24일까지 동원탄좌 소속 광부들이 강원도 정선군 사북읍 일대를 장악하고 경찰과 대치했다. 열악한 노동 환경, 회사의 횡포, 회사와 결탁한 어용 노조의 행패 등으로 고통 받던 광부들이 들고일어난 사건이었다.

상황이 진정된 후, 신군부는 광부들을 잡아다 고문했다. 2005년 '민주화운동 관련자 명예회복 및 보상심의위원회'는 사북사건 당시 광부들을 이끌었던 이원갑 씨 등을 민주화 운동자로 인정한다.

1 공수부대원들의 학생 폭행 |
작전명은 '화려한 휴가'다.

5·18민주화운동 당시 시민들을 무자비하게 폭행하는 군인들

5·18민주화운동이 일어나다

5월 18~27일, 광주에서 신군부에 대한 저항이 폭발했다. 10·26사건 후 민주주의를 요구하는 목소리가 각계에서 터져 나왔지만('서울의 봄') 신군부는 이를 받아들일 생각이 없었다. 나아가 신군부는 5월 17일 비상계엄을 전국으로 확대한다고 발표하고, 내란 음모 혐의를 씌워 김대중 등을 체포했다(김대중 내란 음모 사건).

그 이튿날, 5·18민주화운동이 시작됐다. 공수부대원들은 '계엄 철폐'를 요구하는 학생들을 무자비하게 폭행했다.[1] 격분한 시민들이 학생들과 합류했다. 군인들은 민간인을 마구 때리고 대검으로 찌르며 조준 사격을 했다. 신군부는 시민들의 저항을 '폭도들의 난동'으로 매도했다. 학살에 맞서 시민들도 무장했다. 시민들은 경찰서 무기고 등에서 확보한 소총 등으로 무장하고 자발적으로 시민군을 조직했다. 거센 저항에 부딪힌 공수부대는 21일 밤 시 외곽으로 물러갔다. 신군부는 광주를 봉쇄했다. 공수부대가 물러난 후 시민군이 도청을 장악했다. 신군부가 "광주는 치안 부재 상태"라고 발표했지만 '해방 광주'에서는 강력 범죄를 찾아볼 수 없었다. 시민들은 음식을 이웃과 나누는 등 자율적으로 질서를 유지했으나 '해방 광주'는 오래가지 못했다. 27일 새벽, 공수부대는 공격을 퍼부어 도청을 다시 장악했다.[2]

2 신군부의 도청 장악 | 광주를 피로 물들인 신군부의 우두머리 전두환은 9월에 대통령으로 취임했다. 또한 신군부에 비판적이던 언론인, 교수 등을 해직시키는 한편 삼청교육대로 끌고 가 '순화 교육'이라는 이름 아래 고문과 폭력을 가했다.

5·18민주화운동 당시 계엄 사령관의 경고문

5·18민주화운동은 한국 현대사에 엄청난 영향을 끼친다. 민간인 수천 명이 죽거나 다친 이 사건의 진상을 규명하고 학살자를 처벌해야 한다는 요구는 민주화운동의 힘의 원천이 된다. 또한 많은 한국인이 학살을 묵인·방조한 미국에 대해 다시 생각하는 계기로 작용한다.[3]

3 미국의 묵인과 방조 | 한국 군의 작전권을 손에 쥐고 있는 미국의 동의 없이는 신군부가 광주에 진압군을 투입하기 어려운 상황이었다.

12월 1일, 컬러텔레비전 방송이 시작되다

세계

5월 8일, 세계보건기구(WHO)가 천연두의 완전한 퇴치를 선언하다

아메리카

6월 1일, 24시간 뉴스 채널 CNN(Cable News Network)이 설립되다

CNN 로고

유럽

'반쪽짜리' 모스크바올림픽이 개최되다

7월 19일, 소련 모스크바에서 제22회 올림픽 대회가 열렸으나 미국, 서독, 일본, 대한민국 등 반공 진영에 속한 나라들은 소련의 아프가니스탄 침공(1979년 참조)을 이유로 불참했다. 이에 대한 앙갚음으로 1984년 미국 로스앤젤레스에서 열린 제23회 대회에는 소련을 비롯한 사회주의 국가들이 참여하지 않는다.

유럽

폴란드에서 자유노조가 결성되다

8월 31일, 폴란드의 레닌조선소에서 전기공 레흐 바웬사가 이끄는 자유노조가[1] 결성됐다. 7월 식품 가격 인상을 계기로 시작된 파업이 전국으로 걷잡을 수 없이 확산되자 정부가 타협에 나설 수밖에 없었던 것이다. 이로써 사회주의 국가 가운데 최초로 자주적인 노동조합의 설립과 실질적인 파업권을 보장받았다.

정부는 1981년 12월 자유노조의 간부들을 체포하고 1982년 10월 이들의 활동을 불법화하는 등의 탄압을 가한다. 그러나 자유노조는 지하에서 활동을 계속해 1980년대 말의 자유화 운동을 주도하며, 바웬사는 1990년 폴란드 대통령이 된다.

레흐 바웬사

1 자유노조 다른 이름은 '솔리다르노시치(폴란드어로 '연대'를 뜻한다)'이다.

아시아

이란 · 이라크전쟁이 시작되다

9월 22일, 이라크가 이란을 기습 침공함에 따라 이란·이라크전쟁이 발발했다. 일차적인 원인은 호르무즈해협의 3개 섬과 샤트알아랍수로의 영유권을 둘러싼 갈등이었다. 그러나 이란의 이슬람혁명이 주변 국가로 확산될 것을 우려한 미국과 서방 국가들이 이라크의 사담 후세인 정권을 부추긴 측면도 컸다.

이란과 이라크는 모두 이슬람교를 믿었지만, 이란은 시아파가 90퍼센트 이상이고 페르시아인이 다수를 이루었으며, 이라크는 시아파와 수니파의 비율이 비슷하고 아랍인이 대부분이었다. 이러한 차이가 두 나라의 갈등을 더욱 부채질했다.

전쟁은 8년 동안 계속되며 약 100만의 희생자를 남긴 채 1988년 8월 22일 유엔이 중재한 정전협정에 의해 막을 내린다.

방독면을 쓰고 있는 이란 병사

이라크는 이 전쟁에서 국제법상 금지된 화학 무기를 대량으로 사용했다.

우리는 왜 총을 들 수밖에 없었는가? 그 대답은 너무나 간단합니다. 너무나 무자비한 만행을 더 이상 보고 있을 수만 없어서 너도나도 총을 들고 나섰던 것입니다. (……) 아! 설마! 설마! 설마 했던 일들이 벌어졌으니, 우리의 부모 형제들이 무참히 대검에 찔리고 귀를 잘리고 연약한 아녀자들이 젖가슴을 찔리고, 참으로 입으로 말할 수 없는 무자비하고도 잔인한 만행이 저질러졌습니다. (……) 너무나 경악스러운 또 하나의 사실은 (……) 계엄 당국이 (……) 무차별 발포를 시작했다는 것입니다. (……) 민주 시민 여러분! 그런 상황에서 우리가 할 수 있는 일이 무엇이겠습니까? 우리가 어떻게 해야 되겠습니까? (……) 정부와 언론에서는 (우리를) 계속 불순배 폭도로 몰고 있습니다. 여러분! 잔인무도한 만행을 일삼았던 계엄군이 폭돕니까? (아니면) 이 고장을 지키겠다고 나선 우리 시민군이 폭돕니까?[1]

1 1980년 5월 25일 광주 시민군이 발표한 격문의 일부
민주주의 요구를 총칼로 누르려 한 신군부에 맞서 목숨을 걸고 518
민주화운동에 참여한 시민들의 목소리를 담고 있다.

우리는 포클랜드에서가 아니더라도 적과
싸워야 합니다. 우리는 우리 내부에도 적이
있다는 것을 깨달아야 합니다. 내부의 적은
훨씬 더 싸우기 어렵고 훨씬 더 우리의
자유를 위협하는 존재입니다.[1]

우리는 끝까지 싸울 것입니다.
우리에겐 미국의 노예가 되느냐,
승리하느냐의 두 길밖에 없기에
선택의 여지가 없습니다.[2]

1 영국 총리 마거릿 대처의 연설에서
대처는 노동조합과의 싸움을 아르헨티나와 치렀던 포클랜드전쟁에 비유하며
강경한 태도를 고수했다.

2 베트남의 주석 호치민이 베트남전쟁 당시 한 말
호치민이 이끄는 북베트남 정부와 베트남민족해방전선은 미국에 승리해
1976년 마침내 통일을 이룬다.

1980년대

1981~1990

민주화의 열풍이 한국과 아시아를 휩쓸고,
동유럽 사회주의 체제가 붕괴하다

1980년대의 한국과 세계

민주화의 열풍이 한국과 아시아를 휩쓸고, 동유럽 사회주의 체제가 붕괴하다

한국에서는 군부 정권이 인권 유린을 자행하고 민주화 운동을 탄압한다. 그러나 민주화를 위한 싸움은 날로 거세어진다. 인문사회과학 서적이 생산·유통돼 저항 이론이 확산되고, 학생들은 가두시위를 벌이거나 노동 현장에 뛰어들어 저항 운동을 벌인다. 마침내 1987년 6월, 전국민적인 항쟁을 통해 본격적인 민주화의 시대가 열린다. 노동 운동과 통일 운동 또한 폭발적으로 전개된다.

민주화의 열기는 한국만이 아니라 아시아의 다른 나라들에서도 끓어오른다. 필리핀과 버마, 중국 등에서 시민의 저항이 터져 나온다. 다만 버마와 중국에서는 정부의 유혈 진압으로 인해 민주화가 좌절된다.

한편 소련에서는 고르바초프 서기장이 페레스트로이카와 글라스노스트라는 개혁을 통해 당면한 경제·정치적인 위기를 극복하려 노력한다. 더불어 소련이 동유럽 나라들의 내정에 간섭하지 않겠다고 선언함에 따라 동유럽 사회주의 체제가 급속히 붕괴하며, 독일은 30여 년의 분단을 끝내고 통일된다.

삼청교육대 사건	**1981**년	미국, 레이건 취임
		최초의 에이즈 환자 발견
두발·교복 자율화 발표 및	**1982**년	CD플레이어 출시
야간 통행금지 해제		마이클 잭슨, 〈스릴러〉 발표
프로야구 출범		
이산가족 찾기 생방송	**1983**년	서독, 녹색당 의회 진출
『노동의 새벽』 출간	**1984**년	에티오피아 대기근
구로동맹파업	**1985**년	소련, 고르바초프 취임
		플라자합의
부천경찰서 성고문 사건	**1986**년	필리핀혁명
보도지침 사건		체르노빌 원자력 발전소 사고
3저 호황		
6월항쟁	**1987**년	팔레스타인, 제1차 인티파다
노동자대투쟁		
제24회 올림픽 개최	**1988**년	버마 민주화 운동
5공 청문회		
문익환·임수경 등 북한 방문	**1989**년	제2차 톈안먼사건
3당 합당	**1990**년	걸프전쟁
		독일 통일

삼청교육대에서 교육생들이 이른바 '봉체조'를 하고 있다.

1 삼청교육대 | 2004년 국회는 '삼청교육대 명예 회복 및 보상에 관한 법률'을 제정한다.

삼청교육대에서 인권 유린이 자행되다

신군부가 폭력배를 비롯한 사회악을 일소한다는 명분으로 삼청 계획을 실행했다. 신군부는 1980년 8월부터 1981년 1월까지 6만 755명을 법원의 영장 없이 불법으로 잡아들였다. 사회악 일소라는 명분과 달리, 신군부가 잡아들인 사람의 35.9퍼센트는 전과가 전혀 없었다. 잡힌 사람 중에는 신군부에 비판적인 지식인, 사회 운동가 등이 다수 포함돼 있었다. 또한 해당 기관에서 지역별로 할당된 연행자 수를 채우기 위해 사소한 말다툼을 한 사람 등까지 잡아들이는 일도 벌어졌다.

잡힌 사람 중 3252명은 재판에 회부되고, 1만 7761명은 훈방되거나 환자로 분류됐으며, 3만 9742명은 '순화 교육'(삼청교육)을 받았다. 삼청교육 대상자에는 적어도 17명의 중학생을 비롯한 학생들 및 319명의 여성도 포함돼 있었다. 삼청교육은 26개 군부대에서 실시됐는데 그 실체는 혹독한 군사 훈련과 가혹 행위, 고문이었다. 이로 인해 54명이 목숨을 잃었다. 삼청교육대[1]에서 나온 후 고문 후유증을 심각하게 겪은 이들도 많았다.

2006년 국방부 과거사진상규명위원회는 신군부가 정권 창출을 정당화하기 위해 삼청교육대를 불법으로 설치하고 각종 인권 유린 행위를 자행했다고 발표한다. 또한 삼청교육 과정 중 자살 혹은 병사(病死) 등으로 발표된 사망자의 사인이 조작·은폐됐을 가능성이 있다고 밝힌다.

『조선왕조실록』을 한글로 번역하다

12월, 북한이 조선 왕조의 공식 역사서인 『리조실록(조선왕조실록)』을 한글로 완전히 번역했다고 발표했다. 그러나 이때 북한에서 번역 작업이 이뤄진 것은 태조실록부터 철종실록까지였다. 고종실록과 순종실록은 조선이 망한 후 일본 측이 편찬한 것이었기 때문이다. 북한은 1980년대 말에 고종실록과 순종실록도 한글로 옮긴다. 남한에서는 1993년 『조선왕조실록』 번역 작업이 완료되는데, 고종실록과 순종실록은 번역 대상에서 제외됐다. 『조선왕조실록』은 정치·경제·사회·문화 등 거의 모든 분야를 포괄하고 있으며 기록의 신빙성이 매우 높다는 평가를 받고 있다.

1997년에는 훈민정음과 함께 유네스코 세계문화유산으로 등록된다.

『태종실록』 원본

아메리카

레이건이 미국 대통령이 되다

1월 20일, 영화배우 출신 로널드 레이건이 미국 대통령에 취임했다. 레이건은 취임 직후 '레이거노믹스[1]'라는 경제 정책을 채택했다. 밀턴 프리드먼 등 시카고학파 경제학자들의 주장에 따라 소득세를 줄이고 기업에 대한 규제를 완화하며 복지 지출을 줄이는 '작은 정부'를 지향하는 것이었다. 시카고학파는 자유 경쟁 시장이 생산과 소비, 공급과 수요를 스스로 조절할 것이기에, 정부는 경제에 대한 개입을 최소화해야 한다고 주장했다.

레이건이 자신의 감세 정책에 대해 국민들에게 설명하고 있다.

그러나 동시에 레이건 정부는 강경한 반공 정책을 밀어붙이며 사상 최대 규모로 군비를 증강했다. 일례로 1983년의 '전략 방위 구상[2]'은 소련의 대륙간탄도미사일(ICBM)을 우주 공간에서 요격[3]해 미국 본토를 방어한다는 계획으로, 천문학적인 예산을 필요로 했다. 결국 미국은 줄어든 세입과 늘어난 군비 지출로 인해 재정 적자와 무역 적자가 동시에 일어나는 '쌍둥이 적자'에 지속적으로 시달리게 된다.

아메리카

우주 왕복선 컬럼비아호가 발사되다

4월 12일, 미국항공우주국(NASA)이 지구와 우주를 여러 차례 왕복할 수 있는 '우주 왕복선' 컬럼비아호를 발사했다. 지금까지의 우주선들은 모두 한 번만 쓸 수 있었지만, 우주 왕복선은 본체와 고체 연료 부스터를 반복해 사용할 수 있어 우주 탐사 비용을 크게 줄였다.

컬럼비아호 외에도 챌린저[4], 디스커버리, 아틀란티스, 인데버호가 더 제작되며, 인공위성 발사, 우주 정거장 설치, 우주인과 물자 운송 등에 활용된다.

컬럼비아호의 발사

아메리카

최초의 에이즈 환자가 발견되다

6월 5일, 미국에서 에이즈(AIDS) 환자의 사례가 최초로 보고됐다. 에이즈는 인간면역결핍바이러스(human immunodeficiency virus 1, HIV-1)가 면역 기능을 파괴함에 따라 다른 질병에 무방비해져 결국 죽음에 이르는 병이다. 성관계를 맺거나 주사 바늘을 함께 사용하는 것 혹은 수혈 등을 통해 전염된다. 초기에는 백신이나 치료약이 없었기에 '20세기의 페스트(흑사병)'라 불리며 두려움의 대상이었으나, 21세기에는 의학의 발전 덕에 지속적으로 관리하고 치료받기만 하면 생명에 위협이 작은 만성 질환으로 취급받고 있다.[5]

1 레이거노믹스 | '레이건'과 '이코노믹스(경제학)'의 합성어이다.

2 전략 방위 구상 | '스타워즈(Star Wars) 계획'으로도 불렸다.

3 요격 | 공격해 오는 대상을 기다리고 있다가 도중에서 맞받아침

4 챌린저호 | 1986년 1월 28일 발사 도중 사고로 폭발해 승무원 전원이 사망한다. 컬럼비아호도 2003년 2월 1일 제28차 비행에서 귀환하던 중 폭발해 모든 승무원이 희생된다.

5 아프리카의 에이즈 | 빈곤하고 의료 시설이 부족한 아프리카 등의 지역에서는 여전히 치명적인 질병이다. 현재 전 세계 HIV 보균자는 3000만 명 정도로 추산되는데, 그중 70퍼센트가 사하라사막 이남의 아프리카에 집중돼 있다.

야간 통행금지 해제 소식을 전하는 『중앙일보』 1982년 1월 1일 자

1 두발교복 자율화 | 교복 자율화는 1983년부터 시행된다.

2 통행금지 | 자정부터 새벽 4시까지 집 바깥에 나올 수 없게 한 것

3 부산 미국문화원 방화 사건 | 이때 미국문화원 안에 있던 동의대생 1명이 안타깝게 목숨을 잃었다.

프로야구 개막전에서 시구하는 전두환 대통령

4 3S 정책 | Sports(스포츠), Sex(성), Screen(영화)

5 강제 징집 | 1980년 9월부터 1984년 11월까지 1152명이 강제 징집됐다. 이 중에는 한쪽 눈의 시력을 상실한 학생, 소아마비 장애가 있던 학생 등 현역 입영 대상이 아닌 사람도 있었다.

6 프락치 | 간첩을 말한다. 학원 프락치 활동은 대학교에 남아 있던 선후배와 동기들의 동향 등을 은밀히 파악해 보고하게 한 것이다.

두발 · 교복 자율화를 발표하고 야간 통행금지를 해제하다

1월 4일, 정부가 중·고등학생의 두발과 교복을 자율화한다고 발표했다. 이전까지 중·고등학생은 검정색 교복에 '남학생은 거의 빡빡머리, 여학생은 단발머리'라는 획일적인 모습이었다. 그다음 날(1월 5일), 정부는 야간 통행금지를 해제했다. 야간 통행금지는 1945년 9월 도입된 이래 37년 만에 사라졌다.

부산 미국문화원 방화 사건이 일어나다

3월 18일, 문부식·김은숙 등의 대학생들이 부산 미국문화원에 불을 질렀다. 이들은 신군부가 5·18민주화운동을 유혈 진압한 것에 미국도 책임이 있다고 주장했다. 한국군의 작전통제권을 쥐고 있는 미국의 동의 없이 신군부가 군대를 동원할 수 있었겠느냐는 논리다. 이 사건은 '반미' 구호가 퍼지는 계기로 작용한다.

프로야구가 출범하다

3월 27일, 프로야구 개막식이 열렸다. 지역별로 연고를 둔 6개 팀 체제였다. 전두환 정권은 프로야구 출범을 적극 지원했다. 이 때문에 프로야구 출범이 사람들의 관심을 정치에서 다른 것으로 돌리기 위한 독재 정권의 3S 정책의 일환이 아니냐는 비판이 나왔다. 프로야구는 이후 국민적인 스포츠로 자리 잡는다.

녹화사업이 실시되다

9월, 이른바 녹화사업이 시작됐다. 정부는 독재 정권을 비판하는 젊은이들이 좌경 사상에 물들었다며 사상 개조 명목으로 녹화사업을 실시했다. 정부는 학생운동에 참여한 대학생들을 강제로 군대로 끌고 갔다(강제 징집). 녹화사업의 주요 대상자는 이렇게 끌려간 젊은이들이었다. 녹화사업 대상자들은 가혹 행위와 함께 학원 프락치 활동을 강요당했다. 녹화사업은 1984년 12월까지 1192명(이 중 921명이 강제 징집자)을 대상으로 계속됐으며 이 과정에서 6명이 사망했다. 강제 징집과 녹화사업은 전두환 대통령이 지시·승인한 일이었다.

포클랜드전쟁이 벌어지다

아메리카

4월 2일, 아르헨티나와 영국이 포클랜드[1]제도를 두고 전쟁을 벌였다. 포클랜드제도는 아르헨티나에서 동쪽으로 약 480킬로미터 떨어진 곳으로, 1833년 이래 영국이 점령하고 있었다. 이날 아르헨티나군이 포클랜드의 영국 해양 수비대를 제압했지만, 5월 21일 영국군이 상륙 작전에 성공하고 6월 14일 아르헨티나군이 항복함으로써 전쟁은 영국의 승리로 돌아갔다. 이 전쟁으로 영국에서는 대처 총리가 큰 인기를 얻고, 아르헨티나의 군사 정부는 몰락한다.

1 포클랜드 | 아르헨티나에서는 '말비나스'라고 부른다.

공상 과학 영화 〈E.T.〉가 개봉하다

아메리카

6월 11일, 스티븐 스필버그 감독의 영화 〈E.T.〉[2]가 미국에서 개봉됐다. 지구를 찾았다가 홀로 남겨진 외계인 E.T.와 지구인 소년, 소녀 들의 아름다운 우정과 모험을 그린 작품이었다. 이때까지의 영화사상 최고의 흥행 성적을 기록했으며, '식빵같이 생긴' 얼굴의 외계인 E.T.는 전 세계 어린이의 친구와 같은 존재가 됐다.

〈E.T.〉의 포스터

2 E.T. | '외계인'을 뜻하는 'The Extra Terrestrial'의 약자다.

CD 플레이어가 출시되다

아시아

11월 30일, 일본의 소니사가 네덜란드의 필립스사와 협력해 최초의 CD(콤팩트디스크)플레이어 CDP-101을 내놓았다. 이로써 CD가 새로운 오디오 저장 매체로 등장했다. CD는 지름 12센티미터의 반짝이는 원판 위에 요철 형태로 정보를 기록한 뒤, 재생할 때는 레이저를 쏘아서 반사되는 정도를 가늠해 정보를 읽어낸다. 잡음이 없고 여러 번 재생해도 음질이 손상되지 않아 기존의 레코드판과 카세트테이프를 대체할 매체로 주목받았다.

초기에는 74분 분량의 오디오 신호를 저장할 수 있었지만, 이후 용량이 늘어나 사진과 영화 등의 디지털 정보도 담을 수 있게 된다.

CDP-101

마이클 잭슨이 음반 〈스릴러〉를 내놓다

아메리카

11월 30일, 미국의 가수 마이클 잭슨이 음반 〈스릴러(thriller)〉를 발매했다. 〈스릴러〉는 1억 장 이상 판매돼 역사상 가장 많이 팔린 음반이 되며, 마치 무중력 상태를 걷는 듯한 '문워크(moon walk)'라는 춤은 전 세계 젊은이들에게 인기를 끈다.

자신의 형제들로 이뤄진 '잭슨파이브'라는 그룹에서 다섯 살 때부터 활동을 시작한 잭슨은, 1980년대 팝 음악의 전성기를 이끌며 '팝의 황제'라는 이름을 얻는다.

〈스릴러〉 앨범의 표지

이산가족 찾기 방송이 이뤄지다

이산가족을 찾기 위해 모여든 사람들

6월 30일, KBS 1TV에서 특별기획 〈누가 이 사람을 모르시나요〉가 방송됐다. 분단과 6·25전쟁을 거치는 동안 헤어져 30년 넘게 생사조차 모르던 이산가족을 찾아 주는 생방송 프로그램이었다.

이산가족 찾기 생방송은 폭발적인 반응을 불러일으킨다. 방방곡곡의 이산가족들이 KBS로 애끓는 사연을 보내왔고, KBS 방송국 담벼락에는 이산가족을 찾는 수만 장의 벽보가 붙었다. 이 방송이 국민적 관심사로 떠오르자 KBS는 이산가족 찾기 생방송을 11월 14일까지 이어갔다. 이 방송을 통해 1만 189건의 이산가족 상봉이 이뤄졌다.

한편 2년 후인 1985년에는 분단 후 최초로 고향 방문단과 공연 예술단이 남북을 오간다.

대한항공 여객기 피격 사건이 발생하다

9월 1일, 대한항공 여객기가 사할린 주변 상공에서 소련 전투기의 미사일 공격을 받고 추락했다. 이로 인해 여객기에 타고 있던 한국인 81명을 비롯한 탑승객 269명이 모두 사망했다. 국제 사회는 비무장 민항기를 공격한 소련을 거세게 비난했다. 이에 맞서 소련은 여객기가 정규 항로를 이탈해 자국 영공을 침범했을 뿐만 아니라 항로를 바꾸라는 경고를 무시해 격추시켰다고 반박했다.

사고 발생 10년 후인 1993년 국제민간항공기구는 대한항공 승무원의 과실로 여객기가 항로를 이탈해 소련 영공을 침범했고, 소련군이 민항기일 가능성을 염두에 두고 확인하는 절차를 소홀히 했다는 조사 보고서를 발표한다.

1 아웅산 | 버마(지금의 미얀마) 독립운동 지도자. 오늘날 미얀마 민주화 운동의 상징적 존재인 아웅산 수치의 아버지다.

아웅산 묘소 폭탄 테러 사건이 발생하다

10월 9일, 버마 수도 랑군 인근의 아웅산 묘소에서 한국 정부 요인들을 노린 폭탄 테러 사건이 발생했다. 버마를 방문한 전두환 대통령은 이날 아웅산 묘소를 참배할 예정이었다. 전두환은 화를 면했지만, 대통령을 기다리고 있던 한국 정부 각료들과 기자 등 17명이 목숨을 잃고 13명이 다쳤다. 폭탄은 북한 요원들이 설치한 것으로, 버마 정부는 북한 요원들을 체포하고 북한과 국교를 단절한다.

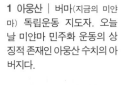

아웅산 묘소 폭탄 테러 사건 현장

유럽

녹색당이 의회에 진출하다

3월 6일 치러진 서독 연방의회 선거에서 녹색당이 5.5퍼센트의 지지를 얻어 처음으로 의회에 진출했다. 녹색당은 환경 오염, 핵전쟁 위기, 인구 과잉, 사회적 불평등 등의 문제가 이미 인류의 생존을 위협할 지경에 이르렀다며, 이를 해결하기 위해서는 더 많은 생산과 소비에 대한 욕심을 버리고 자연과 조화를 이루는 삶으로 나아가야 한다고 주장했다. 오늘날 세계 많은 나라들에서 녹색당 혹은 그와 지향이 유사한 정당들이 활동하고 있다.

녹색당 소속 의원 오토 쉴리(왼쪽)와 페트라 켈리(오른쪽)

아시아

스리랑카내전이 시작되다

7월 23일, 타밀족 반군 단체인 타밀엘람해방호랑이(LTTE)가 정부군 병사를 살해하고, 이를 계기로 신할리족이 타밀족에 대한 학살에 나서면서 길고 끔찍한 내전이 시작됐다.

스리랑카는 약 70퍼센트의 신할리족과 20퍼센트의 타밀족 등으로 구성돼 있었다.[1] 1980년대 들어 스리랑카 정부가 신할리족이 믿는 불교 우대 정책을 취하고 신할리어만을 공용어로 삼자 둘 사이의 갈등이 폭발한 것이었다.

이후 LTTE는 스리랑카의 북부와 동부 지역에 타밀족의 독립 국가를 세우기 위해 격렬한 무장 투쟁을 벌이지만, 2009년 5월 정부군에 의해 지도자를 잃고 항복한다. 26년에 걸친 내전 기간 동안 약 10만 명이 희생된 것으로 추정된다.

1 신할리족과 타밀족 | 신할리족은 불교를 믿으며 신할리어를 썼고, 타밀족은 힌두교를 믿으며 타밀어를 썼다.

아메리카

파이어니어 10호가 해왕성 궤도를 지나다

6월 13일, 지난 1972년 3월 3일 발사된 미국의 우주 탐사선 파이어니어 10호가 태양계의 가장 바깥 행성인 해왕성 궤도를 처음으로 통과했다.

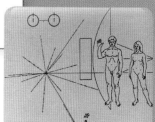

외계인과 만날 경우 인류의 모습과 지구의 위치를 알리기 위해 파이오니어 10호에 실린 금속판

아메리카

미국이 그레나다를 침공하다

10월 25일, 미국이 카리브해의 작은 섬나라인 그레나다를 침공해 사회주의 계열의 인민혁명정부를 무너뜨렸다. 주변 나라들에 혁명이 확산돼 이 지역에서 미국의 정치적, 경제적 이익이 침해될 것을 우려했기 때문이다.

초강대국의 약소국 침략에 국제 사회의 비판이 거세었으나, 미국은 1985년 그레나다에 들어선 친미 정권이 안정된 뒤에야 군대를 철수한다. 이 사건은 리비아 폭격, 니카라과 반군 지원 등과 더불어 레이건 정부의 강경하고 과도한 제3세계 정책의 대표적인 사례로 꼽힌다.

그레나다에 투입되는 미국 공수부대

『노동의 새벽』

1 당시 대학가에서 널리 읽힌 책들 | 전두환 정권 때 대학생들 사이에서 많이 읽힌 대표적인 책으로는 『노동의 새벽』외에 전태일(1970년 참조)의 일대기를 다룬 『어느 청년 노동자의 삶과 죽음』(1983년 출간), 해방에서 625전쟁에 이르는 시기의 현대사를 조명한 대하소설 『태백산맥』(1983년 연재 시작), 일제강점기에 중국에서 활동한 사회주의 계열 독립운동가 김산의 삶을 담은 『아리랑』(1984년 출간) 등이 있다.

『노동의 새벽』이 출간되다

9월 25일, '얼굴 없는 노동자 시인' 박노해의 시집 『노동의 새벽』이 출간됐다. 『노동의 새벽』은 고단한 노동자의 현실을 노동자 자신의 목소리로 그려 냈다는 점에서 주목을 받았다. 이 책이 나오기 전에도 노동 현실을 다룬 문학 작품들이 있었지만, 대체로 지식인의 눈에 비친 노동자의 모습을 담은 것들이었다.

『노동의 새벽』은 노동 현장뿐만 아니라 대학가에서 많은 사랑을 받았다. 이 무렵 대학가에서는 한국 현대사, 세계 자본주의, 노동 현실 등을 비판적으로 다룬 인문사회과학 서적이[1] 많이 읽혔다. 그런 대학생들 중 적지 않은 이들은 공장에 '위장 취업'을 해 노동 운동에 몸담거나, 5·18민주화운동 당시 민간인을 학살한 책임자를 처벌하고 민주주의를 이룩할 것을 요구하며 독재 정권에 맞섰다.

망원동 수재 집단 소송이 시작되다

10월, 서울 마포구 망원동 주민 80명이 서울시와 현대건설을 상대로 집단 소송을 제기했다. 집중호우가 내린 9월에 망원동 유수지 펌프장 수문이 무너져 망원동 일대가 물에 잠겼기 때문이며 수문이 붕괴해 1만 7900여 가구가 물에 잠기고 약 8만 명이 한순간에 이재민이 되자, 주민들이 수문을 관리한 서울시와 시공한 현대건설에 책임을 물은 것이다.

주민들은 3년여 만에 1심에서 승소한다. 그러자 또 다른 망원동 주민들이 추가로 소송을 제기한다. 6년에 걸친 법정 공방 끝에 1990년 대법원은 "망원동 수해는 유수지 수문상자의 하자로 발생한 것이 명백하다"라며 서울시가 주민들에게 손해배상을 해야 한다고 판결한다. 현대건설은 서울시가 설계한 대로 시공했다는 이유로 배상 책임을 면한다.

이 소송은 수재에 대한 국가의 배상 책임을 처음으로 이끌어 낸 일대 사건이었다. 아울러 한국 최초의 집단 소송으로 기록되고 있다.

학원 자율화가 시행되다

민주화를 요구하다가 제적된 대학생 중 727명이 대학으로 돌아왔다. 전두환 정권이 1983년 12월 결정한 학원 자율화 조치에 따른 것이다. 해직 교수들의 복직도 허용됐고, 학내에 상주하던 경찰들도 철수했다. 전두환 정권은 이를 통해 독재에 대한 저항을 누그러뜨리려 했다. 그러나 쫓겨났던 학생과 교수들이 돌아온 후 민주화 투쟁은 더 활발해진다.

아메리카

애플의 매킨토시와 IBM의 AT 컴퓨터가 출시되다

1월 24일, 미국의 애플컴퓨터사가 개인용 컴퓨터 매킨토시를 출시했다. 매킨토시는 키보드로 명령어를 입력하는 기존의 방식이 아니라 마우스를 이용해 화면의 아이콘을 클릭하는 '그래픽 사용자 인터페이스(GUI)'를 채택해 신선한 충격을 가져다주었다. 애플은 제품의 구조를 공개하지 않고 하드웨어와 소프트웨어를 모두 직접 생산해 보급하는 전략을 취했다.

얼마 후 컴퓨터 분야의 대기업 IBM도 1983년 출시한 개인용 컴퓨터 XT를 개량해 AT를 내놓았다. IBM은 애플과 달리 제품의 구조를 모두 공개했는데, 이로 인해 복제품이 판을 쳐 IBM은 정작 큰 이익을 보지 못했다. 하지만 복제품의 저렴한 가격 덕에 IBM 컴퓨터는 전 세계 개인용 컴퓨터의 표준으로 자리 잡는다.

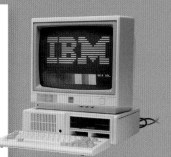

IBM의 AT PC
인텔사의 80286마이크로프로세서를 사용해 '286컴퓨터'로도 불렸다.

아시아

인디라 간디가 암살되다

10월 31일, 인도 총리 인디라 간디가 시크교도[1]인 자신의 경호원들에 의해 암살됐다. 지난 6월 인도 북부 펀자브지방의 시크교도들이 분리 독립을 요구하며 시위를 벌이자, 인도 정부는 시크교 사원인 황금사원에 군대를 보내 400여 명을 학살했다. 간디 암살은 이 사건에 대한 보복이었다.

인디라 간디는 인도의 독립운동가이자 초대 총리인 자와할랄 네루의 외동딸이었다. 아버지 네루가 감옥에 갇혀 있을 때 그녀에게 보낸 196통의 편지는 『세계사편력』이라는 책으로 출간돼 많은 독자들의 사랑을 받았다.

1 시크교 | 15세기 인도 북부에서 나나크가 힌두교와 이슬람교를 융합해 만든 종교로, 오늘날 세계 5대 종교 가운데 하나다.

인디라 간디

아프리카

에티오피아에 대기근이 닥치다

에티오피아에 끔찍한 대기근이 찾아와 약 100만 명이 굶어 죽었다. 3년째 지속된 극심한 가뭄으로 식량이 크게 부족해진 것이 직접적인 이유였지만, 급속한 인구 증가로 사막화가 진행돼 토양이 침식되고 산림이 훼손된 것이 더 근본적인 원인이었다.

참상이 알려지자 국제 사회는 에티오피아를 돕기 위해 발 벗고 나섰다. 그러나 에티오피아 정부가 구호물자와 자금을 중간에서 가로채 무기 구입 등에 쓰는 바람에 굶주리는 사람들에게 제대로 전달되지 않았다.

라이브 에이드
1985년, 밥 겔도프를 중심으로 당대의 팝 스타들이 미국과 유럽에서 동시에 아프리카 구호 기금 모금을 위한 대규모 자선 공연을 벌였다.

2·12총선에서 야당 바람이 불다

2월 12일, 제12대 국회의원 총선거가 실시됐다. 이 선거에서 야당인 신한민주당은 김영삼과 김대중을 부각시키며 돌풍을 일으켰다. 신한민주당이 예상보다 훨씬 많은 의석을 확보한 것과 달리, 여당인 민주정의당은 제1당 자리를 유지했지만 사실상 참패라는 평가를 받았다.

2·12총선은 전두환 정권에 대한 시민들의 불만이 야당 돌풍으로 이어진 선거였다. 이러한 선거 결과는 민주화를 요구하는 야당과 재야[1]의 목소리에 힘을 실어줬다. 아울러 전두환 정권은 이 선거 이후, 국민이 직접 대통령을 뽑는 직선제로 헌법을 바꿔야 한다는 압박을 더 많이 받게 된다.

제12대 국회의원 선거 후보 연설 모습

1 재야 | 제도 정치권 바깥에 있는 정치 세력

구로동맹파업이 일어나다

6월 24일, 구로공단의 노동자들이 동맹 파업에 돌입했다. 동맹 파업의 발단은 6월 22일 경찰이 구로공단에 있던 업체 중 하나인 대우어패럴의 노동조합 간부 3명을 연행한 것이었다. 노동자들은 이를 정부가 구로공단의 민주노조들을 차례로 탄압해 해산시키기 위한 첫걸음으로 받아들였다.[2] 이러한 판단에 따라 대우어패럴을 비롯해 구로공단에 있는 여러 업체의 노동자들은 24일 노동3권 보장, 노동 운동 탄압 중지 등을 요구하며 파업을 시작했다.

구로공단 노동자들이 연대할 수 있었던 것은, 소속 회사는 달라도 열악한 처지는 공통적이었기 때문이다. 구로공단에는 소규모 섬유·전자 업체가 많았고, 여성 노동자 비중이 높았다. 업체마다 조금씩 사정은 달랐지만 노동자들은 공통적으로 주당 70시간 이상의 긴 노동 시간, 저임금, 일상적인 성희롱과 모욕을 견뎌야 했다. 파업이 발생하자 업체들은 물과 전기를 끊고 먹을거리 반입을 막았다. 노동자들은 배고픔 등의 고통에 시달리면서도, 노동자의 권리를 인정할 것을 요구하며 6일을 버텼다. 6월 29일 경찰과 구사대가 강제 진압하면서 파업은 막을 내렸다.

구로동맹파업은 6·25전쟁 이후 최초로 전개된 동맹 파업이었다. 이 파업에 참여한 김문수, 심상정 등은 노동자들을 위한 대중 정치 조직의 필요성을 절감하고, 8월 25일 서울노동운동연합(서노련)을 결성했다. 서노련은 노동 운동을 사회 변혁 운동의 차원으로 끌어올리려 했다.

2 구로동맹파업 | 구로공단의 노동조합 활동가들은 1970년대에 활발하게 활동했던 민주노조들이 1980년대 들어 정부에 의해 각개격파당한 사실을 잘 알고 있었다.

63빌딩

63빌딩이 준공되다

현대자동차가 쏘나타를 처음 출시하다

첫 쏘나타

미하일 고르바초프

고르바초프가 소련공산당 서기장에 취임하다

3월 11일, 미하일 고르바초프가 소련공산당 서기장에 취임했다. 고르바초프는 소련이 처한 여러 위기를 극복하기 위해 '페레스트로이카'와 '글라스노스트'라는 해결책을 제시했다. 이로써 소련 사회에 커다란 변화가 시작됐다.

지난 1960~1970년대는 소련의 '황금시대'라고 부를 만했다. 우주 개발과 군사 분야에서 미국과 어깨를 나란히 했고, 석유 파동으로 석유 가격이 크게 올라 나라의 살림살이도 넉넉해졌다.[1] 하지만 1970년대 후반 들어 경제 분야에서 적신호가 켜졌다. 국내 총생산, 공업 생산, 농업 생산 모두 성장률이 떨어지기 시작했고, 소비재 부족이 심각해졌다. 성장 위주의 경제 정책이 낳은 고질적인 비효율성 때문이었다. '노멘클라투라'라고 불리는 특권 관료층의 부패도 심해졌다. 1980년대 들어서는 미국과의 군비 경쟁이 격화돼 국민 총생산의 약 4분의 1을 국방비에 쏟아 붓느라 경제의 어려움이 한층 커졌다.

고르바초프는 '페레스트로이카'라는 경제 개혁을 통해 시장 원리를 도입함으로써 난관을 돌파하려 했다. 군비 부담을 줄이기 위해 미국 및 서방 국가들과의 관계 개선에 나섰으며, 1986년에는 세계 혁명을 포기하고 평화 공존을 선언하기에 이른다. 세계 혁명의 포기란 동유럽 등의 사회주의 나라들에 더 이상 간섭하지 않겠다는 것을 의미한다. 이로 인해 폴란드, 헝가리, 체코슬로바키아 등에서 자유화 운동이 불붙는다.

'글라스노스트'라는 정치 개혁도 추진했다. 1988년 서방 국가들의 의회와 같은 연방인민대의원대회를 신설하고, 선거에서 복수 후보 제도를 도입한 것이다. 아울러 1990년에는 헌법을 고쳐 당과 정부의 역할을 분리하며, 자신은 정부 수반인 대통령에 취임한다. 언론의 자유와 정치적 결사의 자유도 법으로 보장한다.[2]

레이건 미국 대통령과 회담하는 고르바초프

[1] 소련의 '황금시대' 당시 소련은 세계 최대 석유 생산국이었다.

[2] 고르바초프의 개혁 정책 고르바초프의 개혁 정책은 결코 순탄치 않은 길을 걷는다. 기득권층인 당과 관료들은 사회주의 이념을 포기하는 것이라며 격렬히 반발한다. 경제 정책이 성과를 거두지 못해 공업 생산과 재정 적자도 매우 악화된다. 설상가상으로 여러 민족들 사이에 갈등과 분규도 터져 나온다.

플라자합의가 이뤄지다

9월 22일, 미국 뉴욕의 플라자호텔에서 열린 선진 5개국 재무장관 회의에서 미국 측이 일본의 엔화와 서독의 마르크화를 평가절상하겠다고 사실상 일방적으로 통보했다. 미국의 엄청난 무역수지 적자 폭을 줄이기 위해 일본과 서독이 보유하고 있는 달러의 가치를 떨어뜨린 것이다. 미국 경제가 직면한 위기를 상대국에 강제로 떠넘긴 셈이었다.

1 권인숙 체포 사유 | 권인숙은 노동 운동을 하기 위해 공장에 위장 취업했다. 권인숙은 이 과정에서 주민등록증을 위조한 혐의로 체포됐다.

2 민주언론운동협의회 | 동아투위(1975년 참조)조선투위 출신 및 1980년 언론 통폐합 때 해직된 언론인들이 주축이 돼 결성한 단체. 훗날 민주언론시민연합으로 바뀐다.

보도지침을 폭로한 『말』
1986년 특집호

아시안게임 개막식

3 보도지침 사건 | 세 사람은 1987년 6월 집행유예로 풀려난다. 1994년 7월 법원은 이 3명에게 무죄를 선고한다.

4 3저 호황과 부동산 투기 | 서울올림픽을 전후해 고조된 부동산 투기 열풍은 1989년 전세 폭등으로 이어진다. 전세 폭등 때 집 없는 서민들이 치솟는 전셋값을 견디다 못해 연이어 목숨을 끊는 일이 벌어진다.

부천경찰서 성고문 사건이 발생하다

7월 3일, 서울대생 권인숙이 부천경찰서 경장 문귀동을 강제 추행 혐의로 고소했다. 문귀동이 6월에 자신을 체포해 성고문을 한 사실을 세상에 드러낸 것이다. 그러나 검찰은 "혁명을 위해 성까지 도구화했다"라며 오히려 피해자 권인숙을 몰아붙였다. 검찰은 피해자인 권인숙에게 공·사문서 위조 혐의로 징역형을 선고하고, 가해자인 문귀동에게는 기소 유예라는 솜방망이 처분을 했다. 1987년 6월항쟁으로 민주화 분위기가 사회 전반에 확산된 후 상황은 바뀌어, 문귀동은 1989년 징역 5년형을 받는다.

보도지침 사건이 일어나다

9월, 민주언론운동협의회가 발행하던 월간지 『말』이 보도지침 584건을 폭로했다. 보도지침은 정부에서 매일 각 언론사에 특정 사안의 보도 여부, 논조, 제목 크기 등까지 정해 내려 보낸 보도 통제 문건이다. 노골적인 언론 통제 실상이 드러나자, 정부는 보도지침 자료를 『말』에 제공한 기자 등 3명을 국가보안법 위반 및 국가모독죄 혐의로 구속했다.

제10회 아시안게임이 서울에서 열리다 (9.20~10.5)

3저 호황이 시작되다

한국 경제가 1986년부터 3년간 '3저(저금리·저유가·저달러) 호황'을 맞았다. 국제 경제 여건이 한국에 매우 유리한 형태로 변하면서 수출이 크게 늘고 외채 상환 부담이 줄어들었기 때문이다. 이 기간 중 국민 총생산은 매년 12퍼센트 이상 증가했고, 적자이던 경상수지도 최초로 흑자로 바뀌었다. '단군 이래 최대 호황'이라는 말이 나올 정도였다.

1989년을 고비로 3저 호황은 사라진다. 3저 호황 직후 한국 경제는 어려운 상황에 놓인다. 그렇게 된 이유 중 하나는 3저 호황 기간 동안 벌어들인 돈의 많은 부분이 설비 투자와 연구 개발에 쓰이기보다는 부동산 투기와 주식 투자 등으로 빠져나갔기 때문이었다.

아시아

필리핀혁명이 일어나다

2월 25일, 필리핀에서 민중 혁명이 일어나 페르디난드 마르코스 대통령을 몰아냈다. 지난 2월 7일 야당 단일 후보인 코라손 아키노와 맞붙은 대통령 선거에서 부정을 저질러 승리한 데 대한 국민적 반발이 폭발한 것이었다. 마르코스는 하와이로 탈출했고, 아키노가 이끄는 혁명 정부는 시민의 권리 보장, 천연자원 국유화, 소수 민족 자치 등을 선언했다.

마르코스는 1965년부터 21년간 장기 집권하며 가족들과 함께 많은 부정부패를 저질렀다.[1] 1972년에는 계엄령을 선포해 반대 세력을 탄압하고 언론과 집회의 자유를 제한했다. 1983년 미국 망명에서 돌아온 정치인 베니그노 아키노를 공항에서 암살했는데, 이 사건으로 가톨릭교회와 미국이 등을 돌림에 따라 정치적으로 궁지에 몰렸다. 고질적인 소수 민족 문제도 위기를 심화시켰다.

혁명의 성공으로 새로운 필리핀에 대한 기대가 부풀었지만, 오늘날까지도 필리핀의 정치적 불안은 계속되고 있다. 무엇보다 대지주 가문 중심의 지배층이 여전히 정치와 경제, 군부를 장악하고 있기 때문이다.

코라손 아키노
베그니노 아키노의 부인이었다. 남편이 죽은 뒤 가정주부에서 정치인으로 거듭나게 된다.

1 마르코스 일가 | 마르코스의 부인 이멜다는 수도 마닐라의 시장이었고, 맏아들은 대통령 보좌관이었다. 이들을 비롯한 일가친척들이 정부의 주요 직책을 차지하고 부정한 방법으로 수십억 달러의 돈을 모았다.

유럽

체르노빌 원자력 발전소 사고가 일어나다

4월 26일, 소련 우크라이나공화국의 체르노빌 원자력 발전소에서 역사상 최악의 방사능 누출 사고가 일어났다.[2] 4기의 원자로 가운데 4호기에서 폭발이 일어나 천장이 파괴됐고, 약 8톤의 방사성 물질이 대기 중으로 퍼져 나갔다. 사고 현장을 수습하던 직원과 소방관 등 수십 명이 방사능을 쐬어 사망하고,[3] 주변에 거주하던 10만여 명이 다른 지역으로 이주했다. 방사성 물질은 소련의 여러 공화국만이 아니라 유럽 전역까지 오염시켰다. 이후 유럽의 여러 나라에서 원자력 발전소의 건설에 반대하는 여론이 고조된다.

파괴된 체르노빌 원자력 발전소

2 체르노빌 원자력 발전소 사고 | 2011년 일본 후쿠시마 원자력 발전소 사고와 더불어 국제 원자력 사고 등급 가운데 최고 등급인 7등급에 해당했다.

3 방사능 누출 | 직원과 소방관 들에게는 최소한의 안전 장비도 지급되지 않았다. 이후에도 피폭으로 인해 4000여 명이 각종 암과 백혈병에 걸려 사망한 것으로 추정된다.

아시아

베트남이 도이머이 정책을 시행하다

12월, 새로 취임한 응우옌 반린 베트남공산당 서기장이 '도이머이'라는 개혁 정책을 선언했다. 베트남은 오랜 전쟁의 후유증 및 미국과 서유럽 국가들의 경제 봉쇄로 인해 심각한 경제 위기를 겪고 있었다. 이에 시장 경제를 도입하고 외국에 경제를 개방해 경제 성장을 꾀한 것이었다. 도이머이 정책에 힘입어 1990년대에 들어서면 국내 총생산이 연평균 8퍼센트 내외로 빠르게 늘어나고, 살인적인 물가 상승도 점차 잦아든다. 1995년에는 미국과의 국교도 재개해 경제 성장에 더욱 박차를 가한다.

1 호헌 │ 헌법을 고수하는 것을 말한다. 당시 헌법에 따르면 국민은 대통령을 직접 뽑을 수 없었으며, 전두환 대통령은 "현행 헌법대로 대통령을 선출하겠다"(4월 13일)라는 뜻을 분명히 했다. 이와 달리 대다수 국민은 직선제로 헌법을 바꿀 것을 요구했다.

7월 9일에 열린 고 이한열 영결식

2 노동자 대투쟁 │ 6월 말까지 2725개이던 노동조합이 연말에는 4086개로 증가했다. 한편 중소 규모 사업장의 여성 노동자가 주축이던 한국 노동 운동은 노동자 대투쟁을 계기로 대규모 사업장의 남성 노동자 중심으로 재편됐다.

제13대 대선이 치러진 12월 16일 자 신문 1면
대한항공 여객기 폭파범 '마유미(김현희)'가 서울로 압송되는 사진이 크게 실려 있다.

3 야권 분열 │ 2위를 한 김영삼 후보와 3위를 한 김대중 후보가 얻은 표를 합하면 1240만 표가 넘었다. 노태우 후보는 828만 표를 얻었다.

6월항쟁이 일어나다

1월 14일, 서울대생 박종철이 민주화 운동과 관련해 경찰 조사를 받다가 사망했다. 물고문으로 인한 질식사였다. 경찰은 처음에 고문 사실을 감췄고, 나중에는 말단 경관 2명을 구속하는 것으로 사건을 마무리하려 했다. 5월 18일, 천주교정의구현전국사제단이 박종철 고문치사 사건을 정권 차원에서 은폐·조작하려 했다고 폭로했다. 뒤이어, 6월 9일 시위에 나섰다가 경찰이 쏜 최루탄을 맞은 연세대생 이한열이 사망하자 정권을 규탄하는 시위가 방방곡곡에서 일어났다. 거리는 "호헌[1] 철폐, 독재 타도", "종철이·한열이를 살려 내라"는 함성으로 가득 찼다. 시위를 강경 진압하던 전두환 정권은 당황했다. 6월 29일, 여당인 민주정의당의 노태우 대표가 대통령 직선제를 수용하겠다고 선언했다. 6월항쟁은 독재를 연장하려는 정권의 의도를 시민의 힘으로 꺾은 역사적 사건이라는 평가를 받고 있다.

노동자 대투쟁이 전개되다

7~9월 사이에 사상 최대의 노동자 투쟁이 벌어졌다. 노동자들은 '경제 성장의 주역임에도 그에 걸맞은 대우를 받지 못하고 있다'며 노동조합을 결성하고 임금 인상, 인간적인 처우 등을 요구했다. 중화학공업 대공장이 몰려 있는 울산, 창원, 거제를 비롯해 전국 곳곳에서 민주노조가 결성됐다. 노동자 대투쟁은 노동자의 권리를 향상시키며 한국 노동 운동 역사에 한 획을 그었다[2].

대한항공 여객기 폭파 사건이 일어나다

11월 29일, 115명을 태운 대한항공 여객기가 버마 인근 해역 상공에서 폭파됐다. 폭발물을 설치한 것은 북한 공작원 김승일과 김현희였다. 김승일은 체포되기 직전 자살하고, 김현희는 체포돼 대통령 선거 전날 국내로 압송됐다.

제13대 대선에서 노태우 후보가 승리하다

12월 16일에 치러진 제13대 대통령 선거에서 여당인 민주정의당의 노태우 후보가 승리했다. 여당이 이긴 원인 중 하나는 야권 분열[3]이었다. 이 선거는 1971년 이후 16년 만에 직선제로 치러진 대선이었다.

아메리카

인류가 아프리카에서 기원했다는 가설이 제기되다

1월 1일, 미국의 생물학자 앨런 윌슨과 동료들이 모든 인류가 약 20만 년 전에 아프리카에 살았던 한 여성[1]의 후손이라고 주장했다. 윌슨 등은 다양한 민족의 여성 147명의 미토콘드리아 DNA를 분석해 이러한 연구 결과를 내놓았다.

세포질에 들어 있는 미토콘드리아 DNA는 모계로만 유전돼 아버지의 DNA와 섞이지 않는다. 그래서 원칙적으로는 모든 인류의 DNA가 동일해야 하지만 여러 세대가 지나고 발생지에서 멀어질수록 더 많은 돌연변이가 일어난다. 여러 민족들 사이의 돌연변이의 차이를 비교해 아프리카를 인류의 기원지로 밝혀낸 것이다.

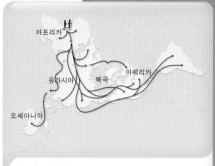

인류의 이동 경로

1 미토콘드리아 이브 | 20만 년 전에 아프리카에 살았던 모든 인류의 어머니를 '미토콘드리아 이브'라고 부른다.

아시아

타이완에서 38년 만에 계엄이 해제되다

7월 15일, 타이완의 국민당 정부가 1949년 공산당에 패해 중국 대륙에서 밀려난 지 38년 만에 계엄을 해제했다. 계엄 기간 동안 타이완에서는 국민당의 일당 독재 아래 집회와 시위가 금지되고 자유로운 언론 활동도 통제를 받았다. 이후 타이완은 총통 직선제와 복수 정당제를 도입하는 등 점진적인 민주화의 길을 걷는다.

타이완 민주화 운동을 하다 1989년에 분신자살한 첸닐롱

아시아

팔레스타인에서 제1차 인티파다가 시작되다

12월 8일, 이스라엘이 점령하고 있는 팔레스타인 가자 지구에서 이스라엘군 차량에 팔레스타인 청년 4명이 목숨을 잃는 사건이 일어났다. 이를 계기로 팔레스타인의 제1차 인티파다[2]가 시작됐다. 팔레스타인 사람들은 기관총과 전차로 무장한 이스라엘군에 돌을 던지며 맞서 싸웠다.

국제 사회 또한 팔레스타인 문제에 본격적으로 관심을 기울이기 시작했다. 1988년 11월 팔레스타인해방기구(PLO)는 이스라엘과 팔레스타인이 공존하는 평화안을 제시하고, 국제 사회도 지지를 표한다. 마침내 1993년 9월 13일 PLO와 이스라엘은 미국의 중재로 '영토와 평화를 맞바꾸는' 오슬로협정을 맺는다. 이스라엘은 가자 지구와 요르단강 서안 지역을 반환해 팔레스타인 자치 정부[3]가 수립될 수 있도록 하고, 그 대신 아랍 세계는 이스라엘의 생존을 보장한다는 내용이다. 이에 따라 1996년 2월 팔레스타인 자치 정부가 수립된다. 그러나 이스라엘군 철수와 점령지 반환 문제를 두고 양측의 갈등은 여전히 계속되고 있다.

2 인티파다 | '봉기' 또는 '반란'이라는 뜻으로, 이스라엘 지배에 대한 저항 운동을 의미한다.

3 팔레스타인 자치 정부 | 입법권과 행정권은 있지만 국방권과 외교권이 없어 완전한 주권을 갖지 못하고 있다.

브라질의 한 만화가가 인티파다를 지지하며 그린 〈전 세계의 인티파다〉라는 작품이다.

총선 결과 여소야대 국회가 만들어지다

4월 26일에 치러진 제13대 총선 결과, 여당인 민주정의당은 전체 의석의 절반에 훨씬 못 미치는 의석을 확보하고 야당이 다수 의석을 차지했다(여소야대, 與小野大).[1] 1987년 대선 때와 마찬가지로, 제13대 총선에서도 지역주의 구도가 강하게 나타났다.

5월 15일, 세계 최초 '국민주 언론'[2] 『한겨레신문』이 창간되다

국내에서 휴대전화 생산이 시작되다

삼성전자가 국내 최초로 휴대전화를 만들었다. 서울올림픽을 찾은 외국 귀빈에게 선물하기 위해 생산한 SH100이라는 모델이었다. 초기 휴대전화는 크기가 벽돌만 하고 가격도 매우 비쌌다. 휴대전화는 1990년대 후반부터 대중화한다.

제24회 올림픽이 서울에서 열리다

9월 17일부터 10월 2일까지 제24회 하계 올림픽이 서울에서 열렸다. 서울올림픽에는 몬트리올올림픽(1976년) 이후 12년 만에 동서[3] 양 진영이 모두 참가했다.

제5공화국 관련 청문회가 열리다

11월 3일, 한국 최초의 청문회가 열렸다. 대통령 재임 시절 수천억 원을 불법으로 모은 전두환 일가의 비리, 5·18민주화운동과 언론 통폐합에 관한 청문회였다. 초미의 관심사는 5·18민주화운동 당시 시민을 학살한 과정의 진상을 규명하는 것이었으나 전두환 정권을 계승한 노태우 정권은 진상 규명을 꺼렸다. 수많은 시민들이 '전두환을 처벌하라'며 거리에 나섰고, 여소야대 국면에서 정국의 주도권을 쥔 야당들도 정부를 압박했다. 결국 노태우 정권은 청문회 요구를 수용했다.

청문회는 언론 역사상 최초의 국정 생중계로 진행됐다. 시민들은 청문회에 뜨거운 반응을 보였다.[4] 전두환은 국민적 열기에 밀려 1989년 12월 31일 청문회 증인으로 국회에 출석한다. 그러나 전두환은 5·18민주화운동 당시의 학살과 무관하며 시민에 대한 발포가 '(정당한) 자위권 발동' 차원에서 이뤄진 일이라고 발언해 많은 국민을 분노하게 한다.[5]

그리스 아테네의 헤라 신전을 찾은 서울올림픽 마스코트 호돌이

1989년 12월 31일 국회 증언대에 선 전두환 전 대통령이 발뺌으로 일관하자, 평화민주당의 이철용 의원이 단상에 올라가 증인을 질타하고 있다.

아시아

버마에서 민주화 운동이 일어나다

8월 8일, 버마의 수도 랑군(지금의 양곤)에서 항구 노동자들의 파업을 시작으로 군사 정권의 퇴진과 민주화를 촉구하는 대규모 시위가 터져 나왔다. 당시 버마에서는 네 윈 장군이 이끄는 군사 정부의 독재(1962년 참조)와 경제적 어려움이 극한으로 치닫고 있었다. 정부는 군대를 동원해 1000명이 넘는 시민들을 무자비하게 학살했지만, 시위는 오히려 전국으로 확대됐다. 결국 5일 뒤 네 윈은 사임을 발표하고 물러났다.

그러나 9월 18일 네 윈의 측근인 소 마웅 장군이 이끄는 신군부가 쿠데타를 일으켜 다시 정권을 강탈했다. 신군부는 시민들의 반발을 무마하기 위해 복수 정당제 아래의 민주적인 총선거를 약속했다. 1990년 5월 27일 총선거가 치러졌고, 아웅산 수치가 이끄는 민족민주동맹(NLD)이 과반수의 의석을 차지하며 압도적인 승리를 거뒀다. 하지만 신군부는 당선자들을 체포하고 선거 무효를 선언하며 정권을 넘겨주기를 거부했다. 이후 20여 년간 버마에서는 엄혹한 군사 독재가 계속된다.

버마 민주화 운동

아웅산 수치
버마 독립운동의 영웅 아웅산의 딸이다. 민주화 운동의 상징적인 존재이며, 비폭력 평화 노선을 따르고 있다.

아시아

알카에다가 결성되다

사우디아라비아 출신의 오사마 빈 라덴이 미국과 이스라엘에 맞서는 무장 단체 알카에다를 결성했다. 빈 라덴은 억만장자의 아들로, 유산으로 물려받은 수억 달러의 재산을 알카에다의 활동 자금으로 쏟아부었다. 이슬람 원리주의를 신봉하며 적극적인 무장 투쟁을 통해 아랍 지역에서 서구 및 크리스트교 세력을 몰아내야 한다고 믿었다.

알카에다는 1998년 케냐와 탄자니아의 미국 대사관 폭탄 테러, 2000년 미국 군함에 대한 자살 폭탄 테러 등을 저지르고, 2001년 9월 11일에는 미국 뉴욕의 세계무역센터 건물을 공격해 수천 명의 무고한 시민을 살해한다(2001년 참조). 지금도 파키스탄, 수단, 아프가니스탄, 사우디아라비아 등을 중심으로 활동을 계속하고 있다.

1 버마 | 지금의 미얀마. 1988년 쿠데타로 집권한 신군부는 나라 이름을 버마에서 미얀마로 바꾼다. 버마족만이 아니라 나라 안의 여러 소수 민족들을 포용한다는 의미였다. 하지만 NLD 등 민주화 운동 세력은 군사 정권이 마음대로 바꾼 것이라며 미얀마라는 국호를 쓰지 않고 있다.

2 오사마 빈 라덴 | 2011년 5월 2일 파키스탄의 은신처에서 미군 특수부대의 공격을 받아 살해된다.

오사마 빈 라덴이 등장한 선전 포스터

공산권 국가들과 연이어 수교하다

1월 1일, 한국과 헝가리가 국교를 맺었다. 이를 시작으로, 한국은 냉전이 한창일 때 대립했던 공산권 국가들과 연이어 수교했다. 폴란드와는 11월에, 소련과는 1990년 10월에 국교를 맺는다. 6·25전쟁 때 적국이던 중국과도 1992년 8월 수교한다.[1] 중국은 2004년 미국을 제치고 한국의 최대 교역국으로 떠오른다.

1 중국과의 수교 | 중국이 고수하는 '하나의 중국' 원칙에 따라 한국은 타이완과 단교한다.

2월, 대학생의 과외 교습을 허용하다

북한을 방문해 김일성 주석을 만난 문익환 목사(왼쪽에서 세 번째)

문익환 · 임수경 등이 북한을 방문하다

3월 25일, 문익환 목사가 북한을 방문했다. 6월에는 대학생 임수경이 방북했으며 작가 황석영, 야당 의원 서경원 등도 이해에 북한을 찾았다. 이들은 모두 북한과 교류를 활성화해 통일을 앞당긴다는 취지로, 정부의 허가를 받지 않고 방북했다. 정부는 이들을 처벌하고 공안 정국을 조성했다. 한편 이 무렵 대학가에서는 통일 운동과 북한바로알기운동이 전개됐다.

주가가 최초로 1000포인트를 돌파하다

2 주가 1000포인트 돌파 | 1000포인트를 돌파한 지 1년 5개월 후인 1990년 8월 500포인트대로 폭락한다.

3월 31일, 종합주가지수(주가)가 처음으로 1000포인트를 넘어섰다.[2] 주가는 3저 호황이 시작된 1986년부터 상승 곡선을 그렸고, 투기 분위기가 조성되면서 급등했다가, 3저 호황이 막을 내린 후 급락한다. 주가 급등락은 그 후에도 한국 경제에서 반복해서 나타난다.

전국교직원노동조합이 만들어지다

3 전교조 가입 교사 해직 | 이때 해직된 교사 중 1294명은 1994년 신규 채용 형식으로 교단에 돌아온다.

5월 28일, 교사들의 노동조합인 전국교직원노동조합(전교조)이 결성됐다. 전교조 발기인으로 이름을 올린 교사는 1만 8000명이 넘었다. 이들은 입시 경쟁 위주의 교육을 멈추고 '민족·민주·인간화'를 핵심으로 하는 참교육을 지향해야 한다고 주장했다. 또한 '교사도 노동자'임을 선언했다. 정부는 전교조를 불법 단체로 규정하고, 전교조에 가입한 교사들을 학교에서 쫓아냈다(9월 초까지 교사 1519명 파면 혹은 해임).[3] 전교조는 10년 후인 1999년 합법 단체로 인정받는다.

교사들은 1960년 4·19혁명 직후에도 한국교원노동조합을 만든 적이 있다. 한국교원노동조합은 1961년 5·16쿠데타 이후 탄압을 받아 해산됐다.

전교조 교사에 대한 징계 방침에 항의하며 "선생님을 돌려 달라"라고 외치는 학생들

아메리카

엑슨발데즈호 석유 유출 사고가 벌어지다

3월 24일, 미국 알래스카 주 프린스윌리엄만에서 이때까지 역사상 최악의 해상 석유 유출 사고가 일어났다.[1] 세계 최대의 석유 회사인 엑슨(지금의 엑슨모빌)의 초대형 유조선 엑슨발데즈호가 좌초해 4200만 리터에 달하는 석유가 바다로 흘러나온 것이다. 1600킬로미터에 이르는 해안이 오염돼 연어, 해달, 물개, 바닷새 등 수많은 동식물이 몰살하는 생태학적 대재앙이 초래됐다.

석유를 뒤집어쓰고 죽은 바닷새들

아시아

제2차 톈안먼 사건이 일어나다

6월 4일, 중국 베이징의 톈안먼광장에서 정부가 학생과 시민의 민주화 시위를 무력 진압했다. 군대의 발포로 800명 이상이 목숨을 잃고 1만 4000명이 부상했으며, 수많은 운동가들이 체포되거나 해외로 망명했다.

개혁 개방(1978년 참조) 이래 중국의 경제는 빠르게 성장했지만, 지역과 계층의 격차가 커지고 물가가 크게 올랐으며 실업자도 늘어났다. 또한 공산당과 정부 관료들의 권력 남용과 부패도 심해졌다. 지식인과 학생들은 이를 해결하기 위해 민주화를 포함한 정치 개혁이 시급하다는 주장을 내놓았다. 공산당 지도부 역시 민주화에 공감하는 개혁파와 강경한 대응을 주장하는 보수파로 나뉘었다.

1986년 12월부터 전국 대학에서 민주화 시위가 벌어졌다. 최고 권력자 덩샤오핑은 후야오방 총서기가 온건한 대응으로 오히려 사태를 키웠다며 그를 쫓아냈다. 그러나 1989년 4월 15일 후야오방이 사망하자 추모 집회를 계기로 시위가 다시 불붙었고, 100만 명이 넘는 학생과 시민들이 톈안먼광장으로 속속 모여들었다. 후야오방의 후임자인 자오쯔양은 애국적인 운동이라며 옹호했지만, 덩샤오핑은 공산당과 사회주의 체제를 무너뜨리려는 반혁명 세력의 폭동이라고 비난했다. 결국 계엄령이 선포된 가운데, 6월 4일 군대가 투입돼 톈안먼광장의 시위대를 총칼로 진압하기에 이른다.

이후 중국에서 민주화 운동은 더는 발붙일 곳이 없어지고, 정치적으로 매우 억압적인 분위기가 조성된다. 또한 시위대에 동조했다는 이유로 자오쯔양이 실각하고 장쩌민이 새로 총서기에 올라 덩샤오핑의 후계자로 부상한다.

1 역사상 최악의 석유 유출 사고 | 2010년 미국 멕시코만에서 영국 BP사의 석유 시추 시설이 폭발해 엑슨발데즈호 사고의 약 20배에 이르는 석유가 유출된다.

1989년 당시 톈안먼광장

유럽

독일에서 베를린장벽이 무너지고, 폴란드, 헝가리, 루마니아, 체코슬로바키아 등 동유럽의 공산당 정권이 붕괴하다(134~135쪽 참조)

3당 합당이 이뤄지다

3당 합당 결과 '대립 정치에서 협력 정치 시대로' 나아가게 됐다고 주장하는 『민정신문』 (민주정의당 당보)
3당 합당에 대해 '야합'이라는 비판이 일자, 3당 합당을 옹호하고자 1월 31일에 발행된 호외

1월 22일, 민주정의당(여당)의 노태우 대통령과 통일민주당(제2야당)의 김영삼 총재, 신민주공화당(제3야당)의 김종필 총재가 3당 합당을 선언했다. 세 정당은 민주자유당(민자당)으로 재탄생했다. 이로써 정치권은 1988년 총선 결과 만들어진 여소야대 국면에서 거대 여당인 민자당과 제1야당인 평화민주당의 대립 구도로 재편됐다.

3당 합당은 1955년 이래 일본을 통치한 자유민주당(1993년 참조)을 모델로 한 '보수 대연합'이었다. 이를 통해 영구 집권의 기반을 마련하고자 했으며, 이로써 김대중의 평화민주당은 고립의 위기를 맞았다.

3당 합당 후 김영삼은 '야합했다'는 비판을 받았다. 30년 넘게 군사 독재 정부와 대립각을 세우다, 3당 합당을 통해 박정희 정권과 전두환 정권을 이어받은 신민주공화당·민주정의당과 한배를 탔기 때문이다.

보안사의 민간인 사찰이 폭로되다

1 보안사 | 1212쿠데타의 주역인 신군부 인사들 중 많은 수가 보안사 출신이었다. 전두환·노태우는 보안사령관을 역임했다.

영화 〈모비딕〉

2 보안사 민간인 사찰 사건 | 2011년에 개봉된 〈모비딕〉은 이 사건을 모티브로 만들어진 영화다.

10월 4일, 윤석양이 국군보안사령부(보안사)[1]의 민간인 사찰 실태를 폭로했다. 윤석양은 보안사 소속 이병으로서 보안사로부터 프락치(1982년 참조) 활동을 강요당했다. 양심의 가책을 느낀 윤석양이 민간인 사찰 자료를 들고 보안사를 몰래 빠져나와 양심선언을 한 것이다.

윤석양이 공개한 자료에는 보안사가 정치·사회·경제·언론 등 각 분야의 주요 인사 1300여 명을 사찰한 내용이 담겨 있었다. 정부에 비판적인 재야인사들뿐만 아니라 야당 총재인 김대중과 김수환 추기경도 사찰 대상이었다. 군대 내 보안을 담당하고 간첩을 막는 일을 하도록 규정된 보안사가 민간인을 은밀히 감시한 것은 명백한 불법이자 인권 유린이었다. 이 사건[2]으로 국방부 장관과 보안사령관이 해임되고, 보안사는 국군기무사령부(기무사)로 이름을 바꿔야 했다.

한편 현역 군인의 양심선언은 2년 후에도 이뤄진다. 14대 총선을 이틀 앞둔 1992년 3월 22일, 육군 중위 이지문은 군 부재자 투표에서 여당 지지 투표 강요 등 광범위한 부정행위가 이뤄졌다고 폭로한다.

유럽

소련이 카틴숲 학살 사건에 대해 사과하다

4월 13일, 소련 대통령 고르바초프가 이른바 카틴숲 학살 사건에 대해 사과의 뜻을 밝혔다. 소련은 1939년 독일과 불가침 조약을 맺은 뒤 폴란드의 동쪽 지역을 점령했다. 이때 수천 명의 폴란드 군인이 체포됐으나 이후 이들의 행방은 묘연했다. 제2차 세계대전 당시 독일은 카틴숲에서 대량의 시신이 매장된 것을 발견하고 소련이 학살을 저질렀다고 비난했다. 그러나 소련은 독일군의 만행이라고 반박했고, 영국과 미국도 소련과의 동맹을 고려해 이러한 주장을 지지했다.

그러나 이때 소련 정부가 밝힌 바에 따르면, 1940년 4월 소련 비밀경찰이 폴란드의 군인과 경찰, 지식인, 예술가, 성직자 등 2만 2000명을 대량 학살하고 카틴숲 부근에 암매장했다. 훗날 폴란드가 소련으로부터 독립을 꾀할 것을 우려해 저지른 일이었다.[1]

1 카틴숲의 비극 | 2010년 4월 10일 레흐 카친스키 폴란드 대통령 일행이 카틴숲 학살 70주기 추모식에 참석하기 위해 현장으로 가던 중, 대통령 전용기가 추락해 대통령을 비롯해 96명의 탑승객 전원이 사망하는 비극이 또다시 일어난다.

아시아

걸프전쟁이 벌어지다

8월 2일, 이라크군이 쿠웨이트를 침공해 고작 몇 시간 만에 전역을 점령했다. 사담 후세인 이라크 대통령은 쿠웨이트의 석유 과잉 생산으로 국제 유가가 하락해 이라크 경제가 타격을 입었으며, 쿠웨이트는 서구 열강의 자의적인 영토 분할에 의해 탄생한 괴뢰 국가로서 이라크의 당연한 영토라고 주장했다.

유엔은 즉각 미국의 주도로 일련의 결의안을 채택해 이라크에 대한 경제 제재에 나서는 한편, 쿠웨이트에서 철수하지 않으면 무력행사에 나설 것임을 천명한다. 이라크가 철수를 거부하자, 1991년 1월 17일 미국 등 34개 나라로 이뤄진 다국적군은 이라크에 대한 대규모 공중 폭격을 감행한다. 다국적군은 한 달여 동안 약 10만 회의 공중 폭격을 가해 이라크 영토를 초토화시키고, 2월 24일 지상군을 투입해 이라크군을 쿠웨이트에서 몰아낸다.

이라크와 쿠웨이트

이 전쟁은 명목상 유엔 산하의 다국적군이 주도했지만, 다국적군 70만 명 가운데 40만 명 이상이 미군이었을 정도로 사실상 미국의 전쟁이었다. 아라비아 지역의 석유 자원을 안정적으로 확보하려는 목적이 가장 컸다. 또한 CNN 등 방송 매체를 통해 그 과정이 전 세계에 실시간으로 보도된 최초의 전쟁이기도 했다. 스텔스 폭격기와 패트리어트 미사일 등 첨단 무기들이 화려한 스펙터클을 선사했다. 그러나 정작 그러한 무기들에 희생된 수십만의 이라크인들의 모습은 텔레비전 화면에 비치지 않았다.

미군의 F-15E 전폭기(상)
파괴된 이라크군 전차(중)
불타는 쿠웨이트 유전(하)

유럽

10월 3일, 독일이 통일되다 (134～135쪽 참조)

동유럽 사회주의의 종말

1989~1990년

1989~1990년, 제2차 세계대전 이후 냉전의 한 축을 이뤄 온 동유럽의 사회주의 체제가 붕괴했다.

직접적인 원인은 소련 대통령 고르바초프의 태도 변화였다. 고르바초프는 "한 나라의 미래와 그 체제는 그 나라 국민들이 결정해야 한다. 어떤 나라도 다른 나라의 국내 문제에 간섭하거나 압력을 가해서는 안 된다"라고 선언했다. 소련이 더는 동유럽 나라들의 국내 정치에 개입하지 않겠다는 의지를 명확히 한 것이었다.

헝가리, 폴란드, 루마니아, 체코슬로바키아, 동독 등 대개의 동유럽 나라들은 제2차 세계대전 종전 과정에서 소련군에 점령됨으로써, 자신들의 의사보다는 소련의 강요로 사회주의 체제를 받아들인 나라들이었다. 특히 헝가리와 체코슬로바키아 등에서는 시민들의 자유화 운동이 소련군에 짓밟힌 바 있어(1956년, 1968년 참조) 소련에 대한 반감이 몹시 뿌리 깊었다. 나아가 1980년대 이후 극심한 경제 침체까지 찾아오자, 소련의 간섭에서 벗어나고 시장 경제를 받아들일 것을 요구하는 반정부 세력에 대한 지지가 매우 광범위했다.

이런 상황에서 소련의 군사적 개입을 걱정할 필요가 없게 되자, 자유화와 민주화를 요구하는 동유럽 시민들의 목소리가 한꺼번에 터져 나온 것이었다.

사회주의 체제의 붕괴는 헝가리와 폴란드에서 가장 먼저 시작됐다. 헝가리는 1989년 1월 복수정당제를 도입했고, 10월 23일 헌법을 개정해 국호를 헝가리인민공화국에서 헝가리공화국으로 바꿈으로써 사회주의 체제의 포기를 선언했다. 나아가 1990년 4월 자유선거로 치러진 총선에서 개혁파가 연립 정부를 구성했다. 폴란드에서는 1989년 6월 4일 반소(反蘇), 반공(反共) 노선의 자유노조가 총선에서 압승해 연립 정부를 출범시켰고, 1990년 12월에는 자유노조의 지도자 레흐 바웬사가 대통령에 당선됐다.

루마니아에서는 공산당 서기장과 국가평의회 의장, 대통령을 겸직하며 20여 년간 폭압적인 권력을 휘둘러 온 니콜라에 차우셰스쿠가 민중 혁명으로 축출됐다. 차우셰스쿠는 시민들에 대한 발포 명령을 내렸으나 군인들은 이 명령을 따르지 않았다. 결국 차우셰스쿠는 1989년 12월 25일 군사 재판을 거쳐 처형당하는 비극적인 최후를 맞았다. 이에 반해 체코슬로바키아에서는 평화적인 정권 교체(벨벳혁명)가 이뤄졌다. 1989년 11월 개혁 세력이 반정부 단체인 시민포럼을 결성하고 격렬한 시위에 나서자, 공산당은 헌법을 개정해 공산당의 지도적 역할을 포기했다. 이후 12월의 총선에서 시민포럼이 크게 승리해 개혁 세력의 연립 정부를 출범시켰다.

유럽 유일의 분단국이던 독일 또한 동독의 사회주의 정권이 무너짐에 따라 41년 만에 통일을 맞는다. 1989년 헝가리가 오스트리아 국경에 설치돼 있던 철조망을 철거한 후

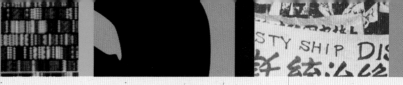

수많은 동독인들이 헝가리를 거쳐 서독으로 탈출했다. 11월 들어 국내에서도 자유선거와 복수정당제 도입을 요구하는 대규모 시위까지 격렬히 전개되자, 동독 정부는 11월 9일 밤 동베를린과 서베를린을 가르던 베를린장벽을 철거하고 자유 왕래를 허용했다. 1990년 10월 3일 마침내 동서독은 동독이 서독의 경제 제도와 사회 제도를 받아들이며 서독의 체제 속에 편입되는 형식으로 통일됐다.

동유럽의 정세 변화

1989년 1월	헝가리 복수정당제 도입
1989년 6월 4일	폴란드 자유노조 총선승리
1989년 11월 9일	베를린장벽 붕괴
1989년 12월 25일	루마니아 차우세스쿠 처형
1989년 12월 29일	체코슬로바키아 벨벳혁명
1990년 10월 3일	독일 통일

1989년 11월 9일 베를린장벽 앞에 모인 시위 군중

땡전뉴스[1]

행복은 성적순이 아니잖아요.[2]

탁 치니 억 하고 죽었다.[3]

1 방송사들이 권력자인 전두환에게 아부한 양태를 풍자한 말
1980년대 방송사들의 '9시뉴스'는 '땡'(밤 9시가 됐음을 알리는 시보) 소리 후 "전두환 대통령은 오늘 (……)"이라는 식의 권력자 동정 보도로 시작하는 게 관례였다. '땡전뉴스'에 분노한 시민들은 KBS 수신료 납부 거부 운동을 벌였다.

2 1986년 어느 여중생이 남긴 유서의 한 구절
이 여중생은 입시 위주 교육에 절망해 이러한 유서를 남기고 스스로 목숨을 끊었다. 이 사건은 많은 사람에게 충격을 줬으며 1989년에 같은 제목의 영화 〈행복은 성적순이 아니잖아요〉로도 만들어졌다.

3 박종철고문치사사건을 은폐하려던 경찰의 변명
경찰의 고문으로 박종철이 숨지자 경찰은 위와 같이 발표해 고문 사실을 은폐하려 했다. 이치에 맞지 않는 경찰의 해명은 시민들을 더 분노하게 만들었다.

이 모든 것은 생명 전략의 일부입니다.
선거는 우리들의 목표가 아니라
생명을 위한, 인류의 생존을 위한
여러 가지 수단 가운데 하나일 뿐입니다.[1]

서로 다른 사회 체제를 갖고 있는 나라들
사이의 평화 공존을 더 이상 '계급 투쟁의
한 형태'로 정의할 수는 없다. (……)
각 나라의 집권당이 자기 나라가 직면한
문제들에 독자적으로 책임을 지고 대처할
권리를 갖는다는 것에는 논란의 여지가 없다.[2]

[1] 독일 녹색당 소속 연방의회 의원 페트라 켈리의 말
자신들이 정치에 참여하는 궁극적인 목표가 지구 환경과 인류의 생존을 위한
것이라고 밝히고 있다.

[2] 미하일 고르바초프 소련 대통령의 『페레스트로이카』에서
고르바초프는 세계 혁명의 포기 및 자본주의 진영과의 평화 공존을 선언하고,
소련이 동유럽 사회주의 국가들의 내정에 더는 개입하지 않을 것임을
공표했다.

SAMSUNG

삼성전자 (Samsung Electronics)

1969년 설립된 한국의 대표적 재벌기업 삼성그룹의 핵심 사업체인 다국적 기업이다. 70~80년대 일본의 대형 전자업체 NEC와 중간 규모 가전업체 산요의 하청을 통해 가전제품 조립, 생산 공정을 익혔고 1984년 64KD램을 시작로 단기간에 선진국과 메모리 반도체 개발, 생산 기술 격차를 좁히고 한걸음 빠른 생산 능력과 다음 세대 제조 설비를 먼저 확보하는 과정을 반복하며 반도체 산업에 큰 성공을 거두었다. 뛰어난 마케팅 능력으로 반도체에 이어 LCD 사업과 HDTV 등의 백색가전 산업과 휴대폰 산업까지 성공을 거두면서 백색 가전과 반도체, 휴대폰 생산 등을 병행하는 전통적인 가전제품 중 세계 최대 매출의 기업으로 성장했다. 개인용 IT 및 가전기기 대부분을 생산한다.

LG

LG전자 (LG Electronics)

1958년 금성사(주)로 출발한 종합 전기 전자제품업체로서 재벌그룹인 럭키금성그룹에서 IT, 가전을 중심으로 분리한 LG그룹 산하 기업이다. 스마트폰 시장이 본격화 되기 직전까지 숫자키를 누르는 방식의 피처폰 분야에서 좋은 평판을 얻었다. 삼성과 함께 세계 LCD 패널과 HDTV 시장의 큰 비중을 차지하고 있다. LCD, 백색 가전과 휴대폰이 주력 사업이며 통신사업을 병행하고 있다. 반도체 사업부분은 IMF 외환 위기 때 구조조정되어 현재의 하이닉스 반도체가 되었다.

네이버 (Naver), 다음 (DaumCommunications Corp.)과 한국의 인터넷 사이트들

네이버는 1997년 삼성SDS의 사내 벤처를 모태로 하여 1999년 서비스를 시작했다. 다음은 1995년 설립되어 97년 무료 이메일 서비스 한메일넷을 시작하였고 99년 다음으로 이름을 바꾸고 인터넷 포털사이트로 개편하였다. 이들 업체를 비롯하여 90년대 후반 IT 산업과 가정용 고속 인터넷망 설치, PC방 열풍을 타고 야후, AOL 등의 미국 포털사이트와 소셜네트워크를 벤치마킹하거나 독자적인 아이디어로 출발한 싸이월드, 아이러브스쿨, 한미르, 네이트, 드림위즈 등 신생 포털 및 커뮤니티 사이트가 난립하며 같은 시기에 라이코스, 야후, MSN 등 미국 포털 사이트들의 한국 진출도 이뤄졌다. 이후 수년에 걸쳐 네이버, 다음, 네이트를 중심으로 통폐합 되고 경쟁이 줄어들면서 검색과 인터넷 뉴스, 광고 시장 독점, 특히 정보 검색 범위를 국내 포털 사이트 내부에서 맴돌게하는 검색 방식 등 폐해도 나타났다.
같은 시기 옥션, 인터파크, 에스24 등의 전자상거래 사이트도 출범했다.

KTF SK Telecom

KTF, SKT, LG 이동 통신업체들

90년대 후반 전세계적으로 인터넷 시대가 열릴 무렵 전국적으로 그 기반이 되는 광케이블망이 이미 깔려있던 한국은 이를 활용한 가정용 고속 인터넷 서비스 업체들이 비교적 저렴한 월정액제 형식의 서비스를 제공하는 한편 휴대전화 시장은 011번의 SK텔레콤, 015번의 서울시티폰, 016번의 KTF(현 KT), 017번의 신세기통신, 018번의 한솔정보통신, 019번의 LG 정보통신 등이 휴대전화 사업자들이 선정되어 경쟁했다.
시간이 흐르면서 가정용 인터넷과 휴대전화 사업자는 KT, SKT, LG 3개 사업체를 중심으로 통폐합됐다. 아파트와 도시에 인구가 집중되고 국토 면적이 넓지않은 한국은 단기간에 세계적인 수준의 인터넷, 이동전화 인프라를 구축했다.

1990년대

1991~2000

한반도에 민주화와 평화의 기운이 일고,
세계는 신자유주의 세계화의 소용돌이에 휩쓸리다

intel

인텔 (Intel)

1968년 7월 18일에 고든 무어와 로버트 노이스가 설립했다. 1971년 최초의 마이크로프로세서인 인텔 4004를 만들었다. 세계 최대의 반도체 제조 업체. 주로 중앙처리장치(CPU)를 설계 제조하고 다양한 원천 기술을 개발한다. 90년대 마이크로소프트의 윈도즈 운영체제와 함께 개인용 PC에 들어가는 x86 계열 CPU 시장이 급성장하면서 큰 성공을 거뒀고 두 회사는 시장에서 승리를 거듭하는 윈도우즈와 인텔이라는 의미를 지닌 '윈텔진영(Wintel : Windows + Intel)'이라는 조어로 불렸다.

IBM

IBM (International Business Machines Corporation)

터뷰레이팅머신사와 CTR사를 진신으로하며 1924년 지금의 회사명으로 변경했다. 기업 시장부터 개인 시장을 망라한 IT 및 기초, 응용 과학 등 폭넓은 투자와 개발 체계, 첨단 기술 특허를 가지고 있었으며 80~90년대 인텔의 x86 중앙 처리장치를 채택하여 XT와 AT로 불리는 PC를 개발하고 설계를 공개하여 여러 제조업체가 동일한 방식을 채택하면서 시장의 대부분을 차지했으며 IBM 호환 컴퓨터라고 불리우기도 했다. 한때 개인용 PC와 노트북 산업에 고전했으나 중국의 레노보사에 매각하고 기업 시장을 대상으로 한 하드웨어와 소프트웨어, 서비스에 전념하여 성공적으로 구조조정을 했으며 기업 전문가들로부터 기술력과 기업 경영 모두에서 높은 평가를 받고 있다.

TEXAS INSTRUMENTS   QUALCOMM   NORTEL NETWORKS

텍사스 인스트루먼트 (Texas Instruments), 퀄컴 (Qualcomm), 노텔 (Nortel)

텍사스 인스트루먼트는 TI라고도 불리며 반도체 제조 관련 원천 기술을 다수 보유한 업체로 90년대 한국, 일본과 미국과의 반도체 특허 분쟁에 자주 관련됐다. 현재도 휴대기기용 반도체를 비롯한 설계, 제조 사업을 활발히 이어오고 있다.
퀄컴은 1985년 어윈 M. 제이콥스와 MIT 동창생들이 설립했다. 미국 캘리포니아 주 샌디에이고에 본사를 두고 휴대전화를 비롯한 각종 무선통신 및 송수신 및 기지국용 원천 기술을 개발하고 칩을 제조했다. CDMA를 비롯한 각종 통신관련 특허비용으로 큰 이익을 얻고 있다.
노텔은 퀄컴과 같은 해 캐나다에서 설립됐다. 노텔 역시 통신 기술과 장비를 개발하고 연관 특허에서 이익을 얻었으나 2011년 파산하여 애플, 마이크로소프트, 소니-에릭슨 등의 회사가 연대한 컨소시움에서 노텔의 기술 특허를 사들였다.
퀄컴, 노텔과 텍사스인스트루먼트는 IT산업에서 원천 특허 기술을 가진 기업들이 차지하는 비중과 생존 방식을 보여 준다.

MOTOROLA   NOKIA

모토로라 (Motorola Inc.)와 노키아 (Nokia)

1928년 설립된 미국의 대표적인 반도체, IT 및 휴대전화 기술개발, 제조업체이다. 2000년대 후반 스마트폰 시대 적응이 늦어지며 방대한 특허와 함께 구글에 인수되었다.
노키아는 1865년 핀란드에서 제지회사로 시작했으며 본격적인 스마트폰 시대에 접어들기 직전 2009년까지 세계 최대의 휴대전화 제조업체였다. 마이크로 소프트와 손잡고 안드로이드와 애플 스마트폰에 맞서 변신을 꾀하고 있다.

hp

휴렛 패커드 (HP, Hewlett-Packard Company)

1939년 윌리엄 휴렛과 데이브 패커드가 공동 창업했다. 개인 및 기업 IT-컴퓨터에 관련된 다양한 제품을 제조, 유통했다. 개인용 PC는 물론 기업용 서버를 제조하며 개인용 및 사무용 프린터, 스캐너와 전문 인쇄용 디지털 사진 프린트와 인쇄 산업에 이르기까지 폭넓은 사업 영역을 구축하고 있다. 일반 소비자 대상 분야에서 휴대 기기가 IT 산업 매출의 중심을 차지하면서 변화를 모색하고 있다.

XEROX

제록스 (Xerox Corporation)

1906년 미국에서 설립된 문서관리, 사무기기 제조 업체이다. 1959년 최초의 복사기 제록스914를 1963년 최초의 일반 사무실용 복사기 제록스 813을 발표했다. 복사기 (Copier)라는 용어 대신 제록스라고 불렸을만큼 사무기기 분야에서 높은 명성을 가지고 있었다.

60년대 이미 컴퓨터 시장에도 뛰어들었으며 1970년부터 운영한 팔로알토 연구소는 마우스와 그래픽유저인터페이스와 같은 첨단 기술의 원형인 WIMP와 컴퓨터 간의 네트워크 기술을 개발했다. 일본의 후지쯔와 합작하여 후지제록스(Fuji Xerox)라는 이름으로 한국을 비롯한 아시아 시장에도 진출했다.

ORACLE

오라클 (Oracle Corporation)

1977년 래리 엘리슨이 미국 캘리포니아에서 창업하였다. 기업대상 전문적인 소프트웨어와 데이터 장비를 제조, 유통한다. IT산업에서는 일반 소비자 시장에는 널리 알려져있지 않지만 큰 비중을 차지하는 업체들이 존재하며 오라클은 그 대표적인 기업중 하나다.

코닥 (Eastman Kodak)

1821년 조지 이스트먼이 설립했다. 필름카메라 시대의 다양한 표준과 기술, 유통방법을 제시했으며 디지털 사진과 관련한 많은 원천 기술과 제품을 개발하였으나 일본의 경쟁사 후지 필름과 달리 디지털 시대에 연착륙하는데 실패하고 2012년부터 파산 보호 신청을 하고 많은 특허를 매각하고 있다.

Google™

구글 (Google)

세르게이 브린과 래리 페이지에 의해 1998년 설립된 웹 검색 서비스, 클라우드 컴퓨팅 회사이다. 경쟁사보다 월등한 성능의 검색 엔진을 바탕으로 단기간에 성장하고 투자를 유치하여 미국에서 야후, MSN, AOL 등의 포털사이트를 제치고 검색 분야 정상에 섰으며 이후 전세계 지사로 서비스를 확대했다. '사악해지지 말자'는 기업 모토를 내걸고 여러 분야의 창조적인 인재를 뽑고, 잠재된 정보를 없애고 효율적인 검색에 집중한 구글 검색엔진으로 큰 인기를 모았다. 지도와 번역을 비롯한 다양한 웹 검색 서비스와 웹브라우저 크롬 등을 성공적으로 보급했고 동영상 서비스 업체 유튜브, 스마트폰 경쟁에서 밀려난 모토로라, 리눅스를 바탕으로 한 휴대기기 운영체제 업체 안드로이드 등의 기술기업을 인수합병하고 휴대전화 개발 업체들과 협력하여 마이크로소프트, 애플 등의 소프트웨어 및 하드웨어 업체와 경쟁하는 위치에 있다. 광고 확대와 서비스를 제공하기 위해 광범위하게 사진과 정보 수집을 하는 행태를 국가별로 규제받거나 지적받기도 했다.

SONY®

소니 (Sony Corporation)

1946년 모리타 아키오와 이부카 마사루가 설립했다. 최초의 상업용 트랜지스터 라디오를 시판했다. 80년대 소니가 만든 트리니트론TV와 휴대용 카세트테입 재생기 워크맨은 오늘날의 아이패드나 아이폰과 같은 높은 평가와 인기를 누렸다.

창업주 모리타 아키오는 생전에 저서 『No라고 말할 수 있는 일본』을 통해 80년대 일본 산업의 경쟁력을 바탕으로 한 국제관계에서의 자신감을 드러내기도 했다.

가전, 음향, 방송 장비, 게임기, 음반, 영화, 휴대기기, 카메라 등 거의 모든 전자제품 분야와 게임 및 영상 컨텐츠, 일본 금융 부분에서 오랜 기간 중요한 위치를 점거하거나 정상을 차지했던 기업이다. 높은 기술력, 풍부한 컨텐츠를 디지털 시대의 급격한 변화에 적절히 활용하지 못했고 여러 분야에서 정상의 자리를 경쟁사에 내주었다. 현재는 이러한 상황을 타개하기위해 노력중이다.

냅스터 (Napster)

1999년 숀 패닝이 손 쉽게 MP3 파일 받아 듣고 공유할 목적으로 만든 P2P방식의 음악 공유 서비스였다. 저작권 침해 논란을 불러일으켰으며 2001년 현재 방식의 음악 유통 산업을 크게 흔들어 놓았다. 불법적인 음원 유통 서비스로 변질되지 못하고 2001년 서비스 중단했다. 냅스터 논란의 과정은 디지털 시대의 컨텐츠에 익숙해지는 중요한 계기가 되었다.

Apple Computer®

애플컴퓨터 (Apple Computer Inc.)

1976년 미국 캘리포니아에서 스티브 워즈니악과 스티브 잡스가 설립했다. 스티브 워즈니악이 만든 키보드와 모니터를 연결할 수 있는 최초의 상업적인 개인용 컴퓨터 애플1과 대량생산 제품화한 애플로 큰 성공을 거두며 개인용 PC 시대를 열었다. 이후 매킨토시컴퓨터로 그래픽유저인터페이스(GUI)를 대중용 컴퓨터에 상용화 했다. 90년대 후반 퇴사 위기에 몰렸으나 스티브 잡스가 CEO로 복귀하면서 아이팟, 아이맥, 티타늄과 알루미늄 소재의 노트북, 아이폰, 아이패드를 성공적으로 개발, 판매하며 아이튠즈로 합법적인 온라인 음원시장을 활성시켰다. 휴대기기로 영역을 확대하면서 회사명을 애플로 개명했다. 2011년 시가총액 1위 기업이 되었다. 자사 하드웨어와 소프트웨어의 품질을 잘 관리하지만 사용자 경험을 자사 위주로 통제한다는 편도 있다.

실리콘그래픽스(SGI:Silicon Graphics, Inc.)와 크레이 (Cray Inc.), 디지털 이큅먼트 (DEC, Digital Equipment Corporation)

실리콘그래픽스는 1982년 설립되었으며 3차원 그래픽, 시뮬레이션과 우리가 접하는 애니메이션을 구현하는 고성능 워크스테이션을 제조하고 운영체제, 그래픽프로그램을 만들었다. 크레이는 시모어 크레이가 1972년에 설립한 슈퍼컴퓨터 제조사이다. 슈퍼컴퓨터는 과학과 기상 분석, 3D 그래픽 등 PC나 서버로 단시간에 할 수 없었던 규모의 계산과 처리를 하는 용도로 만들어졌다. 크레이와 같은 고열의 처리 장치를 모아서 냉각수로 식히는 형태의 8-90년대 방식의 슈퍼컴퓨터는 IBM,HP 등의 만드는 여러 대의 서버를 병렬로 연결하는 방식의 슈퍼컴퓨터로 점차 자리를 내주었고 크레이사의 제품도 경쟁사와 유사하게 변화했다. 디지털 이큅먼트는 1957년 미국에서 설립됐다. digital이라는 상표명으로 알려졌으며 컴퓨터 분야의 첨단 설계 및 제조 기술을 보유했다. 알파칩 등 뛰어난 서버용 CPU를 개발하기도 했다. 훗날 HP가 인수하는 컴퓨터 제조사 컴팩에 1998년 합병되었다.

고성능의 전문적인 슈퍼컴퓨터 제조, 기술 업체들은 기술적 자산과 함께 대형 컴퓨터 업체들에 흡수되거나 비중이 줄어들었다.

amazon.com

아마존닷컴 (Amazon.com, Inc.)과 이베이 (eBay Incorporated)

1994년 제프 베조스가 창업하여 1995년 종이책의 소매 유통을 시작했다. 작고 빠른 기업을 추구했으나 큰 성공을 거두면서 생활용품 전반다루기 시작했다. 수익을 이북담기 보급에 돌려 온라인 컨텐츠 유통을 꾸준히 투자하여 성과를 내고 있다. 이베이는 1995년에 설립되었으며 온라인 경매와 아마존과 같이 셀러(판매업자)와 소비자 사이를 중개, 유통시키는 장터 역할을 하며 두 업체 모두 해외 지사를 설립하거나 온라인 쇼핑몰을 인수하여 전세계로 사업을 확장하고 있다.

Microsoft®

마이크로 소프트

앨런과 빌 게이츠가 설립하였다. IBM이 개인용 PC를 장악하던 시절 미국의 독과점 방지법에 의해 운영체제 판매 기회를 얻어 DOS를 시판하였고 애플의 매킨토시에서 사용하는 사무용 프로그램 엑셀을 판매하였으며 이러한 경험을 바탕으로 윈도 운영체제를 개발하고 1995년 당시 가장 성공적인 일반 소비자 대상 소프트웨어 마케팅 사례로 꼽히는 윈도95를 전세계에 판매하면서 큰 성공을 거두고 거대해진 PC시장에 거의 대부분의 PC제조사와 소비자의 선택을 받았으며 성공적으로 윈도 후속 제품을 발표하여 세계 90년대~2000년대 초반 세계 최대 매출의 IT업체로 성장했다. 여러 가지 하드웨어 제조에도 나서 2,000년대 후반 닌텐도Wii에 세계에서 두번째로 많이 팔린 가정용 비디오게임기 게임기XBOX 360을 판매했다. 노키아와 손잡고 스마트폰 시장에 재진입 중이다. 빌 게이츠는 일선에서 물러나 부인과 함께 설립한 자선단체인 게이츠 재단을 운영하고 있다.

AOL YAHOO! msn

AOL (America Online, Inc.), 야후 (Yahoo! Incorporate.), MSN (Microsoft Network)

1983년 비디오 제어 기술 업체로 시작한 AOL은 구리선으로 된 일반 전화회선을 모뎀을 거쳐 이용하는 텍스트 정보 위주의 PC통신 시대 최대 규모 업체였다. 이후 고속인터넷 시대에 들어와 가정용 인터넷 서비스를 제공하였다.

야후와 95년 마이크로 소프트가 만든 MSN는 국내 포털 사이트들의 초기 역할 모델로서 대표적인 인터넷 검색과 뉴스, 커뮤니티 서비스 제공업체였으며 한국시장에도 진출했다. 구글의 성장 이후로는 그 비중이 다소 낮아졌으나 여전히 많은 고정 사용자 층을 확보하고 있다. 야후는 2012년 한국시장에서 철수하겠다고 발표했다.

Panasonic TOSHIBA SHARP. JVC NEC FUJITSU Canon Nikon SANYO

파나소닉, 도시바, 샤프, JVC, NEC, 후지쯔, 캐논, 니콘, 산요

일본의 가전, 반도체, 컴퓨터 기업들은 70~90년대 세계 가전시장을 주름잡았다. 이들 유명 업체보다 작은 규모의 매출과 브랜드 지명도를 가지고 있던 산요는 한국의 삼성전자를 오늘날의 중국 생산 기지와 같은 하청 공장으로 활용했고 한국 기업들은 이렇게 하청생산이나 일본으로부터 핵심부품과 기술을 들여와 완제품을 만들고 생산과 설계의 노하우를 익혔다. 카메라 제조업체로 알려진 캐논과 니콘은 반도체 제조설비 제작 기업이기도 하다. 미국 기업들이 주도하는 2000년대 IT시대에 접어들면서 일본의 전자 업체들은 한국과 대만, 중국과의 제조업 경쟁에서 고전하고 있으나 여전히 높은 기술력을 가지고 있다.

1990년대의 한국과 세계

한반도에 민주화와 평화의 기운이 일고, 세계는 신자유주의 세계화의 소용돌이에 휩쓸리다

한국에서는 오랜 군사 독재의 시대가 막을 내리고 문민정부가 출범한다. 전두환·노태우 전 대통령은 내란죄와 뇌물죄로 중형을 선고받는다. 남과 북은 유엔 동시 가입 이후 상호 신뢰를 쌓아가다 2000년 역사적인 남북정상회담을 연다. 하지만 한국은 아시아 금융 위기의 여파 속에 이른바 'IMF 사태'를 겪으며 많은 기업들이 도산하고 국민들이 일자리를 잃는 경제 위기를 맞는다.

한편 소련의 해체와 함께 현실 사회주의 체제가 종언을 고하는 세계사적인 격변이 도래한다. 세계무역기구의 출범으로 신자유주의적인 세계화가 가속화됨에 따라 이에 대한 반발과 저항도 거세어진다. 북미자유무역협정과 유럽연합의 출범 등 경제 블록화 현상도 뚜렷해진다. 정보기술의 발달로 인터넷 시대가 시작되며, 생물학 분야에서는 동물 복제가 현실화되고 유전자 조작 농산물이 대량 생산된다.

강경대 타살 및 유서 대필 사건	**1991**년	월드와이드웹 개발
김학순, '위안부' 피해 최초 증언		소련 해체
서태지와 아이들 등장	**1992**년	보스니아내전
문민정부 출범	**1993**년	유럽연합 출범
쌀 시장 개방안 타결		
북핵 위기 및 김일성 사망	**1994**년	북미자유무역협정 발효
성수대교 붕괴		남아프리카공화국, 만델라 취임
삼풍백화점 붕괴	**1995**년	세계무역기구 출범
전두환　노태우 구속		
제1회 부산국제영화제 개막	**1996**년	영국, 광우병 사태
6·25전쟁 이후 최대 규모의 총파업		복제양 돌리 탄생
국제통화기금에 구제금융 신청	**1997**년	홍콩 반환
		아시아 금융 위기
		교토의정서 채택
금강산 관광 시작	**1998**년	
남북한 해군, 연평도 인근에서 충돌	**1999**년	유로화 도입
		코소보 사태
		시애틀 반세계화 시위
제1차 남북정상회담	**2000**년	

남북 단일팀은 남북한 국기 대신 한반도기를 사용했다.

1 정원식 총리 계란 투척 사건 | 한국외국어대 학생들이 마지막 강의를 마치고 나오던 정원식 총리 서리에게 계란 등을 던진 사건. 정원식 총리가 문교부 장관일 때 전교조 교사들을 대량 징계한 것 등에 대한 반발이었다.

2 유서 대필 사건 | 검찰은 전국민족민주연합 활동가 강기훈이 동료인 김기설의 유서를 대신 써 주고 분신자살을 부추겼다고 주장했다. 글씨체가 닮았다는 것이 그 근거였다. 강기훈은 징역 3년형을 선고받았다. 그러나 2007년 '진실 화해를 위한 과거사정리위원회'는 유서 대필 사건이 조작됐음을 밝히고 국가의 사과와 재심을 권고한다.

'위안부' 피해 여성들의 삶을 다룬 다큐멘터리 〈낮은 목소리〉(1995년 작)

낙동강 페놀 오염 사건이 발생하다

3월 14일, 경상북도 구미의 두산전자 공장에서 페놀 원액 30톤이 흘러나와 대구의 취수장을 오염시켰다. 페놀은 낙동강을 타고 부산까지 흘러갔으며 페놀이 섞인 수돗물을 마신 사람의 44퍼센트가 구토, 설사 등의 증상을 보였다. 이에 더해 4월 22일 페놀 원액 2톤이 또 낙동강에 유입됐다. 두산 제품 불매 운동과 항의 시위를 불러일으키기도 한 이 사건은 환경 문제에 대한 국민적 관심을 높이는 계기가 됐다.

탁구(4월)와 축구(6월)에서 분단 이후 최초의 남북 단일팀이 구성되다

강경대가 맞아 죽고 유서 대필 사건이 일어나다

4월 26일, 명지대생 강경대가 시위 도중 경찰들에게 맞아 죽었다. 이를 계기로 수십만 명이 거리로 나와 '정권 퇴진'을 외쳤다. 5월 들어 다른 젊은이들도 정부에 항의하며 스스로 목숨을 끊었고, 박창수 한진중공업 노동조합 위원장은 의문의 죽음을 맞이했으며, 성균관대생 김귀정이 경찰의 무리한 시위 진압으로 숨졌다. '5월 투쟁'으로 불린 대규모 거리 시위는 한 달 이상 계속됐다. 정부와 보수 세력은 '정원식 총리 계란 투척 사건[1]'과 '유서 대필 사건[2]'을 계기로, 시위대를 부도덕한 집단으로 몰아갔다. '5월 투쟁'은 가시적인 성과를 거두지 못하고 막을 내렸다.

김학순이 '위안부' 피해를 최초로 증언하다

8월 14일, 김학순이 일본군 '위안부' 피해 경험을 최초로 증언했다. 이 증언은 '위안부' 문제가 일본의 조직적인 전쟁 범죄였음을 분명히 드러냈다.

남북기본합의서와 비핵화 공동 선언이 채택되다

12월 13일, 남북기본합의서[3]가 채택됐다. 남북기본합의서는 남북 관계를 "통일을 지향하는 과정에서 형성되는 특수 관계"로 규정했다. 상대방의 체제를 부인했던 과거와 달리, 상대방의 실체는 인정한다는 의미다. 이에 앞서 남과 북은 9월 유엔에 동시 가입했으며 12월 31일에는 비핵화 공동 선언도 채택했다.

월드와이드웹이 개발되다

8월 6일, 스위스 제네바의 유럽입자물리연구소(CERN)에서 컴퓨터 과학자 팀 버너스-리가 월드와이드웹(WWW)이라는 인터넷[1] 시스템을 개발했다. 원래 전 세계 대학 연구 기관들 사이의 공동 연구를 위한 것이었으나, 이후 인터넷을 사용하는 가장 보편적인 시스템으로 자리 잡는다.

WWW에서는 웹브라우저라는 프로그램을 사용해 인터넷상의 문서를 읽어 들이고, 하이퍼링크를 타고 다른 문서로 이동할 수 있다. 하이퍼링크를 타고 이동하는 행위를 웹서핑이라고 하고, 특정한 문서들의 집합을 웹사이트라고 한다.

소련이 해체되다

페레스트로이카와 글라스노스트 등의 개혁 정책(1985년 참조)에도 불구하고, 1990년 들어 소련의 위기는 더욱 심화됐다. 경제 성장은 1990년 마이너스 8퍼센트, 1991년 마이너스 20퍼센트를 기록했다. 생산과 분배 시스템은 사실상 붕괴했고, 물가는 급등했으며, 만성적인 물자 부족 상태가 야기됐다.[2]

고르바초프 소련 대통령은 개혁파와 보수파 양쪽에서 공격을 받았다. 자본주의를 전면 도입해야 한다는 급진 개혁파는 고르바초프가 과감한 행동에 나서지 못하고 있다고 비난했고, 보수파는 그가 공산당을 약화시키고 동유럽 사회주의 체제를 무너뜨렸을 뿐이라고 주장했다. 극심한 경제적 어려움에 직면한 시민들도 고르바초프의 개혁에 그 책임을 물었다.

결정적으로 8월 18일 당과 정부의 보수파 지도부가 쿠데타를 일으켰다. 쿠데타는 시민들의 반발과 군대의 명령 거부로 3일 만에 실패했지만, 이후 당과 고르바초프의 권위는 완전히 추락했다. 한편 쿠데타에 적극 저항했던 보리스 옐친 러시아공화국 대통령이 시민들의 지지를 바탕으로 실권을 장악했다.

설상가상으로 소련 내 여러 공화국들이 차례로 독립을 선언했다.[3] 고르바초프는 새로운 연방 조약을 맺어 공화국들의 불만을 다독이려 했다. 그러나 12월 1일 우크라이나공화국이 국민투표를 통해 연방에서 탈퇴했고, 12월 21일에는 옐친의 주도로 15개 중 11개 공화국이 독립국가연합(CIS)을 따로 결성했다. 마침내 12월 25일 소련은 해체돼 지도상에서 사라진다.

이로써 세계 사회주의 체제는 와해되고 유일한 초강대국인 미국을 중심으로 하는 세계 질서가 본격화됐다.

1 인터넷 | 1969년 미국 국방부가 개발한 선진연구사업 기관네트워크(아르파넷, AR-PANet)라는 통신망에서 기원했다. 오늘날에는 전 세계 수많은 컴퓨터들을 연결하는 거대한 통신망의 집합체가 됐으며, 전자 우편, 파일 전송, 게시판 등 다양한 용도로 활용되고 있다. WWW는 인터넷 사용 시스템 가운데 하나다.

2 물자 부족 사태 | 이를테면 어떤 도시에서는 몇 달 동안 비누를 전혀 구경할 수 없고, 또 다른 도시에서는 몇 달 동안 전구를 구입할 수 없었다. 식량을 비롯한 생활필수품 전반이 같은 상황이었다. 경제 시스템이 붕괴해 자원과 부품 등이 제대로 공급되지 못했기 때문이다. 또한 정부는 물가가 상승했어도 공식적으로는 상품의 가격을 올리지 않았는데, 이에 기업들이 손해를 피하려고 시장에 상품을 내놓지 않은 탓도 있었다.

3 공화국들의 독립 | 9월 6일 라트비아, 에스토니아, 리투아니아의 발트해 연안 3국이 가장 먼저 소련에서 독립했다.

보수파의 쿠데타에 맞서 거리로 몰려나온 모스크바 시민들

보수파의 쿠데타 실패 이후 지지자들과 함께 승리를 자축하는 옐친

서태지와 아이들이 등장하다

3월 23일, 서태지와 아이들이 1집 앨범을 발표했다. 서태지와 아이들은 빠른 가사와 역동적인 춤을 앞세워 10대의 우상으로 떠올랐다. 1집 앨범은 발매 두 달 만에 100만 장 넘게 팔리면서 대중음악의 판도를 바꿨다. 발라드, 트로트 등이 주류였던 대중음악계는 이후 랩을 가미한 댄스 음악 중심으로 재편된다. 서태지와 아이들은 유행을 만들어 내는 패션 리더로도 자리 잡았으며, 이들의 팬을 이루는 젊은이들을 기성세대와 감성이 다른 '신세대', 'X세대'로 규정하는 담론도 나왔다. 1996년 4집 앨범을 끝으로 해체된다.

서태지와 아이들 1집 앨범

1 윤금이 살해 사건 | 15년형을 선고받은 케네스 마클은 형기가 1년 반 정도 남은 2006년 8월 가석방된다.

2 김대중의 정계 은퇴 | 김대중은 대선 패배 후 정계 은퇴를 선언하고 영국으로 떠난다. 1995년 김대중은 정계 은퇴 선언을 번복하고 새정치국민회의를 창당한다.

주한미군의 윤금이 살해 사건이 발생하다

10월 28일, 경기도 동두천의 미군 클럽 종업원 윤금이가 시신으로 발견됐다. 몸 곳곳에 우산대, 콜라 병 등이 꽂힌 처참한 모습이었다. 살인범은 주한미군 제2사단 소속인 케네스 마클 이병이었다.[1] 이 사건을 계기로, 한국 측이 미군 범죄에 대한 수사권과 재판권을 온전히 행사할 수 없도록 규정된 한·미주둔군지위협정(1967년 참조)을 개정하라는 목소리가 높아졌다.

제14대 대선에서 김영삼 후보가 승리하다

12월 18일에 치러진 제14대 대통령 선거에서 민주자유당의 김영삼 후보가 김대중 평화민주당 후보와[2] 정주영 통일국민당 후보를 눌렀다.

제14대 대선의 하이라이트는 '초원복국집 사건'이었다. 김기춘 법무장관의 주선으로 여러 기관의 책임자들이 초원복국이라는 음식점에 모여 '김영삼 후보를 당선시키기 위해 지역감정을 노골적으로 부추기자'고 논의했다. 김 장관 이외에 부산시장, 부산지검장, 부산경찰청장, 안기부 부산지부장, 기무사 지대장 등이 그 자리에 참석했다. 이 사건은 정주영 후보 측에서 대화 내용을 도청해 공개하면서 세상에 알려졌다. 김영삼 후보로서는 최대 위기였다. 그러나 김영삼 후보 측은 오히려 자신들이 피해자라며 도청의 불법성을 부각시켰고, 보수 언론도 이를 거들었다. 그 결과 관권 선거 문제가 묻히고 김영삼 후보 지지층의 결속력을 높이는 역풍이 불었다.

한편 현대그룹 창업자인 정주영이 대권에 도전한 것에 대해 '재벌이 돈뿐만 아니라 정치권력까지 잡으려 한다'는 비판이 나오기도 했다.

유고슬라비아연방

세르비아, 슬로베니아, 크로아티아, 보스니아-헤르체고비나, 마케도니아, 몬테네그로의 공화국과 코소보, 보이보디나 자치주로 이뤄져 있었다.

폐허가 된 보스니아-헤르체고비나의 수도 사라예보

유럽

보스니아내전이 일어나다

4월 1일, 유고슬라비아연방의 보스니아-헤르체고비나공화국에서 종교 갈등이 전쟁으로 폭발했다. 유고슬라비아는 6개의 공화국과 2개의 자치주로 이뤄진 연방이었지만, 제2차 세계대전 당시 빨치산 투쟁을 이끈 요시프 티토의 지도력 덕분에 통합을 유지해 왔다. 그러나 1980년 티토가 사망하고 1980년대 말 동유럽의 공산당 정권들이 줄줄이 무너지자 분리 독립의 분위기가 조성됐다. 1991년 슬로베니아와 크로아티아, 마케도니아가 독립했고, 1992년 2월 29일 보스니아-헤르체고비나도 국민 투표를 통해 독립을 선언했다.

보스니아-헤르체고비나의 주민은 무슬림이 43퍼센트, 가톨릭을 믿는 크로아티아계가 18퍼센트, 정교를 믿는 세르비아계가 35퍼센트를 이루고 있었다. 그런데 세르비아계는 연방의 잔류를 원하며 국민 투표에 불참했고, 결국 이러한 갈등이 내전으로 이어진 것이었다.

세르비아공화국의 지원을 받은 세르비아민병대는 세르비아계가 아닌 사람들에 대한 '인종 청소[1]'를 감행했다. 남자들은 모조리 살해하고 여자들은 강제로 임신시켰다. 크로아티아공화국도 크로아티아계를 군사적으로 지원하고, 자국 내의 세르비아계를 학살했다. 1995년까지 25만 명의 목숨을 앗아간 참혹한 전쟁 끝에 유고슬라비아연방은 결국 해체를 맞는다.

아메리카

로스앤젤레스에서 흑인 폭동이 일어나다

4월 29일, 미국 로스앤젤레스에서 흑인들이 폭동을 일으켜 방화와 폭력, 절도가 횡행하는 무정부 상태가 벌어졌다. 발단은 백인 경찰들이 과속으로 운전하다 도망치던 로드니 킹이라는 흑인을 붙잡아 마구 구타한 사건이었다. 이 일은 텔레비전으로 생생하게 보도돼 흑인 사회의 공분이 일었으나, 법원은 폭행을 가한 경찰들에게 무죄를 선고했다. 결국 인종 차별과 경제적 박탈감에 시달려 온 흑인들의 분노가 폭발했다.

그런데 이들의 분노는 백인뿐 아니라 애꿎은 한국계 주민들에게도 향했다.[2] 이 폭동으로 55명이 죽고 2000여 명이 다쳤으며, 특히 한국계 주민들의 상점과 주택의 피해가 컸다.

아메리카

6월 13일, 브라질 리우데자네이루에서 유엔환경개발회의[3]가 열리다

1 인종 청소 | 일례로 1995년 7월 세르비아계는 유엔이 안전지대로 설정한 스레브레니차에 진입해 무슬림 남성 8000여 명을 무차별 살해했다. 제2차 세계대전 이후 유럽에서 벌어진 최악의 학살 사건이었다.

2 한국계 주민들을 향한 흑인들의 분노 | 평소 흑인과 한국계 사이에 갈등이 있었던 데다, 마침 한국계 상점 주인이 물건을 훔치던 흑인 소녀를 총으로 쏘아 죽인 사건이 일어났기 때문이다.

3 유엔환경개발회의 | 이 회의에서 전 세계 170여 나라의 대표들은 '지속 가능한 발전(sustainable development)'이라는 개념에 합의했다. '뒤의 세대들이 쓸 수 있는 자원을 보전하면서도 우리 세대의 필요를 충족시키는 발전'을 의미한다. 또한 지구 온난화를 막기 위한 기후변화협약과 멸종 위기 생물들을 보호하기 위한 생물다양성보존협약도 맺어졌다.

문민정부가 출범하다

2월 25일, 김영삼 대통령이 취임했다. 이로써 5·16쿠데타 이후 32년간 이어진 군사 정권 시대가 막을 내렸다. 김영삼 정부는 이 점을 강조하며 스스로 문민(文民)정부라고 칭했다.

김영삼은 취임 초기에 개혁 정책을 실시했다. 김영삼은 12·12쿠데타의 주역인 하나회(1979년 참조)를 해체해 군사 쿠데타가 재발할 가능성을 원천 봉쇄했다. 또한 금융실명제를 실시하고, 비전향 장기수 이인모를 북한에 돌려보냈다. 이처럼 개혁 정책을 편 결과 김영삼 정부 지지율은 한때 90퍼센트에 육박했다.

그러나 3당 합당(1990년 참조)을 통해 군부 세력과 손잡고 정권을 잡은 한계가 곧 드러났다. 개혁 기조는 후퇴했고, 북핵 문제도 주도적으로 풀지 못했다. 또한 '세계화'라는 구호 아래 대책 없이 대외 개방의 폭을 넓히다 국제통화기금(IMF) 구제금융 사태를 불러온다. 대통령의 둘째 아들 김현철은 '소통령'이라 불리며 월권을 일삼았다.

금융실명제
금융 기관과 거래할 때 가명이나 차명이 아닌 본인의 실제 이름, 즉 실명으로 거래해야 하는 제도

대형 할인 매장이 등장하다

11월 12일, 신세계가 서울 창동에 이마트를 세웠다. 창동 이마트는 국내 최초의 대형 할인 매장[1](마트)이다. 대형 할인 매장은 그 후 곳곳에 들어서며 급성장했다. 1990년대 들어 자가용 승용차 보급이 확산된 것도 대형 할인 매장이 성장하는 데 한몫했다.

부작용도 나타났다. 대형 할인 매장이 급성장하면서 재래시장 상인과 중소 유통 업체의 생존을 위협하는 수준까지 이른 것이다.[2] 이 때문에 대형 할인 매장의 신설을 규제하고, 영업시간과 취급 품목 등을 제한해야 한다는 목소리가 나왔다.

1 대형 할인 매장 | 대형 할인 매장은 2002년에 매출 면에서 백화점을 앞지른다.

2 대형 할인 매장과 중소 유통 업체 | 중소 유통 업체는 1996년 75만여 개에서 2004년 61만여 개로 줄어든다.

쌀 시장 개방안이 타결되다

12월 13일, 한국과 미국이 쌀 시장 개방안을 타결했다. 핵심은 쌀 시장 완전 개방(관세화)을 10년간 미루되,[3] 매년 의무적으로 쌀을 수입하기로 한 것이다. 쌀 시장 개방 문제는 우루과이라운드협상(1995년 참조)의 주요 쟁점 중 하나였다. 미국의 대형 농업 기업들은 쌀을 비롯한 한국 농산물 시장 완전 개방을 강하게 요구한 반면, 한국 농민들은 개방에 반대했다. 김영삼 정부는 초기에 '쌀만은 개방하지 않겠다'라고 밝혔으나, 나중에 태도를 바꿨다.

3 쌀 시장 개방 | 2004년 우루과이라운드 재협상을 통해 쌀 시장 완전 개방을 2014년까지 미루되, 미국·중국·오스트레일리아·타이 등 4개국 쌀을 매년 20만 5000톤씩 고정적으로 수입하고 수입량을 해마다 2만 톤씩 늘리기로 합의한다.

아시아

일본에서 자민당 정권이 붕괴하다

7월 18일, 중의원[1] 선거에서 자유민주당(자민당)이 과반 의석 확보에 실패해 처음으로 정권을 내줬다. 이로써 38년 동안 지속된 '55년 체제'가 무너지고, 양당 체제가 막을 내린다. 1955년 이후 일본에서는 보수 정당인 자민당이 계속해서 제1당으로 집권하고, 진보 정당인 사회당이 제1야당으로서 자민당을 견제해 왔다. 그러나 자민당은 고질적인 부패와 파벌 정치로 국민의 신뢰를 잃고, 사회당은 동유럽 사회주의의 몰락으로 대안을 상실한 터였다.

1 중의원 | 일본의 국회는 상원인 '참의원'과 하원인 '중의원'으로 구성돼 있다.

아프리카

미군이 소말리아에서 철수하다

10월 3일, 소말리아의 수도 모가디슈에서 미군 특수부대가 군벌 모하메드 파라 아이디드 세력을 체포하기 위한 작전을 펼쳤다. 소말리아에서는 1991년 1월 시아드 바레 정권이 무너진 뒤 여러 군벌들 사이에 내전이 벌어졌고, 미군을 비롯한 유엔 평화 유지군이 내전을 종식시키기 위해 들어와 있었다. 미군은 체포 작전이 쉽게 성공할 것으로 예상했지만, 군벌 세력의 격렬한 저항에 부딪혀 블랙호크 헬리콥터 2대가 격추되고 병사 18명이 목숨을 잃었다.[2] 미국은 큰 충격을 받았고, 1995년 3월 소말리아에서 군대를 완전히 철수시킨다. 이후 소말리아의 내전은 한층 격화돼 누구든 총을 가진 자가 지배하는 무정부 상태가 펼쳐진다. 참혹한 전쟁 속에서 수많은 사람들이 고향을 떠나 난민이 되고, 아덴만 일대에서는 외국 선박을 납치해 몸값을 요구하는 해적들이 판치게 된다.[3]

영화 〈블랙호크다운〉
소말리아내전과 미군 철수를 다룬 리들리 스콧 감독의 2001년 작품이다.

2 미군의 체포 작전 | 소말리아인들은 약 1000명이 목숨을 잃은 것으로 추정된다.

3 소말리아 해적 | 해적들은 처음에 자기 나라 바다에 들어와 물고기를 모조리 잡아가는 외국 어선들에 맞서기 위해 무기를 들었지만, 그 후로는 기업화해 거액의 몸값을 노리고 활동하고 있다.

유럽

유럽연합이 출범하다

11월 1일, 마스트리흐트조약이 발효돼 유럽연합(EU)이 성립됐다. 유럽의 12개 나라가 가맹한 국가 연합으로, 그 아래 입법 및 정책 결정 기관인 이사회를 비롯해 유럽의회와 유럽사법재판소, 유럽중앙은행 등의 기구를 두었다. 1999년에는 유로(EURO)라는 통화를 도입해 단일 경제권을 형성한다. 2012년 현재 27개 나라[4] 5억 명이 속해 있으며, 전 세계 국내 총생산의 약 30퍼센트를 차지하고 있다.

유럽 연합의 결성 과정

1952년	유럽석탄철강공동체(ECSC) 출범
1958년	유럽경제공동체(EEC) 출범
1967년	유럽공동체(EC) 출범
1968년	관세동맹으로 역내 관세 철폐
1975년	유럽 정상 회담 정기화
1992년	마스트리흐트조약 체결

4 유럽연합 가맹국 | 벨기에, 프랑스, 독일, 이탈리아, 룩셈부르크, 네덜란드, 덴마크, 아일랜드, 영국, 그리스, 포르투갈, 에스파냐, 오스트리아, 핀란드, 스웨덴, 폴란드, 헝가리, 체코, 슬로바키아, 슬로베니아, 리투아니아, 라트비아, 에스토니아, 키프로스, 몰타, 불가리아, 루마니아

유럽연합기

김일성이 사망하다

북핵 위기로 한반도 긴장 상태가 최고조에 달했다. 위기는 1993년 3월 12일 북한이 핵확산금지조약(NPT) 탈퇴를 선언하면서 불거졌다. 1994년 미국은 북한의 핵 시설을 공습할 계획을 세웠다. 6·25전쟁이 끝난 후 전쟁 발발 위험이 다시 고조된 때였다.

파국으로 치닫던 상황을 바꾼 것은 지미 카터 전 미국 대통령의 북한 방문이었다. 카터는 6월에 평양을 찾아 김일성 주석과 회담했다. 김일성은 경수형 원자로를 받는 대가로 핵 프로그램을 동결할 수 있다는 뜻을 내비쳤다. 미국은 공습 계획을 철회했고, 남북정상회담 일정이 잡히면서 전쟁 위기는 가라앉았다.

그러나 7월 8일 김일성이 사망하면서 다시 상황이 바뀐다. 남한에서는 북한에 조문단을 보낼 것인가를 두고 논란이 일었다(조문 파동). 그 결과 남한에 공안 정국이 조성되고 남북 관계도 다시 얼어붙었다.

한편 김일성이 사망한 후인 1995~1997년, 북한은 홍수와 가뭄으로 6·25전쟁 이후 최악의 위기 상황에 놓인다. 곳곳에서 사람들이 굶어 죽고 견디다 못한 이들이 북한을 탈출하면서, 북한이 곧 무너질 것이라는 예측이 여기저기서 나온다. 하지만 김정일 국방위원장이 북한을 장악한 뒤에도 체제가 지속되면서 이 예측은 빗나간다.

성수대교가 무너지다

무너진 성수대교

10월 21일, 서울 성수동과 압구정동을 잇는 성수대교가 무너졌다. 업체의 부실시공과 감독 당국의 허술한 안전 점검이 결합해 생긴 인재(人災)였다. 이 사고로 32명이 사망했다.

북한과 미국이 제네바 기본 합의를 체결하다

10월 21일, 북미 제네바 기본 합의가 체결됐다. 합의의 핵심은 ▶북한이 핵을 동결하고 ▶미국은 경수형 원자로 및 매년 50만 톤의 중유를 공급하며 ▶북한과 미국이 관계 정상화를 추진한다는 것이다. 그러나 경수로 공사가 지연되고 북한이 핵 개발을 포기하지 않으면서, 합의는 제대로 이행되지 않는다.

아
메
리
카

북미자유무역협정이 발효되다

1월 1일, 미국·캐나다·멕시코가 북미자유무역협정(NAFTA)을 맺어 관세를 비롯한 무역 장벽을 점진적으로 폐지하기로 했다. 이로써 북미 지역에 단일 경제권이 형성됐다. 미국의 자본과 기술, 캐나다의 자원, 멕시코의 노동력을 결합하면 세 나라 모두 경제적인 이득을 볼 것이라는 기대가 컸다.

반대의 목소리도 작지 않았다. 특히 멕시코 치아파스 주의 원주민 게릴라 조직인 사파티스타민족해방군(EZLN)은 NAFTA가 멕시코 농민들에게 사형 선고와 같다며 무장봉기를 감행했다. 미국 등 다국적 기업의 값싼 농산물이 들어와 멕시코 농업을 붕괴시키리라는 것이었다.

사파티스타 부사령관 마르코스
사파티스타는 무장 투쟁보다 인터넷과 언론을 이용한 선전 활동을 통해 세계화 반대 운동을 벌였다. 이 때문에 '포스트모던 혁명 세력'이라는 평가를 받기도 했다.

아
프
리
카

남아프리카공화국에서 만델라가 대통령이 되다

5월 10일, 아파르트헤이트(1976년 참조)라는 인종 차별 제도로 악명 높은 남아프리카공화국에서 넬슨 만델라가 최초의 흑인 대통령이 됐다. 만델라는 저항 운동을 벌이다 체포돼 27년간 감옥에 갇혀 있다 1990년에 석방됐다. 프레데리크 빌렘 데클레르크 대통령의 백인 정부가 흑인들의 오랜 저항과 국제 사회의 압력에 못 이겨 인종 차별 제도의 폐지에 나선 덕분이었다.

1994년 4월 27일 치러진 최초의 다민족 총선거에서 흑인 정치 세력인 아프리카민족회의(ANC)는 62.6퍼센트의 지지를 얻어 승리했고, 그 결과 ANC 의장인 만델라가 대통령이 된 것이다. 만델라는 백인들의 반발을 고려해 데클레르크를 부통령으로 삼아 흑백 연립 정부를 구성하는 한편, 진실화해위원회[1]를 설치해 지난 시대의 인권 침해 사건들을 철저히 조사하도록 했다.

1 진실화해위원회 | 어두운 과거의 진실을 철저히 밝히되, 백인 가해자들도 고백과 사죄를 하면 사면해 주는 정책을 취했다. 흑백 통합과 평화 정착을 위해서였다.

넬슨 만델라

유
럽

체첸전쟁이 벌어지다

12월 11일, 러시아군이 체첸을 침공했다. 체첸은 러시아 남부 캅카스 지방의 자치공화국으로, 주민들은 이슬람교를 믿는다. 1859년 러시아에 병합된 이래 꾸준히 독립운동을 벌여 왔고, 1991년 소련이 해체되는 혼란을 틈타 독립을 선언했다. 러시아군은 곧 체첸의 수도 그로즈니를 점령하지만, 1996년 체첸군의 반격으로 휴전하고 철수한다.

그러나 1999년 8월 체첸군이 캅카스 지방에 이슬람 국가를 건설하겠다며 이웃한 다게스탄공화국을 침략하자, 10월 러시아군이 다시 체첸을 침공한다. 러시아군은 우세한 화력과 병력으로 승리를 거두지만 체첸인들은 게릴라전과 폭탄 테러, 요인 암살, 인질극 등의 방식으로 저항을 계속한다.

CITY OF DURBAN
UNDER SECTION 37 OF THE DURBAN
BEACH BY-LAWS, THIS BATHING AREA IS
RESERVED FOR THE SOLE USE OF
MEMBERS OF THE WHITE RACE GROUP.
STAD DURBAN
HIERDIE BAAIGERIED IS INGEVOLGE
ARTIKEL 37 VAN DIE DURBANSE
STRANDVERORDENINGE, UITGEHOU VIR
DIE UITSLUITLIKE GEBRUIK VAN LEDE
VAN DIE BLANKE RASSEGROEP.
IDOLOBHA LASETHEKWINI
NGAPHANSI KWESIGABA 37 SOMTHETHO
WAMABHRISHI ASETHEKWENI, LENDAWO
IGCIMELWE UKUSETSHENZISWA
NGAMALUNGU OHLANGA OLUMHLOPHE
KUPHELA.

아파르트헤이트 당시의 표지판
"이 해안은 백인들만 이용할 수 있다"라고 적혀 있다.

드라마 〈모래시계〉 열풍이 불다

1월 10일, SBS 드라마 〈모래시계〉가 첫 방송을 내보냈다. 〈모래시계〉는 5·18민주화운동을 비롯한 1980년대 상황을 정면으로 다뤘으며 '귀가시계[1]'라는 말이 나올 정도로 시청자들의 큰 관심을 모았다.

1 귀가시계 | 직장인들이 〈모래시계〉를 보기 위해 일찍 귀가한다는 뜻

삼풍백화점이 무너지다

6월 29일, 서울 서초동 삼풍백화점이 무너졌다. 무리한 설계 변경과 확장 공사, 그리고 공사 비리로 인해 발생한 사고였다. 이 사고로 502명이 목숨을 잃었다.

삼풍백화점 붕괴 사고 현장

옛 조선총독부 건물을 철거하다

8월 15일, 옛 조선총독부 건물을 철거하는 작업이 시작됐다. 이 건물은 1926년 경복궁의 정면을 가로막고 세워졌다. 해방 후에는 미군정청, 정부 수립 후에는 중앙청으로 각각 쓰였고 1986년부터 국립중앙박물관으로 사용됐다.

옛 조선총독부 건물 철거 문제는 논란을 불러일으켰다. 일제의 잔재를 청산하기 위해 건물을 철거해야 한다는 의견과 어두운 역사의 상징일지라도 후대에 남겨 교훈으로 삼아야 한다는 견해가 맞섰다. 김영삼 대통령이 강력히 밀어붙여 건물은 철거됐다.

옛 조선총독부 건물 철거

2 비자금 | 세금 추적을 할 수 없도록 특별히 관리하여 둔 돈을 통틀어 이르는 말

전두환 · 노태우 두 전직 대통령을 구속하다

10월 19일, 박계동 민주당 의원이 노태우 전 대통령의 비자금[2] 4000억 원 의혹을 폭로했다. 수사가 시작돼 11월 16일 노태우가 구속 수감됐다. 이를 계기로 12·12쿠데타 및 5·18민주화운동 당시 학살의 진상을 규명하라는 목소리가 다시 높아졌다. 그 결과 12월 3일 전두환 전 대통령도 반란수괴죄로 구속됐다. 1997년 4월 대법원은 내란죄와 뇌물죄 등을 적용해 전두환에게 무기징역과 추징금 2205억 원, 노태우에게 징역 17년과 추징금 2628억 원을 선고했다.[3]

5·18 1차 공판

3 전두환과 노태우 | 제15대 대선 직후인 1997년 12월 22일, 김영삼 대통령은 국민 화합을 명분으로 전두환·노태우 등을 사면한다. 2011년 9월 말까지 노태우는 추징금 2628억 원 중 2382억 원을 납부한다. 이에 비해 전두환은 2205억 원 중 533억 원만을 납부한다. 이 과정에서 전두환은 "내 전 재산은 29만 원뿐"이라고 주장하기도 한다.

민주노총이 출범하다

11월 11일, 전국민주노동조합총연맹(민주노총)이 출범했다. 민주노총은 기존의 전국 단위 노동조합 연맹체인 한국노총이 정권과 자본에 종속돼 있다고 비판하고, 자주적이고 민주적인 노동 운동을 지향할 것임을 밝혔다.

세계

세계무역기구가 출범하다

1월 1일, 지난해 타결된 우루과이라운드협상에 따라 세계무역기구(WTO)가 출범했다. WTO는 1948년 발효된 관세및무역에관한일반협정(GATT)을 대체·강화했다(1948년 참조). GATT에 비해 농산물과 서비스, 지적 재산권 등의 분야까지 포괄했으며, 국제 무역 분쟁에 대한 사법권과 강제 집행권을 가졌기에 한 나라가 다른 나라의 경제 및 무역 정책에 불만이 있으면 WTO에 소송을 제기할 수 있었다. 또한 회원국은 WTO의 모든 협정을 반드시 비준해야 했다.

WTO의 가장 중요한 목표는 세계화와 자유 무역의 확대였기 때문에, 반(反) 세계화 운동 세력의 거센 비판과 공격을 받았다(1999년 참조). 이들은 세계화와 자유 무역의 확대가 부유한 나라와 가난한 나라의 격차를 더 벌리고, 각 나라 안에서 계층 간의 차이도 더 심화시킨다고 주장했다.

아메리카

유나바머가 과학 기술 문명을 비판하다

9월 19일, 미국에서 '유나바머(Unabomber)²'로 알려진 익명의 폭탄 테러리스트가 테러를 중단하는 것을 조건으로 『뉴욕타임스』와 『워싱턴포스트』에 현대 과학 기술 문명을 비판하는 3만 5000자 분량의 선언문을 발표했다. 그는 1978년부터 16차례에 걸쳐 과학자와 환경 파괴 기업 관계자에게 주로 우편물을 이용한 폭탄 공격을 가해 3명을 살해하고 20여 명을 다치게 했다.

유나바머로 알려진 시어도어 카진스키와 그가 사용했던 우편물 폭탄의 모조품

유나바머는 「산업 사회와 그 미래」라는 제목의 이 선언문에서, 산업 혁명 이후 인간은 존엄성과 자율성을 잃고 비천한 존재로 전락했으며 자연 또한 돌이킬 수 없이 파괴됐다고 주장했다. 그러하기에 현대의 기술 문명은 혁명을 통해 무너뜨려야 하며, 무너질 수밖에 없으리라고 역설했다.

유나바머는 1996년 4월 동생의 신고로 체포돼 종신형을 선고받는다. 조사 결과, 그는 시어도어 카진스키라는 하버드 대학 출신의 수학자로, 지난 20년간 현대 문명을 거부하고 숲 속에서 홀로 살아온 것으로 밝혀진다. 유나바머에 대해서는 지금까지도 과학 기술의 어두운 미래를 경고한 선지자라는 평가와 미치광이 살인범이라는 평가가 극단적으로 엇갈리고 있다.

2 유나바머 | 미연방수사국(FBI)이 테러 공격의 특징인 대학(university), 항공사(airline), 폭파범(bomber)의 머리글자를 따서 붙인 이름이다.

제1회 부산국제영화제 상영관에 구름
처럼 모여든 사람들

제1회 부산국제영화제가 열리다

9월 13일, 제1회 부산국제영화제의 막이 올랐다. 같은 달 21일 폐막할 때까지 31개국에서 만들어진 169편의 영화가 상영됐다. 전국에서 18만 4071명이 부산을 찾아 영화를 관람했는데, 이 중 10대와 20대가 90퍼센트를 차지했다. 부산국제영화제는 예술성과 대중성을 모두 갖췄다는 평가를 받으며 아시아의 대표적인 영화제로 자리매김한다.

9월 18일, 북한 잠수정의 강릉 앞바다 침투 사건이 발생하다

영화·음반 사전 심의 제도가 철폐되다

10월 4일, 헌법재판소가 '영화 사전 심의 제도는 위헌'이라고 결정했다. 같은 달 31일에는 '공연윤리위원회의 심의는 사전 검열'이라며 음반 사전 심의 제도가 위헌이라고 결정했다. 이로써 표현의 자유를 침해한다는 비판을 받던 영화·음반 사전 심의가 사라졌다.

1990년 정태춘이 음반 사전 심의를 거부하고 발매한 음반 〈아, 대한민국〉 방송 금지 표시가 붙어 있다. 정태춘은 음반 사전 심의 철폐에 앞장섰다.

10월 23일, 버스 기사 박기서가 김구 살해범 안두희(1949년 참조)를 죽이다

6·25전쟁 이후 최대 규모의 총파업이 벌어지다

12월 26일 새벽, 여당인 신한국당 의원들이 노동법·안기부법 개정안을 6분여 만에 날치기로 통과시켰다. 노동법 개정안에는 단결권·단체행동권 제약과 변형 근로시간제 도입 등 노동계에서 독소 조항으로 규정한 사항이, 안기부법 개정안에는 안기부의 수사권 강화 등 시민 사회에서 반민주 조항으로 규정한 내용이 담겨 있었다.

날치기 직후, 민주노총을 중심으로 한 노동계가 총파업에 돌입했다. 총파업은 1997년 2월 말까지 이어졌고, 거리 시위와 함께 각계 인사들의 시국 성명이 이어졌다. 김영삼 대통령은 처음에는 "선진국 어느 나라에 노동 쟁의가 있는가?"라며 시위대의 요구를 묵살했다. 그러나 시위가 확산되자 한발 물러섰다. 1997년 3월 국회는 논란이 된 노동법을 다시 개정한다.[1]

1997년 2월 말까지 연인원 387만 명이 '노동법·안기부법 개악 반대 투쟁'에 참여했다. 1996~1997년 총파업은 6·25전쟁 이후 최대 규모의 파업이다.

1 노동법 재개정 | 재개정된 노동법에도 노동계에서 독소 조항으로 여긴 내용이 여전히 많았다. 그 원인 중 하나는 투쟁이 길어지면서 노동계의 동력이 점차 떨어진 것이었다. 안기부법은 개정되지 않는다.

유럽
광우병이 사람에게 전염될 수도 있다는 사실이 밝혀지다

3월 20일, 영국 정부는 소해면상뇌증(광우병)에 걸린 소의 고기를 먹은 사람도 그와 유사한 인간광우병에 걸릴 수 있다고 발표했다. 광우병은 프리온이라는 변형 단백질로 인해 발생하는 질병으로, 같은 병에 걸린 동물의 뼈나 고기로 만든 사료를 통해 전염되는 것으로 알려져 있다. 뇌에 스펀지처럼 구멍이 뚫려 정신 기능과 운동 기능이 파괴돼 죽음에 이른다.

이후 영국 및 영국산 쇠고기를 수입해 온 유럽 여러 나라에서 광우병 공포가 확산된다. 영국 정부는 동물성 사료의 수출을 금지하고 광우병에 걸렸을 가능성이 있는 소 400만 마리 이상을 도살한다. 2011년까지 전 세계에서 200여 명이 인간광우병에 걸려 사망했다.

광우병에 걸린 소

유럽
복제양 돌리가 태어나다

7월 5일, 영국 로슬린연구소의 생물학자 이언 윌머트와 키스 캠벨이 복제양 돌리를 탄생시킴으로써 체세포를 이용한 포유류 복제에 처음으로 성공했다. A라는 양의 체세포에서 핵을 뽑아내고, 이를 양B의 핵을 제거한 난자에 집어넣어 수정란을 만든 다음, 양C의 자궁에 착상시키는 과정을 거쳤다. 이렇게 태어난 돌리는 '원본'인 양A와 유전적으로 동일한 복제 동물이었다.

돌리의 탄생으로 인간 복제도 가능한 일이 되자, 그 윤리성을 두고 전 세계적인 논쟁이 불붙는다. 지지자들은 여러 난치병을 치료할 수 있는 길이 열렸다며 환영하지만, 반대자들은 복제 기술의 위험성과 인간 존엄성의 훼손을 우려한다. 이 인간 복제에 대해서는 전면 금지하거나, 제한적으로 허용하거나, 특별히 규제하지 않는 등 나라마다 정책의 차이가 있다.

복제양 돌리의 박제
돌리는 276번의 실패 끝에 처음으로 성공한 사례였다. 복제 인간 역시 심각한 유전적 장애를 갖고 태어날 수 있다.

아메리카
유전자 조작 농산물이 대량 생산되다

미국의 몬산토사가 제초제에 내성을 갖도록 유전자를 조작한 콩을 대량 생산하기 시작했다. 이로써 유전자 조작 식품(GMO, Genetically Modified Organism)의 상업적 재배가 본격화됐다.[1]

GMO는 특정한 생물 종의 유전자를 변형시키거나 다른 종의 유전자와 뒤섞는 방법 등을 통해 제초제에 내성을 갖거나, 병해충에 저항성이 강하거나, 특정한 영양분을 강화하도록 만든 것이다. 인류의 식량 문제를 해결할 길을 열었다는 찬사를 받기도 하지만 비판과 경계의 목소리도 적지 않다. 사람의 건강 및 자연 생태계에 악영향을 끼칠 수 있고, 농민들을 거대 농업 기업에 종속시키리라는 것이다.[2]

1 GMO | 오늘날 전 세계 농경지 면적의 10퍼센트 이상에서 유전자를 조작한 콩, 옥수수, 토마토 등이 재배되고 있다. 그중 몬산토사의 제품이 80퍼센트 이상을 차지한다.

2 GMO와 농민 | GMO는 모두 거대 농업 기업의 특허품이므로, 이를 재배하는 농민들은 해마다 기업으로부터 종자를 구입해야만 한다.

1 김현철 | 현직 대통령 자녀로서 수감된 최초의 인물이다. 2002년, 김대중 대통령의 아들들(김홍업, 김홍걸)도 비리 혐의로 구속된다.

2 황장엽 | 북한의 통치 이데올로기인 주체사상·김정일의 측근 중 하나였다. 남한에 들어온 후 김정일 체제를 비판하는 일에 매진한다.

구제금융 신청 사실을 전하는 신문 기사

3 20 대 80 사회 | 인구의 상위 20퍼센트가 부의 80퍼센트를 소유하는 사회

4 신한국당 | 1996년, 여당인 민주자유당은 신한국당으로 이름을 바꿨다.

5 DJP연합 | DJP연합은 김대중(DJ)과 김종필(JP)의 연합을 말한다. 3당 합당(1990년 참조)의 주역인 김종필은 1995년 민주자유당을 탈당해 자유민주연합을 만들었다. 한편 이인제도 15대 대선을 앞두고 신한국당을 탈당했다. 이인제는 대선에 독자 출마해 492만 표를 얻는다.

한보 사태가 일어나고 김현철[1]이 구속되다

1월 23일, 한보철강이 부도를 냈다. 한보철강은 재계 순위 14위이던 한보그룹의 주력 기업이었다. 한보철강 부도는 정계·관계에 부당한 로비를 하고, 이를 통해 감당할 수 없는 빚을 끌어들여 사업을 확장하다 빚어진 일이었다.

한보 사태는 큰 파장을 불러일으켰다. 정태수 한보그룹 회장은 물론이고 편법 대출에 관여한 은행장과 정치인들, 그리고 '한보 특혜 대출의 몸통'으로 지목된 대통령의 둘째 아들 김현철이 구속됐다. 또한 이해에 한보를 시작으로 삼미·진로·대농·기아·쌍방울·해태그룹 등 모두 12개 대기업이 연이어 부도를 냈다. 대기업 연쇄 부도 및 그로 인한 금융 기관 부실화는 국제통화기금 구제금융 사태를 초래하는 원인으로 작용했다.

2월 12일, 황장엽[2] 조선노동당 비서가 남한에 망명할 뜻을 밝히다

IMF 외환위기가 일어나다

11월 21일, 정부가 국제통화기금(IMF)에 구제금융을 신청한다고 발표했다. 외채는 1500억 달러가 넘는데 외환 보유액은 40억 달러에도 못 미쳤기 때문이다. 정부는 이를 숨기고 "경제의 펀더멘털(기초)이 좋아 위기가 아니다"라고 강조하다가, 결국 구제금융 신청 사실을 국민들에게 공개했다.

IMF는 구제금융 제공을 대가로 긴축 재정, 기업 구조 조정 등을 요구했다. 그렇게 외환 위기가 시작된 후 정리 해고, 명예퇴직이 확산돼 많은 국민이 일자리에서 쫓겨났다. 이와 달리 국내 부유층과 외국 자본은 외환 위기를 활용해 주식과 부동산 등을 헐값에 사들여 큰돈을 벌었다. 외환 위기를 거치면서 양극화가 심해지고, 한국은 20 대 80 사회[3]로 재편됐다.

제15대 대선에서 김대중이 승리하다

12월 18일에 치러진 제15대 대통령 선거에서 야당인 국민회의의 김대중 후보가 신한국당[4]의 이회창 후보를 눌렀다. 대선에서 야당 후보가 승리한 것은 이번이 처음이며, 김대중이 승리한 주요 원인 중 하나는 DJP연합[5] 및 여권 분열이었다.

중국이 영국으로부터 홍콩을 돌려받다

7월 1일, 중국이 지난 1842년 아편전쟁에서 패해 영국에 빼앗겼던 홍콩을 155년 만에 돌려받았다. 제국주의 시대 이래의 서구 열강의 아시아 지배가 완전히 막을 내리고, 중국이 다시금 강대국으로 부상한 상징적인 사건이었다. 이로써 홍콩은 중국의 일부가 되었지만, 장차 50년간 '일국양제(一國兩制)'의 틀 아래 기존의 자본주의 경제 체제를 유지하게 된다.

홍콩의 야경

아시아 금융 위기가 닥치다

7월 2일, 타이 바트화의 폭락을 계기로 시작된 금융 위기가 말레이시아, 인도네시아, 필리핀, 한국 등 주요 아시아 국가들로 급속히 확산됐다. 국제 투기 자본이 한꺼번에 빠져나감에 따라, 보유하고 있는 외국 통화로는 외채를 갚을 수 없는 급박한 위기에 처한 것이었다. 헤지 펀드[2], 뮤추얼 펀드[3] 등의 국제 투기 자본은 전 세계를 마음껏 헤집고 다니며 수익이 생길 듯하면 일제히 몰려들었다가 수익이 떨어질 기미가 보이면 일제히 철수해 막대한 차익을 챙겨 왔다. 금융 위기는 이듬해 브라질 등의 라틴아메리카 지역과 러시아에까지 번진다.

아시아 금융 위기는 1999년에야 가까스로 진정 국면을 맞는다. 그러나 수습의 역할을 자임한 IMF는 해당 국가들에 극심한 재정 긴축을 강요해 경제의 활력을 질식시키고, 노동 시장의 유연성 강화를 명목으로 정리 해고와 비정규직 고용을 크게 늘리는 등 많은 부작용을 야기했다.

영국 식민지 시절의 깃발(왼쪽)과 새로운 깃발(오른쪽)

1 일국양제 | 사회주의와 자본주의의 두 체제가 한 나라 안에 공존하는 것

2 헤지 펀드 | 개인 투자자들로부터 돈을 모아 위험성이 높은 곳에 단기 투자해 높은 수익을 추구하는 형태의 투자 기금

3 뮤추얼 펀드 | 주식을 발행해 투자자들로부터 돈을 끌어모은 뒤, 이를 굴려 얻은 수익을 다시 분배해 주는 형태의 투자 회사

교토의정서가 채택되다

12월 11일, 일본 교토에서 선진 38개 나라의 온실 가스 감축 목표치를 규정한 교토의정서[4]가 채택됐다. 기후변화협약(1992년 참조)의 구체적인 이행을 위한 것이었다. 해당 국가들은 이산화탄소, 메탄, 이산화질소 등의 온실 가스 배출량을 1990년 기준으로 2008~2012년까지 평균 5.2퍼센트 감축해야 했다.

교토의정서에는 개별 국가들의 사정을 고려해 배출권 거래, 공동 이행, 청정 개발 체제 등 신축성 있는 규정들도 포함됐다. 배출량이 남는 나라는 모자란 나라에 배출권을 팔 수 있고, 둘 이상의 나라가 공동으로 목표치를 달성할 수 있으며, 선진국이 개발도상국에 온실 가스 감축 시설을 제공하면 자기 나라가 그만큼 감축한 것으로 인정받을 수 있었다.

4 교토의정서 | 여러 나라들 사이의 이해관계가 쉽게 조정되지 않아 2005년 2월 16일에야 발효된다. 하지만 전 세계 배출량의 4분의 1을 차지하는 미국이 비준을 거부한 데다, 2012년 새로 맺을 협약의 조건을 두고 첨예한 갈등이 불거지는 등 여전히 어려움이 적지 않다.

북한이 '대포동 1호(광명성 1호)'를 발사하다

1 대포동 1호 | 대포동 1호라는 이름은 이 비행체를 발사한 장소에서 비롯됐다.

8월 31일, 북한이 장거리 비행체를 발사했다. 이 물체는 일본을 넘어 태평양에 떨어졌다. 미국과 일본은 이를 장거리 미사일로 규정하고 대포동 1호[1]라고 불렀다. 그러나 북한은 인공위성인 광명성 1호라고 주장했다.

그 직후인 9월, 북한은 헌법을 개정해 주석제를 없애고 김정일 국방위원장 체제를 공식 출범시켰다. 김정일은 군대를 당보다 앞세우는 선군 정치를 펼쳤다.

금강산 관광이 시작되다

정주영 현대그룹 명예회장이 소 떼를 끌고 방북하고 있다.

금강산 관광

11월 18일, 분단 이후 최초로 금강산 관광이 시작됐다. 이날 1418명을 태운 금강호가 동해항에서 북한으로 출발했다. 금강산 관광은 김정일 북한 국방위원장과 정주영 현대그룹 명예회장이 체결한 합의서에 따른 것이다. 정주영은 이해 두 차례에 걸쳐 1001마리의 소를 끌고 방북하는 등 대북 경제 협력에 적극적이었다. 김대중 정부가 대북 포용 정책인 햇볕정책을 편 것도 금강산 관광의 밑거름으로 작용했다.

금강산 관광은 남북 화해 협력의 상징으로 받아들여졌다. 2003년에는 금강산 육로 관광도 시작된다. 그러나 금강산 관광은 2008년 7월 관광객 박왕자 씨가 북한군 총에 맞아 사망한 후 중단됐다. 관광이 중단될 때까지 금강산을 찾은 남한 사람은 175만 명이 넘는다. 2011년 8월 23일 북측은 금강산에 남아 있던 남측 인원을 모두 철수시킨다.

스크린쿼터 논란이 일다

2 스크린쿼터 | 146일이 기본이었지만 실제로는 106일만 상영하면 스크린쿼터 기준을 충족시킬 수 있었다. 정부가 스크린쿼터를 완화하라는 극장업자들의 요구를 받아들여, 명절에 한국 영화를 하루 상영하면 3분의 5일로 계산해 주는 등의 조치를 했기 때문이다. 2006년 노무현 정부는 미국의 요구를 받아들여 스크린쿼터를 절반(1년에 73일)으로 축소한다.

미국이 한·미투자협정 체결을 위한 협의 과정에서 스크린쿼터 폐지를 요구했다. 스크린쿼터는 극장에서 한국 영화를 1년에 146일[2] 동안 의무적으로 상영하게 한 제도다. 한국 영화를 보호하기 위한 조치였다.

외교통상부는 미국의 요구를 받아들여 스크린쿼터를 폐지하는 것이 바람직하다고 화답했다. 그러자 12월 1일, 영화인 700여 명이 광화문 앞에서 한국 영화 장례식을 치렀다. 영화인들은 스크린쿼터를 폐지하면 막대한 자본력을 앞세운 할리우드 영화에 눌려 한국 영화가 고사할 것이라고 우려했다.

유럽

북아일랜드에서 성금요일평화협정이 맺어지다

4월 10일, 북아일랜드의 8개 정치 세력 및 영국과 아일랜드 정부가 벨파스트에서 이른바 성(聖)금요일[Good Friday]평화협정을 맺었다. 이로써 '피의 일요일' 사건(1972년 참조) 이후 지속돼 온 영국의 직접 지배를 끝내고, 북아일랜드 자치 정부를 구성해 남쪽의 아일랜드 정부[1]와 공동의 이해관계를 논의하기로 했다. 가톨릭을 믿는 아일랜드계와 신교를 믿는 영국계 주민들 사이의 오랜 폭력의 악순환을 끝맺을 계기가 마련된 것이다.

이후 1999년 자치 정부가 성립되고, 2005년 아일랜드계 무장 조직인 아일랜드공화국군(IRA)이 무장 투쟁 포기를 선언한다. 그리고 2007년 5월에는 아일랜드계의 신페인당과 영국계의 민주연합당이 공동 정부를 출범시킨다.

1 아일랜드 정부의 입장 | 아일랜드 정부는 북아일랜드 자치 정부의 수립을 조건으로 북부 지역에 대한 영유권을 포기했다.

아시아

인도네시아의 수하르토 정권이 무너지다

5월 21일, 인도네시아 하지 무하마드 수하르토 대통령이 시민들의 격렬한 저항에 밀려 사임했다. 수하르토는 1965년부터 33년 동안 장기 집권하며 자행한 철권통치와 부패로 악명이 높았다(1965년 참조). 공산당원 수십만 명을 학살했으며, 동티모르와 아체 등 소수 민족들의 독립 요구를 강하게 탄압했다. 수백억 달러의 부정 축재를 저질러 국제투명성기구에 의해 20세기의 가장 부패한 정치인으로 꼽히기도 했다.

경제성장을 이루었다는 것이 유일한 긍정적인 평가였으나 1997년 닥친 아시아 금융 위기로 경제마저 주저앉았다. 5월 12일 전국에서 수하르토의 퇴진을 요구하는 시위가 벌어지자 수하르토는 군대를 동원해 1000명이 넘는 시민을 학살했다. 그러나 결국 정권의 버팀목이던 군대와 미국마저 등을 돌림에 따라 물러날 수밖에 없었다.

이후 인도네시아는 1999년 자유로운 총선거가 실시되고, 2004년 대통령 직선제가 도입되는 등 점진적이고 성공적인 민주화의 길을 걷는다.

하지 무하마드 수하르토

아메리카

9월 4일, 미국에서 웹 검색 업체 구글(Google)이 설립되다

Google™

구글의 로고

여성주의 시각에서 외모 지상주의를 비판한 책 『미스코리아대회를 폭파하라』

1 미스코리아대회 | 미스코리아대회는 이후 케이블 텔레비전에서 중계된다.

2 북방한계선 | NLL은 6·25전쟁 정전협정 후 유엔군 사령관이 정한 해상경계선이다. 북한은 초기에는 이를 문제 삼지 않았다. 그러다 1973년 이후 서해5도(백령도·대청도·소청도·연평도·우도) 주변 바다가 자신들의 영해라고 주장하고 있다.

3 서해 교전의 사망자 수 | 제1차 교전 때 북한은 17명 이상 사망한 것으로 추정됐고, 남한에서는 7명이 다쳤다. 제2차 서해교전에서는 남한 해군 장병도 6명 사망한다.

4 노근리 학살 사건 보도 | AP 통신이 보도하기 전인 1994년, 『한겨레신문』과 월간 『말』이 노근리 학살 사건을 보도했다. 그러나 그때 대다수 국내 언론은 침묵했다. AP통신 보도가 나온 후, 국내 언론들은 노근리 사건을 대서특필했다.

12개 계열사에 대한 워크아웃이 단행된 직후 대우그룹 본사 사옥(지금의 서울사옥)

안티미스코리아대회가 열리다

5월 15일, 제1회 안티미스코리아대회가 열렸다. 여성주의를 표방한 『이프』가 미스코리아대회를 비판하며 기획했다. 미스코리아대회가 여성의 몸을 남성의 시각에서 상품화한다는 비판에서였다. 안티미스코리아대회에 공감하는 목소리가 높아지면서 2002년 지상파 텔레비전에서 미스코리아대회 중계가 사라진다.[1]

남북한 해군이 서해에서 교전하다

6월 15일, 인천시 옹진군 연평도 인근 해상에서 남북한 해군이 교전을 벌였다. 교전의 근본 원인은 북방한계선(NLL)[2]에 대한 시각 차이였다. 서해교전은 2002년 6월 29일에 다시 연평도 주변에서, 2009년 11월 10일에는 대청도 인근에서 벌어진다.[3] 세 번 모두 북한의 선제공격으로 시작됐다.

한국군의 베트남전쟁 민간인 학살과 미군의 노근리 학살이 보도되다

9월, 『한겨레21』이 베트남전쟁 당시 한국군의 민간인 학살 문제를 최초로 보도했다. 6·25전쟁 등에서 민간인 학살 피해를 겪은 한국인들이 베트남에서는 가해자였다는 사실은 사회에 큰 충격을 줬다. 2001년, 김대중 대통령은 베트남에 사과한다.

베트남전쟁 민간인 학살 문제가 공론화된 바로 그달, 외신인 AP통신이 노근리 학살 사건을 보도했다.[4] 6·25전쟁 발발 직후인 1950년 7월 미군이 충청북도 영동군 노근리에서 비무장 민간인들을 학살한 사건이었다. 2001년, 빌 클린턴 미국 대통령은 이 사건에 대해 사과하는 대신 깊은 유감을 표명한다.

대우그룹이 몰락하다

11월 1일, 김우중 회장을 비롯한 대우그룹 경영진이 모두 물러났다. 그 후 대우그룹은 채권단 손에 넘어가 공중분해됐다. 대우그룹은 삼성·현대그룹과 재계 1위를 다투던 굴지의 대기업이었으며 김우중은 '세계 경영'이란 구호 아래 그룹의 외형을 키우는 데 주력했다. 이 과정에서 엄청난 빚을 끌어들이고, 분식 회계(기업의 경영 상태를 좋게 보이기 위해 거짓으로 꾸미는 회계)를 통해 부실을 숨기다 결국 몰락했다.

유럽

새로운 통화, 유로가 도입되다

1월 1일, 유럽연합(EU) 가맹국 가운데 11개 나라가 유로(EURO)라는 공동의 통화를 도입했다. 이로써 미국 달러와 견줄 만한 새로운 국제 통화가 탄생했다.

처음에는 나라들 사이의 거래를 위한 가상의 통화로만 존재했지만, 2002년 1월 1일 지폐와 동전이 발행돼 본격적으로 일상에서 쓰이기 시작한다. 2011년 현재 유럽연합에서 독일, 프랑스, 이탈리아, 에스파냐 등 17개 나라가 유로를 사용하고 있으며,[1] 영국, 덴마크 등은 독자적인 통화를 유지하고 있다.

10유로 지폐

1 유로와 유로존 | 유로를 쓰는 나라들을 유로존(Euro-zone) 국가라고 부른다.

유럽

코소보 사태가 벌어지다

보스니아내전(1992년 참조) 이후 유고슬라비아연방은 해체됐으나, 세르비아와 몬테네그로의 두 공화국과 코소보와 보이보다의 두 자치주는 신(新)유고슬라비아연방을 결성했다. 그런데 세르비아가 코소보의 자치권을 박탈하고 자국에 통합시키자, 1998년 3월 코소보 주민들은 코소보해방군을 결성해 독립운동에 나섰다. 세르비아 정부는 이들을 대량 학살하고 '인종 청소'를 감행했다.

미국과 유럽연합 등 국제 사회는 평화로운 사태 해결을 촉구했으나 받아들여지지 않았다. 신유고연방슬라비아의 슬로보딘 밀로셰비치 대통령은 세르비아를 중심으로 발칸반도의 슬라브족을 통일하려는 세르비아 민족주의(대(大)세르비아주의)를 지향했기 때문이다. 결국 1999년 3월 24일 북대서양조약기구(NATO)군이 대규모 공습을 벌인 끝에 6월 9일에야 사태가 수습되고 세르비아는 코소보에서 철수한다.[2]

슬로보딘 밀로셰비치
'발칸의 도살자'라는 별명으로 불렸다. 2000년 민중 봉기로 쫓겨나 네덜란드 헤이그의 구유고슬라비아국제형사재판소(ICTY)에서 보스니아내전과 코소보 사태 당시의 학살 혐의로 기소되지만, 재판이 끝나기 전에 감옥에서 지병으로 사망한다.

2 세르비아와 코소보 | 정교를 믿는 세르비아와 달리, 코소보는 무슬림 인구가 다수를 차지한다. 코소보는 2008년 세르비아로부터 독립을 선언하지만 아직 많은 나라로부터 인정을 받지는 못하고 있다.

아메리카

시애틀에서 세계화 반대 시위가 벌어지다

11월 30일, 미국 시애틀에서 열린 세계무역기구(WTO)(1995년 참조) 각료 회의에 발맞춰, 전 세계 수백 개 사회 운동 단체 회원들도 시애틀에 모여들어 신자유주의 세계화와 자유 무역의 확대에 반대하는 시위를 벌였다. 4만 명 이상의 시위대가 회의를 무산시키기 위해 도로를 점거하자, 미국 정부는 비상사태를 선포하고 최루탄과 고무탄을 발사해 간신히 진압했다.

시위대는 세계화와 자유 무역이 다국적 기업만 살찌우며 노동자들의 삶을 위기로 몰아넣고 있다고 주장했다. 자본과 상품의 자유로운 이동으로 인해 선진국 노동자들은 일자리를 위협받고, 개발도상국 노동자들은 빈부의 격차가 심해졌다는 것이다. 또한 다국적 기업들이 별다른 규제 없이 자연 환경과 생태계를 무차별적으로 파괴하고 있다는 비판도 제기됐다.

시위대의 피켓
"노동자들은 말한다. WTO가 민주주의를 끝장낸다"라고 적혀 있다.

1 | 참여연대를 비롯한 400여 시민사회 단체가 총선연대를 구성했다. 총선시민연대가 발표한 낙선 대상자 86명 가운데 59명이 낙선했다.

총선시민연대가 제16대 총선(411 3)을 앞두고 낙천 · 낙선 운동을 하다[1]

제1차 남북정상회담이 열리다

6월 13일, 김대중 대통령이 평양을 찾아 김정일 북한 국방위원장과 만났다. 분단 이후 처음으로 열린 역사적인 남북정상회담이었다. 두 정상은 이틀 후 6·15남북공동성명을 발표했다. 이 성명에는 ▶자주적으로 통일 문제를 해결하고 ▶통일을 위한 남측의 연합제 안과 북측의 낮은 단계의 연방제 안이 공통성이 있다는 점을 인정하며 ▶교류와 협력을 확대한다는 등의 내용이 담겼다.

두 손을 맞잡은 김대중 대통령과 김정일 국방위원장

이후 남북한은 경의선 철도 및 도로 복원에 합의한다. 8월부터는 이산가족 상호 방문이 이뤄지고, 남측에 있던 비전향 장기수들이 북측에 송환됐다. 또한 9월 15일 시드니올림픽 개막식 때 남북한 선수단이 한반도기를 들고 함께 입장했다.

남북 화해 분위기[2]는 김대중 대통령이 추진한 햇볕정책의 성과였다. 일방적인 퍼주기라는 비판도 있지만, 한반도에 평화의 시대를 열었다는 긍정적인 평가가 더 많다.

2 남북 화해 분위기 | 민간에서도 남북한 병사들의 우정을 다룬 영화 〈공동경비구역 JSA〉가 인기를 끄는 등 북한에 대한 우호적인 분위기가 조성된다. 남북 화해는 북미 관계에도 영향을 줬다. 10월 조명록 북한 인민군 차수와 매들린 올브라이트 미국 국무장관은 미국과 북한을 상호 방문해 관계 개선 방안을 논의했다. 그러나 2001년 조지 부시 정부가 들어선 후 북미 관계는 다시 냉각된다.

의약 분업 문제를 두고 의료 대란이 벌어지다

7월 1일, 정부가 '진료는 의사, 조제는 약사'가 하도록 하는 의약 분업을 전격 시행했다. 의약품 오남용 문제를 해결하기 위해서였다. 의료계는 조제권을 약사에게 넘겨주는 대신 처방료를 인상할 것 등을 요구하며 '의사 파업'을 벌였다. '의사 파업'은 국민의 건강을 담보로 한 이기적인 행동이라는 비판을 받았다. 의료 대란은 12월에 가까스로 해결된다.

주한미군의 '한강 독극물 방류' 사실이 드러나다

7월 13일, 환경 운동 단체인 녹색연합이 주한미군의 독극물 방류 사건을 폭로했다. 미군 군무원이 포름알데히드 등 인체에 치명적인 독극물 200여 리터를 한강에 몰래 흘려보냈다는 것이었다. 주한미군 사령관은 자체 조사를 거쳐 공식 사과하고 재발 방지를 약속한다.

12월 10일, 김대중 대통령이 노벨평화상을 받다

미국의 한강 독극물 방류 사건은 봉준호 감독의 영화 〈괴물〉(2006년)의 모티브가 된다.

프랑스에서 주 35시간 노동제가 도입되다

유럽

2월, 프랑스에서 사회당의 리오넬 조스팽 총리가 이끄는 좌파 연합 정부가 세계 최초로 주 35시간 노동제를 도입했다. 주 노동 시간을 39시간에서 4시간 줄임으로써 일자리를 늘리고 실업률을 낮추기 위한 조치였다. 재계가 격렬히 반발했지만 정부는 밀어붙였다.

그러나 2005년 대중 운동 연합의 우파 정부는 교사와 공무원 등 공공 부문 노동자들의 시위와 파업에도 불구하고 35시간 노동제를 대폭 완화한다. 노사가 합의하면 주 노동 시간을 48시간까지 늘릴 수 있도록 한 것이다. 노동 생산성이 떨어졌다는 것이 그 이유였다.

교황이 가톨릭의 잘못을 사과하다

유럽

3월 12일, 교황 요한 바오로 2세가 미사에서 지난 2000년간 가톨릭교회가 저지른 잘못들을 사과했다. 십자군전쟁 과정의 학살, 중세의 마녀 사냥, 포르투갈과 에스파냐의 아메리카 대륙 정복을 옹호한 일 등이 언급됐다.

요한 바오로 2세

러시아에서 푸틴의 시대가 시작되다

유럽

5월 7일, 블라디미르 푸틴이 러시아 대통령으로 취임했다. 옛 소련의 KGB[1] 요원 출신으로, 총리로서 체첸 반군을 강경히 진압한 일로 대중적인 지지를 얻기 시작했다. 1999년 12월 31일 보리스 옐친 전 대통령이 임기 도중 사임한 뒤 대통령 권한 대행을 맡아 왔다.

푸틴은 '강하고 위대한 러시아'라는 슬로건을 내걸고 소련 해체(1991년 참조) 이후 러시아가 처한 정치, 경제적 혼란을 극복하려 한다. 미국 등 서방 국가에 강경한 태도를 취해 간섭에서 벗어나는 한편, 석유와 천연가스 같은 천연 자원을 국유화한다.[2] 마침 국제 유가도 크게 오른 덕에 그의 재임 기간 동안 러시아 경제는 안정과 성장을 누린다. 하지만 정치적 경쟁자와 자신에게 비판적 언론에 테러를[3] 가하는 등 민주주의를 압살한 독재자라는 평가도 받고 있다.

푸틴은 2004년 71퍼센트의 압도적인 지지를 바탕으로 재선에 성공한다. 2008년에는 세 번 연속으로 대통령이 될 수 없는 헌법 규정 때문에 물러나지만, 2012년 다시 대통령 선거에서 승리해 세 번째 임기를 시작한다.

1 KGB | 국가보안위원회. 러시아어로는 '카게베'라고 읽는다. 옛 소련의 비밀경찰 조직이다.

2 러시아의 천연자원 국유화 | 2003년 러시아 정부는 러시아 최대의 석유 회사인 유코스의 사장을 횡령 및 탈세 혐의로 구속하고, 회사를 국유화해 버린다.

3 푸틴과 언론 | 2006년 노바야가제타 신문사의 기자 안나 폴리트코프스카야는 러시아군이 체첸에서 저지른 인권 유린을 고발하다 괴한에 의해 암살된다.

블라디미르 푸틴

성공한 쿠데타는 처벌할 수 없다.[1]

붕어빵에는 붕어가 없고
사과 상자에는 사과가 없다.[2]

IMF=I'M Fired.[3]

[1] 검찰이 12·12쿠데타에 불기소 처분을 내리면서 한 말
1980년대에 이어 1990년대에도 5·18 당시 민간인 학살의 책임을 물어
전두환·노태우 전 대통령을 처벌하라는 요구가 나왔다. 이에 대해 검찰은 위와
같이 밝히며 불기소 처분을 내렸다. 5·18 과 관련해서도 '공소권 없음'이라고
밝혔다. 그러나 1995년 비자금 사건을 계기로 시민들은 두 전직 대통령
처벌을 요구하며 거리를 메웠다. 결국 두 전직 대통령은 감옥에 갔고, "성공한
쿠데타는 처벌할 수 없다"라는 검찰 발표는 조롱거리가 됐다.

[2] 정태수 한보그룹 회장의 행태를 빗댄 말
1997년 한보 사태 당시 정태수 한보그룹 회장은 사과 상자에 돈을 담아
정치인들에게 건넸다고 밝혔다. 그 후 세간에서 회자된 농담이다.

[3] 1997년 외환위기의 실태를 빗댄 말
1997년 국제통화기금 (IMF)은 구제금융을 제공하는 조건으로 강도 높은 구조
조정을 요구했다. 그 결과 많은 국민이 일자리를 잃고 거리로 내몰렸다. 이로
인해 "IMF는 I'M Fired(나 해고됐어)의 줄임말"이라는 슬픈 농담이 유행했다.

발전에 대한 권리는 현재 세대와 이후 세대
모두의 발전 및 환경에 대한 필요를 공정하게
충족시킬 수 있는 방식으로 실현돼야 한다.[1]

세계화가 그 신봉자들의 주장대로
무역 장벽을 철폐하여 교역 증대의
건지와 국물을 같이 나누려는 노력이라면
별로 반대하고 싶지 않다.
세계화가 정보의 문화의 공유를 토대로
민족 간의 이해를 증진하는 노력이라면,
더더욱 반대할 이유가 없다.
그러나 세계화는 강대국 이기주의를
은폐하고 변호하며, 그것을 강요하는
조류라는 점에서 분명히 '편파적으로'
작동한다.[2]

1 1992년 브라질 리우데자네이루에서 열린 유엔환경개발회의가 채택한
「의제21」의 일부
지속 가능한 발전'의 당위성을 주장하고 있다.

2 한국의 경제학자 정운영의 『자본주의 경제 산책』에서
정운영은 신자유주의적인 세계화가 강대국에게만 유리하고 약소국에게는
불리한 현상이라고 비판했다.

2000년대

2001~2010

세계는 금융 위기에 휩쓸리고,
한국은 다양한 정치·사회적 갈등에 직면하다
—— 1 ——

2000년대의 한국과 세계

세계는 금융 위기에 휩쓸리고, 한국은 다양한 정치·사회적 갈등에 직면하다

21세기는 테러, 전쟁과 함께 막이 오른다. 국제 테러 조직 알카에다가 민간 항공기를 납치해 미국의 세계무역센터 건물을 공격하는 상상치 못한 사건이 벌어지고, 미국 정부는 이에 대한 보복으로 아프가니스탄을 전격 침공한다. 뒤이어 대량 살상 무기를 제거한다는 명분으로 이라크에 대한 침공도 감행한다. 또한 미국발 세계 금융 위기가 전 세계 경제를 심각한 위기로 몰아가며 신자유주의의 파산을 선고한다. 한편 중국은 세계 제2위의 경제 대국으로 급부상한다.

한국에서는 민주화 이후 다양한 정치, 사회적 갈등이 첨예화된다. 미군 기지 평택 이전, 미국산 쇠고기 수입, 한·미자유무역협정, 용산 재개발 참사, 쌍용자동차 정리 해고 등의 문제를 두고 시민·노동자와 정부 사이에, 진보와 보수 사이에 치열한 다툼이 계속된다. 남북 관계는 금강산 관광 사업과 개성 공단 설치로 화해 분위기가 고조되는 듯했으나, 북핵 문제와 천안함 침몰, 연평도 포격 사건으로 인해 급속히 얼어붙는다.

일본 역사 왜곡 교과서 파문	**2001**년	9·11 테러
		미국, 아프가니스탄 침공
한·일 공동 월드컵 개최	**2002**년	
여중생 추모 촛불 집회		
개성공단 착공	**2003**년	브라질, 룰라 집권
		미국, 이라크 침공
노무현 대통령 탄핵 사건	**2004**년	중국, 후진타오 집권
		인도양 쓰나미
안기부-삼성 X파일 사건	**2005**년	
황우석 사건		
비정규직 관련법 국회 통과	**2006**년	트위터 등장
		타이, 탁신 축출
제2차 남북정상회담	**2007**년	미국, 서브프라임모기지 사태
서해안 기름 유출 사고		북극 얼음 최저치 기록
미국산 쇠고기 반대 촛불 시위	**2008**년	세계 금융 위기
용산 참사	**2009**년	신종인플루엔자A 대유행
노무현·김대중 전 대통령 서거		
천안함 사건 및 연평도 포격 사건	**2010**년	위키리크스, 미국 기밀 문건 폭로
한·미FTA 비준안 국회 통과		그리스 재정 위기

1 언론사 세무 조사 | 2001년
조사는 언론사를 대상으로 한
꺼번에 이뤄진 두 번째 세무
조사였다. 언론사에 대한 최
초의 세무 조사는 김영삼 정부
시절인 1994년에 실시되었
다. 2001년과 달리 1994년
조사 결과는 공개되지 않아 언
론과 정치권의 유착 의혹이 제
기됐다. 2001년 김영삼 전 대
통령은 1994년 언론사 세무
조사와 관련해 '세금의 일부만
거둬들였다'라고 말했다.

2 탈루 | 수입을 의도적으로
숨기는 것

'새로운 역사 교과서를 만
드는 모임'에서 만든 중학
교 역사 교과서

3 새역모 교과서 | 2001년 일
선 학교에서 후소샤 역사 교과
서를 채택한 비율은 0.039퍼
센트였다. 그로부터 10년간
새역모 계열 교과서 채택률은
급증했다. 새역모 계열이 만
든 이쿠호샤 교과서는 2012
년도 중학교 교과서 중 약 4퍼
센트를 차지했다.

4 동북공정 | 중국의 현재 영
토 안에서 일어난 모든 과거사
를 중국사로 편입하려는 국가
차원의 프로젝트다. 동북공정
논리대로라면 고구려와 발해
의 역사는 한국사가 아니라 중
국의 지역사가 돼 버린다.

5 1차 손해배상 청구소송 | 매
향리 주민들은 1998년 국가
를 상대로 1차 손해배상청구
소송을 제기했다.

언론사 세무 조사를 실시하다

2월 8일, 국세청이 23개 언론사에 대한 세무 조사에 착수했다. 6월 20일, 국세
청은 해당 언론사들과 대주주 등이 1조 3594억 원의 소득과 5056억 원의 법인
세를 탈루했다고 발표했다. 그 후 『조선일보』, 『동아일보』, 『국민일보』 사주가 탈
세·횡령 혐의로 구속 수감됐다. 해당 언론사들은 '언론 탄압'이라고 반발했다. 그
러나 언론 개혁을 요구하는 시민사회 단체들은 세무 조사에 찬성했다.

일본 역사 왜곡 교과서 파문이 벌어지다

3월, 일본 내 우익 성향의 '새로운 역사 교과서를 만드는 모임(새역모)'에서 만든
후소샤 역사 교과서가 교과서 검정을 통과했다. 일본이 주변국을 침략하고 민간
인을 학살한 사실 등을 제대로 담지 않고 역사를 왜곡한 교과서였다. 한국과 중
국 정부는 일본에 항의했다. 일본 내에서도 새역모 교과서를 비판하는 목소리가
나왔다. 그렇지만 새역모 교과서는 정식 교과서로 채택돼 학교에서 쓰였다. 한편
중국이 2002년 동북공정을 시작하면서 한국과 중국도 역사 문제를 둘러싸고
갈등한다.

연예인 '노예 계약' 논란이 일다

6월 17일, MBC 〈시사매거진 2580〉이 연예 기획사와 연예인 사이의 불공정 계
약 문제를 고발했다. 이를 계기로 연예인 '노예 계약' 논란이 일었다. 적잖은 연예
기획사와 연예인들은 '부당한 계약이 연예계 전반의 문제처럼 보이게 했다'라며
MBC 출연을 거부했다. '노예 계약' 보도는 연예계의 불공정 계약 관행을 돌아보
는 계기가 된다.

매향리 미군 사격장 논란이 커지다

8월 13일, 경기도 화성시 매향리 주민들이 국가를 상대로 2차 손해배상청구소
송을 제기했다. 미국 공군 사격장 때문에 생긴 피해를 보상하라는 소송이었다.
매향리 미군 사격장은 1951년에 들어섰다. 그 후 주민들은 땅을 헐값에 징발당
하고, 오폭으로 인해 죽고 다쳤다. 소음 공해에 시달리고 주택이 파괴되는 피해
도 봤다. 매향리 미군 사격장은 2005년 폐쇄된다.

위키피디아의 로고

1 위키피디아(Wikipedia) | '빨리'라는 뜻의 하와이어 'wiki'와 백과사전을 뜻하는 영어 'encyclopedia'의 합성어다.

2 웹2.0 | 사용자가 직접 정보를 생산하고 공유할 수 있는 사용자 중심의 인터넷 환경. 블로그, 유튜브, 트위터 등도 이에 속한다.

위키피디아가 등장하다

아메리카

1월 15일, 미국에서 지미 웨일스가 새로운 개념의 인터넷 백과사전인 위키피디아[1]를 만들었다. 누구나 편집과 관리에 자유롭게 참여할 수 있어 그 항목과 내용이 빠르게 늘어났으며, 방대한 정보와 신속한 수정, 자유로운 활용으로 인해 웹2.0[2]의 가장 대표적인 모델로 여겨지고 있다. 하지만 정보의 정확성과 책임 소재 문제, 악의적인 편집 가능성으로 인해 백과사전의 자격이 부족하다는 비판도 있다.

네덜란드에서 동성 결혼이 허용되다

유럽

4월 1일, 네덜란드에서 남성과 남성, 여성과 여성 간의 동성(同性) 결혼이 세계 최초로 합법화됐다. 크리스트교 등 종교계의 반대가 컸지만 개인의 행복 추구권과 평등권이 더 중요하다고 판단한 데에 따른 것이었다. 이후 벨기에, 에스파냐, 캐나다, 남아프리카공화국, 노르웨이, 스웨덴, 포르투갈, 아르헨티나와 미국의 일부 주 등에서도 차례로 합법화된다. '시민 결합'이나 '파트너 등록제'와 같은 이름으로 동성 간의 결합을 허용하는 나라들도 있다.

9·11 테러가 일어나다

아메리카

9월 11일, 미국 경제와 세계 자본주의 체제의 상징인 뉴욕의 세계무역센터 건물이 알카에다(1988년 참조)의 테러 공격으로 무너져 2800여 명이 목숨을 잃었다. 알카에다는 이날 아침 4대의 민간 여객기를 납치해 그중 2대를 세계무역센터에 충돌시켰다. 또 다른 1대로는 미국 국방부 건물을 공격했다. 마지막 1대로는 워싱턴의 국회의사당을 공격하려 했으나 승객들의 저항으로 실패했다. 승객들은 여객기가 추락해 모두 목숨을 잃었다.

그라운드제로
세계무역센터가 무너진 자리는 그라운드제로(Ground Zero)로 불렸다.

조지 W. 부시 미국 대통령은 테러의 배후를 색출해 반드시 응징하겠다며 보복을 다짐했다. 그리고 10월 7일, 미국은 알카에다의 지도자인 오사마 빈 라덴을 보호하고 있다는 이유로 아프가니스탄을 전격 침공한다. 11월 13일 아프가니스탄의 수도인 카불을 함락하고 탈레반 정권을 몰아내지만 빈 라덴을 체포하는 데는 실패한다. 9·11 테러는 미국이 역사상 최초로 본토를 공격당한 사건이었으며, 이후 전 세계적인 테러리즘 유행의 시발점이기도 했다.

아프가니스탄을 침공한 미군

1 성매매 여성 사망 | 개복동 참사 2년 전인 2000년에도 군산 대명동 성매매 업소 집결지에서 화재로 5명의 여성이 사망했다.

월드컵 거리 응원 물결

여중생 추모 촛불 집회

감금됐던 성매매 여성들이 화재로 사망하다

1월 29일, 전라북도 군산시 개복동의 성매매 업소 집결지에서 화재가 발생했다. 이 화재로 성매매 여성 10여 명이 사망했다.[1] 여성들이 감금돼 있었기 때문에 빠져나올 수 없었다는 사실이 조사 과정에서 드러났다. 이 사건을 계기로 성매매 근절을 요구하는 목소리가 높아졌다. 그 결과 2004년 성매매방지법이 제정된다.

5월 31일부터 6월 30일까지 한·일 공동 월드컵이 열리다

두 여중생이 미군 장갑차에 깔려 숨지다

6월 13일, 경기도 양주에서 여중생 심미선·신효순이 훈련 중이던 미군 장갑차에 깔려 숨졌다. 한국은 미국에 재판권을 포기할 것을 요구했다. 그러나 미국은 한·미주둔군지위협정(1967년, 1992년 참조)을 근거로 요구를 거부했다. 11월, 미국 군사법정은 여중생을 죽게 만든 미군들에게 무죄 평결을 내렸다. 11월 26일, 분노한 시민들이 여중생을 추모하는 촛불 집회를 종로에서 열었다. 촛불 집회는 전국으로 확산됐고, 불평등한 한·미 관계를 바로잡아야 한다는 목소리가 곳곳에서 울려 퍼졌다.

9월 29일부터 10월 14일까지 제14회 아시안게임이 부산에서 열리다

제16대 대선에서 노무현 후보가 승리하다

12월 19일에 치러진 제16대 대선에서 민주당의 노무현 후보가 한나라당의 이회창 후보를 눌렀다. 이해 초까지만 해도 노무현이 대선에서 승리할 것이라고 예상하는 사람은 거의 없었다. 노무현은 지역주의 타파 등을 내걸고 국민 참여 경선에서 돌풍을 일으키며 민주당의 대선 후보가 됐다. 그 후 노무현은 지지율이 하락해 후보 사퇴 요구를 받지만, 무소속 정몽준 후보와 단일화하는 데 성공하며 다시 지지율을 높였다. 대선 전날 정몽준이 '지지 철회'를 선언했음에도, 노무현은 대선에서 승리했다. 당선 가능성이 가장 높은 인물로 거론되던 이회창은 아들 병역 기피 논란 등에 발목이 잡혀 패배했다.

아메리카

관타나모 수용소가 설치되다

1월, 미국이 쿠바 동부의 관타나모 해군 기지에 수용소를 설치해 아프가니스탄 등에서 체포한 포로와 테러 용의자들을 수감했다. 국제 사회와 인권 단체는 제네바협약에 규정된 전쟁 포로의 권리를 침해하는 행위이며, 수감자에게 항변할 법적인 수단도 주어지지 않는다고 비난했다. 나아가 물고문 등의 가혹 행위와 수치심을 자극하는 모욕 행위가 빈번하게 일어나고 있다고 고발했다.

아메리카

부시 대통령이 '악의 축'을 지목하다

1월 29일, 부시 미국 대통령이 이란, 이라크, 북한을 '악의 축(axis of evil)'으로 지목하고 강경하게 대응하겠다고 밝혔다. 부시는 이들 세 나라가 대량 살상 무기(WMD)를 개발해 테러를 지원하고 있다고 비난했다. 하지만 이러한 주장에 설득력 있는 근거가 없으며, 9·11 테러가 미국에 제3세계를 공격할 무제한의 권리를 준 것은 아니라는 비판도 국내외에서 강하게 제기됐다.

유럽

네덜란드에서 안락사가 허용되다

4월 1일, 네덜란드에서 안락사가 세계 최초로 합법화됐다. 고통스러운 불치병으로 죽음을 앞둔 사람이 본인 혹은 가족의 요청에 따라 편안한 죽음을 맞을 수 있도록 한다는 취지였다. 하지만 생명 경시 풍조를 낳고, 손쉽게 치료를 중단할 명분을 제공하며, 살인에 악용될 수 있다는 반론도 거셌다.

아시아

동티모르가 독립하다

5월 20일, 동(東)티모르가 오랜 갈등 끝에 인도네시아로부터 독립했다. 1998년 수하르토 정권이 무너지자 국제 사회의 압력을 더는 견디지 못한 인도네시아 정부가 주민 투표를 전제로 독립을 허락했기 때문이다. 1999년 8월 30일 치러진 주민 투표에서 78.5퍼센트의 찬성으로 독립이 확정됐다. 독립에 반대하는 측의 민병대가 학살과 방화를 저지르며 저항했기에 유엔 평화 유지군이 들어가 질서를 유지해야 했다.

포르투갈의 지배를 받던 동티모르는 1975년 포르투갈이 물러나자 독립을 선언했지만 곧바로 인도네시아에 점령됐다. 인도네시아군은 동티모르인들의 저항을 꺾기 위해 인구의 10퍼센트에 이르는 6만여 명을 학살한 바 있다.

관타나모 수용소 수감자들의 모습

1 관타나모 해군 기지 | 1903년 미국이 쿠바로부터 빌렸다. 쿠바혁명(1959년 참조) 이후 쿠바 정부가 철수를 요구했지만 미국은 응하지 않고 있다.

조지 W. 부시
조지 H. W. 부시 제41대 대통령의 아들이다.

2 악의 축 | 제2차 세계대전 당시 독일, 이탈리아, 일본의 추축국(Axis Powers)에 빗댄 표현이다.

3 안락사 선택 | 2010년 네덜란드에서 안락사를 택한 사람은 3100여 명이며, 매년 빠르게 증가하고 있다.

4 티모르섬 | 티모르섬은 16세기부터 포르투갈의 식민지였으나, 19세기 후반부터 서부는 네덜란드, 동부는 포르투갈의 지배를 각각 받았다. 서부는 1956년 인도네시아가 네덜란드로부터 독립하면서 자연스럽게 인도네시아의 일부가 됐지만, 동부는 계속 포르투갈의 식민지로 남아 있었다. 동부와 서부는 가톨릭과 이슬람교라는 종교적 차이도 있었다.

1 사측의 조치에 대한 노동 운동가들의 견해 | 노동 운동가들은 파업 참가 노동자에 대한 손해배상청구소송 및 자산 가압류 조치가 노동자를 경제적으로 위축시켜 노동자의 정당한 권리 행사를 막는 조치라고 보고 있다.

2 영도조선소 85호 크레인 | 2011년 김진숙 민주노총 부산 본부 지도위원도 85호 크레인에 올라간다. 김 지도위원은 한진중공업에서 해고된 노동자로, 정리 해고 철회 등을 요구하며 309일 동안 농성한다. 많은 시민이 김 지도위원의 고공 농성에 호응하며 희망버스라는 새로운 운동 형태를 탄생시킨다. 김 지도위원의 농성이 끝난 후, 한진중공업은 85호 크레인을 철거하기로 결정한다.

공사 중인 개성공단

3 북한의 NPT 탈퇴 | 북한은 10년 전인 1993년에도 NPT 탈퇴를 선언한 적이 있다.

4 6자회담 | 6자회담 참가국은 남한, 북한, 미국, 중국, 러시아, 일본이다.

노동자들이 연이어 목숨을 끊다

1월 9일, 두산중공업 노동자 배달호가 분신해 목숨을 끊었다. 회사 측의 손해배상청구소송 및 자산 가압류 조치가 직접적인 원인이었다. 배달호는 정리 해고 반대 파업에 동참했다가 회사 눈 밖에 났다. 10월 17일, 한진중공업 노동자 김주익이 129일간 농성하던 영도조선소 85호 크레인에서 목을 매 숨졌다. 김주익은 파업 참가 노동자에 대한 회사 측의 손해배상청구소송 취하 등을 요구하며 농성했다. 같은 달 30일 한진중공업 노동자 곽재규도 목숨을 끊었다.

2차 북핵 위기가 불거진 가운데 개성공단이 만들어지다

1월 10일, 북한이 다시 핵확산금지조약(NPT) 탈퇴를 선언하면서 2차 북핵 위기가 심화됐다. 2차 북핵 위기는 2002년 10월 미국이 '북한이 핵 개발 계획을 인정했다'고 주장하며 북한을 압박하면서 시작됐다.

악화된 북핵 문제를 풀기 위한 6자회담이 8월에 시작됐다. 6자회담의 성과로 2005년 9·19공동성명이 발표된다. 이 성명의 핵심은 북한이 핵무기 및 핵 개발 계획을 포기하고, 미국과 북한은 관계 정상화를 추진한다는 것이다. 그러나 9·19공동성명은 순조롭게 이행되지 못하고, 북한은 2006년과 2009년에 핵 실험을 한다.

한편 핵 위기와 별개로 남북한 경제 협력은 진행됐다. 남북한은 6월에 개성공단 착공식을 열었다. 남한의 자본·기술과 북한의 토지·노동력을 결합한 개성공단은 남북 경협의 상징으로 자리 잡는다.

2월 18일, 대구 지하철 화재 참사가 발생해 192명이 사망하다

부안에서 방폐장 건설을 놓고 갈등이 발생하다

7월, 전라북도 부안군수가 정부에 방사성 폐기물 저장 시설(방폐장) 유치를 신청했다. 이를 계기로 심각한 갈등이 빚어졌다. 일부 주민들과 환경 단체는 방사성 물질 오염 가능성을 우려하며 방폐장 건설을 반대했다. 이와 달리 지역 발전을 위해 방폐장이 필요하다며 찬성하는 주민도 적지 않았다. 주민들 간의 갈등, 반대하는 주민과 정부의 대립이 2년 넘게 계속됐다. 2005년 정부는 부안 방폐장 건설을 포기한다.

라틴아메리카에서 좌파 정권이 연달아 들어서다

1월 1일, 중도 좌파 정당인 브라질노동자당(PT)의 루이스 이나시우 룰라 다 시우바('룰라')가 브라질 대통령에 취임했다. 룰라는 금속노조 위원장으로서 브라질의 노동 운동을 이끌어 왔다. 집권 후에는 빈곤 문제 해결을 위한 복지 정책을 펼쳐 빈민들에게 식량과 생계비를 지원하고 최저 임금을 현실화한다.[1] 또한 경제성장에도 힘써 빈곤층이 크게 줄고 중산층이 늘어나며, 어려움에 처해 있던 브라질 경제는 세계 8위 규모로 성장한다.

브라질 외에도 라틴아메리카에서는 베네수엘라(1999), 칠레(2000), 에콰도르(2003), 아르헨티나(2003), 우루과이(2005) 등에 연달아 좌파 정권이 들어섰다. 미국의 주도로 진행된 신자유주의 세계화가 이 지역에 경제 위기와 극심한 빈부 격차를 가져왔으며, 이에 대한 근본적인 수정과 개혁이 시급하다는 인식이 확산된 탓이었다.

미국이 이라크를 침공하다

3월 19일, 미국이 영국, 오스트레일리아 등 동맹국들과 함께 이라크를 침공했다. 미국은 이라크가 생화학 무기를 비롯한 대량 살상 무기를 보유하고 있다며, 세계 평화를 위해 선제공격을 통해서라도 이를 제거해야 한다고 주장했다. 또한 이라크인들을 위해 독재자인 사담 후세인 이라크 대통령을 몰아내 주겠다는 명분도 내세웠다.

미군과 동맹군은 4월 10일 바그다드를 장악해 후세인 정권을 무너뜨리고 5월 1일 승리를 선언한다. 하지만 미국은 전쟁의 명분으로 내걸었던 대량 살상 무기를 끝내 찾아내지 못한다. 또한 종전 선언에도 불구하고 이라크인들의 저항이 수그러들지 않아 끝이 보이지 않는 전쟁의 수렁에 빠져든다. 미군 사망자는 5월 1일까지 138명이었으나, '전쟁이 끝난 뒤' 2011년까지 4300명이 더 전사한다.[2]

인간의 유전자 지도가 완성되다

4월 14일, 미국과 영국 등 6개 나라 과학자들이 1990년부터 공동으로 추진해 온 인간게놈프로젝트(Human Genome Project)가 완료됐다. 이로써 인간의 모든 유전 정보가 해독됐다. 인간의 유전 정보는 세포핵 안에 있는 23쌍의 염색체 속에 DNA라는 분자 구조로 존재하며, 이는 30억 개에 달하는 염기의 배열로 이뤄져 있다. 하지만 아직까지 모든 유전자의 역할 및 특정한 유전자가 기능하는 방식에 대해서는 완전히 밝혀지지 않았다.

1. 룰라 | 룰라는 빈곤의 근본 원인 가운데 하나가 낮은 교육 수준이라고 보고, 자녀를 학교에 보내는 조건으로 생계비를 지원하는 정책(볼사 파밀리아)을 시행하기도 했다.

룰라
복지 정책과 경제 정책의 성공 덕에 2011년 퇴임할 때도 80퍼센트가 넘는 지지율을 보였다.

2 미국의 이라크 침공 | 이라크인 희생자는 10만 명이 넘는 것으로 추정된다.

체포된 후세인
후세인은 12월 미군에 붙잡혀 재판에서 사형 선고를 받고 2006년 처형된다.

인간 유전자 지도

노무현 대통령이 탄핵당하다

1 민주당 | 노무현 대통령이 2003년 민주당을 탈당해 열린우리당을 창당하면서 민주당은 야당이 됐다.

노무현 대통령 탄핵 사건에 대한 결정문을 발표하는 헌법재판소

2 제17대 총선 | 세풍 사건과 '차떼기'로 상징되는 대선 자금 문제도 총선에 적잖은 영향을 끼쳤다. 세풍 사건은 1997년 대선 때 이석희 국세청 차장 등이 이회창 후보를 위해 대기업들로부터 166억 원을 불법 모금한 사건이다. '차떼기'는 2002년 대선 때 이회창 후보 측이 기업들로부터 현금을 실은 차를 통째로 넘겨받은 것을 말한다. 검찰은 2002년 대선 당시 이회창 후보 측이 823억 원, 노무현 후보 측이 113억 원의 불법 자금을 받았다고 밝혔다. 한편 제17대 총선에서 진보정당인 민주노동당은 10석을 확보했다.

3 개정 근로기준법 | 법정근로시간을 주 40시간으로 조정했다. 하루에 8시간씩, 5일간 일한다는 개념이다.

3월 9일, 한나라당과 민주당[1]이 노무현 대통령 탄핵소추안을 국회에 제출했다. 대통령이 선거 중립 의무를 위반했다는 것이었다. 3월 12일, 국회에서 탄핵안이 가결돼 대통령의 직무 수행이 정지됐다. 대한민국 정부 수립 후 최초의 탄핵이었다. 이는 거센 역풍을 불러왔다. 탄핵안이 통과된 날부터 국회를 규탄하는 촛불 집회가 곳곳에서 열렸다. 탄핵 반대 여론은 4월 15일에 치러진 제17대 총선[2]에도 큰 영향을 끼쳤다. 탄핵을 주도한 정당은 선거에서 참패했다. 이와 달리 여당인 열린우리당은 국회 과반수를 점했다. 5월 14일, 헌법재판소는 대통령 탄핵소추안을 기각한다.

4월 22일, 북한 용천역에서 폭발 사고가 일어나 150여 명이 사망하다

주5일 근무제가 시행되다

7월, 주5일 근무제가 시행됐다. 주5일 근무제는 2003년에 개정된 근로기준법[3]에 따라 실시됐다. 2004년에는 공기업·보험업 및 1000인 이상 사업장을 대상으로 하고, 그 후 다른 사업장으로 확대하는 방식이었다. 한편 은행과 증권사는 2002년에 주5일 근무제를 도입했다.

이라크 파병을 두고 논란이 벌어지다

8월, 자이툰부대가 이라크로 파견됐다. 이에 앞서 정부는 미국의 요청을 받아들여 2003년 서희부대(공병 지원단)와 제마부대(의료 지원단)를 이라크에 파병했다. 이라크 상황을 조기에 안정시키지 못한 미국이 한국에 전투병 파병을 요청한 것인데, 정부는 미국의 요청을 다시 받아들여 자이툰부대를 편성했다.

이라크 파병을 두고 격심한 논란이 벌어졌다. 찬성 측은 파병하면 한·미동맹이 강화된다고 주장했다. 반대 측은 명분 없는 전쟁에 파병해서는 안 된다고 주장했다. 이러한 가운데, 한국 민간인들이 이라크에서 연이어 희생됐다. 2003년 11월 오무전기 소속 노동자 김만수·곽경해가 무장 단체의 공격을 받아 숨졌다. 2004년 6월에는 가나무역 소속 노동자 김선일이 한국군 파병 결정 철회를 요구하는 무장 단체에 납치·살해됐다. 반대가 거세지자, 정부는 출병식과 환송식을 비공개로 진행하고 자이툰부대를 출국시켰다.

자이툰부대 창설식

아메리카 세계

2월 4일, 페이스북이 서비스를 시작하다

페이스북 로고

세계가 테러의 공포에 떨다

2월 6일, 러시아 모스크바의 지하철에서 폭탄이 터져 39명이 죽고 100여 명이 다쳤다. 이어 8월 24일에는 러시아의 민간 여객기 2대가 추락해 승객 89명이 죽었다. 러시아 정부는 체첸 반군의 소행으로 추정했으나 확인되지는 않았다.

3월 11일, 에스파냐 마드리드의 기차역 3곳에서 출근 시간대에 폭탄이 터져 190명이 죽고 1800여 명이 다쳤다. 알카에다(1988년 참조)가 에스파냐의 이라크 파병(2003년 참조)을 이유로 저지른 일로 밝혀졌다.

2005년 10월 2일에는 인도네시아 발리섬의 식당과 쇼핑센터에서 폭탄이 터져 30여 명이 죽고 100여 명이 다쳤다. 2002년 자살 폭탄 테러로 202명의 목숨을 앗아간 이슬람 원리주의 단체 제마이슬라마야의 소행으로 추정됐다.

미국이 유일한 초강대국으로 군림하는 가운데, 여러 국제적 갈등이 정규전이 아닌 테러의 방식으로 터져 나온 것이다. 테러의 위협은 이후로도 계속된다.

1 균부론 | 성장과 더불어 부의 분배를 중요하게 여기는 전략. 덩샤오핑의 선부(先富論)에 대응하는 개념이다(1978년 참조).

아시아

후진타오의 시대가 시작되다

9월 19일, 후진타오가 중국 중앙군사위원회 주석에 취임했다. 2002년 공산당 총서기가 되고 2003년 국가 주석이 된 데 이어 군부까지 장악함으로써 장쩌민의 뒤를 이은 명실상부한 중국의 새 지도자로 자리 잡은 것이다. 다만 마오쩌둥이나 덩샤오핑 때와 달리 한 명이 절대적인 권력을 갖기보다는 집단 지도 체제 아래의 일인자라는 성격이 강했다.

후진타오는 기술 관료 출신답게 '과학 발전관'을 새로운 통치 이념으로 제시하고, 더불어 도시와 농촌 간, 여러 계층 간의 격차와 갈등을 줄이는 '균부론(均富論)'을 내세운다. 그의 시대에 중국은 일본을 제치고 세계 2위의 경제 대국으로 성장하며, 정치와 군사적인 측면에서도 미국에 뒤이은 강대국으로 부상한다.

후진타오

2 쓰나미 | 일본어로 '지진 해일'을 뜻하는 말이다. 해저에서 지진이 일어나 땅이 주저앉음에 따라 바닷물 전체가 위아래로 심하게 출렁여 일어나는 현상이다.

아시아

쓰나미가 인도양을 휩쓸다

12월 26일, 인도네시아 수마트라섬 부근 해저에서 발생한 강도 9.1의 대지진으로 인해 쓰나미가 인도양 전역을 휩쓸었다. 최대 9미터의 해일이 해안을 덮쳐 인도네시아를 비롯해 인도, 타이, 스리랑카 등 12개 나라에서 22만 명 이상이 목숨을 잃었다.

타이 해안을 휩쓴 쓰나미(위)와 폐허가 된 수마트라섬의 해안(아래)

헌법재판소의 '호주제 헌법 불합치' 결정에 환호하는 시민단체 회원들

1 호주제 | 호주제는 호주(戶 主)를 중심으로 가족 구성원 을 편제하는 제도다. 여성 단 체들은 부계 혈통을 앞세우는 호주제가 양성 평등에 어긋난 다고 비판했다.

호주제 폐지 결정이 내려지다

2월 3일, 헌법재판소가 호주제에 대해 헌법에 어긋난다는 헌법불합치 결정을 내 렸다. 3월 2일, 호주제 폐지를 골자로 하는 민법 개정안이 국회를 통과했다.

일본 시마네현이 다케시마의 날을 제정하다 (1905년 참조)

안기부-삼성 X파일 사건이 터지다

7월 21일, 『조선일보』가 국가안전기획부(안기부) 비밀 조직이 김영삼 정부 때 정 계·재계 주요 인사들의 대화를 불법 도청했다고 보도했다. 'MBC가 입수했다'라 는 소문이 떠돌던 이른바 X파일의 존재를 드러낸 보도였다. 7월 22일, MBC는 X 파일 내용을 공개했다. 거기에는 1997년 대선 때 삼성그룹과 『중앙일보』의 핵심 인사들이 불법 대선 자금을 지원하고, 검사들에게 뇌물을 줘 검찰을 관리하는 문제를 논의한 내용이 담겨 있었다.

경찰의 과잉 진압으로 농민 2명이 사망하다

2 농민 2명 사망 | 전용철은 11월 24일, 홍덕표는 12월 18일 세상을 떠났다.

11월 15일, 전국농민대회 참석자들과 경찰이 여의도에서 충돌했다. 이 과정에서 크게 다친 농민 전용철·홍덕표가 사망했다. 12월 26일, 국가인권위원회는 경찰 의 과잉 진압으로 두 농민이 목숨을 잃었다고 발표했다. 12월 27일, 노무현 대통 령은 국민에게 사과했다.

황우석 사건이 발생하다

12월 16일 기자회견을 하는 황우석

11월과 12월에 MBC 〈PD수첩〉이 황우석 서울대 교수팀의 줄기세포 연구 관 련 의혹을 보도했다. 연구에 쓰인 난자가 불법 매매된 것이고, 줄기세포 논문 이 조작됐다는 의혹이었다. 황우석은 난자 관련 의혹은 인정했지만 논문 조 작 의혹은 부인했다. 〈PD수첩〉 취재진은 황우석을 지지하는 적잖은 대중으 로부터 거센 공격을 받았으며 취재 윤리를 일부 어긴 사실이 드러나면서 궁 지에 몰렸다. 그러나 〈PD수첩〉이 제기한 의혹은 사실로 드러났다. 서울대 조 사위원회는 황 교수의 논문이 조작됐고, 황 교수의 주장과 달리 '환자 맞춤형 줄 기세포'를 만들었다는 증거가 없다고 발표했다. 황우석은 서울대에서 파면됐다.

중국이 반분열국가법을 제정하다

아시아

3월 14일, 중국의 최고 권력 기관인 전국인민대표대회(전인대)에서 반분열국가법이 거의 만장일치로 통과됐다. 이 법은 중국이 무력을 사용해 타이완의 독립을 막을 수 있다고 규정했다. 2000년 이후 타이완의 집권 정당이 된 민주진보당이 추구하는 타이완 독립을 겨냥한 것이었다.

중국은 이로써 '하나의 중국'[1] 노선을 고수하며 타이완의 독립을 원천 봉쇄하고, 미국 등 외국 세력이 이 문제에 개입하는 것을 차단하려 했다. 나아가 혹시 있을지 모르는 중국 내 55개 소수 민족의 독립 요구에 일찌감치 쐐기를 박는 효과도 기대했다. 당연히 타이완 주민들은 내정 간섭이라며 대규모 항의 시위를 벌였고, 한동안 중국과 타이완 사이에 군사적인 긴장이 조성된다.

1 '하나의 중국' | 중화인민공화국과 타이완은 별개의 나라가 아니라 하나의 나라 안에 두 정부가 있을 뿐이라는 입장이다.

허리케인 카트리나가 미국을 강타하다

아메리카

8월 29일, 허리케인[2] 카트리나가 미국의 남동부 해안 지대를 강타해 뉴올리언스가 물에 잠겼다. 뉴올리언스는 인구의 3분의 2가 흑인이고 그중 상당수가 빈민층이었는데, 이들은 도시를 빠져나갈 수단이 없어 고립됐다. 6만 명 이상의 이재민이 수용 시설로 몰려들었으나 물과 식량, 전기가 제대로 공급되지 않았다. 혼란 속에서 약탈과 방화, 성폭행 등이 횡행했고, 정부는 군대를 동원해 가까스로 질서를 수습했다.

미국 정부는 위험에 대한 거듭된 경고가 있었음에도 충분한 예방 조치를 취하지 않았고, 상황이 발생한 뒤에도 흑인과 빈민 거주 지역에 대한 무관심으로 늑장 대응했다는 비난을 받았다. 초강대국 미국의 화려한 겉모습 아래 가려져 있던 빈부 격차와 인종 차별의 실태가 드러난 사건이었다.

2 허리케인 | 대서양 서부에서 발생하는 열대성 저기압이다. 열대성 저기압은 지역에 따라 태풍, 사이클론으로 불린다.

물에 잠긴 뉴올리언스 시내

프랑스의 북아프리카계 청소년들이 소요를 일으키다

유럽

10월 27일, 프랑스 파리의 교외 지역에서 북아프리카계 청소년들[3]이 방화와 파괴 등을 저지르며 소요를 벌이기 시작했다. 소요는 곧 프랑스 전역의 이민자 거주 지역으로 확대됐다. 이후 3개월간 차량 9000여 대가 불타고 청소년 3000여 명이 경찰에 체포됐다.

발단은 북아프리카계 청소년 3명이 경찰에 쫓겨 변전소로 도망치다가 그중 2명이 감전돼 숨진 사건이었다. 그러나 근본적인 원인은 실업과 빈곤, 차별에 시달리며 미래에 대한 희망을 잃어버린 북아프리카계 청소년들의 분노와 상실감이었다.

3 프랑스의 북아프리카계 청소년 | 북아프리카계 이민자는 프랑스 인구의 약 10퍼센트인 600만 명에 달했다. 그러나 이들의 대학 졸업자 실업률은 26.5퍼센트로, 전체 평균인 5퍼센트에 비해 월등히 높았다. 특히 이민자 2~3세대는 프랑스에서 태어나 프랑스 국적을 갖고 있었음에도 심한 차별을 받아 상대적 박탈감이 더욱 컸다.

방화로 불탄 자동차

새만금 방조제

1 새만금 방조제 | 전라북도 부안과 군산을 잇는 길이 33.9킬로미터의 방조제

5월 14일 대추리에서 열린 미군 기지 확장 반대 시위

2 미군 기지 이전 | 한국 정부는 수도 서울에서 외국군 기지가 사라진다는 데 의미를 두었다. 미국 정부는 전 세계 미군의 주둔 기지를 재배치한다는 전략에 따라 기지 이전에 동의했다.

3 비정규직 관련법 | 기간제 및 단시간 근로자 보호 등에 관한 법률, 파견 근로자 보호 등에 관한 법률, 노동위원회법. 정부는 이 법들을 '비정규직 보호법'이라고 불렀다.

4 노동 시장 유연화 | 정규직을 줄이고 노동자를 해고하기 쉽게 만드는 것

5 비정규직 노동자의 수 | 통계청에 따르면 2011년 8월 비정규직 노동자는 599만 5000명이다. 1년 사이에 30만 9000명이 늘어난 수치. 노동계는 비정규직이 800만 명이 넘는 것으로 보고 있다.

새만금 방조제 공사가 완료되다

4월 21일, 새만금 방조제[1] 물막이 공사가 완료됐다. 이 공사는 논란 속에 추진된 새만금 간척 사업의 일환이었다. 새만금 간척 사업은 1991년 11월에 시작됐으며 정부는 이 사업을 통해 농지를 확보할 수 있다고 홍보했다. 그러나 환경 단체 등은 갯벌 훼손으로 어민 생존권이 위협받고 환경 오염이 일어날 수 있다며 소송을 제기했다. 논란이 커지면서 공사가 두 차례에 걸쳐 모두 4년 7개월 동안 중단됐다. 대법원이 정부 손을 들어주면서 공사가 완료됐다.

미군 기지 이전 문제로 대추분교에서 충돌이 발생하다

5월 4일, 미군 기지 이전 예정지인 경기도 평택시 대추분교 일대에서 주민들과 행정 당국 간에 물리적 충돌이 발생했다. 한국과 미국은 용산과 의정부·동두천의 미군 기지를 평택으로 옮기는 데 합의한[2] 상태였다. 그러나 주민들은 삶의 터전을 내줄 수 없다며 저항했다. 2007년 2월 주민들은 마을을 떠나 새로운 주거 단지로 옮기기로 정부와 합의한다.

비정규직 관련법이 국회를 통과하다

11월 30일, 비정규직 관련법[3] 3건이 국회를 통과했다. 주요 내용은 사용자가 노동자를 비정규직으로 2년 이상 일하게 하면 정규직으로 전환하게 한다는 것이었다. 노동계는 이 법이 비정규직을 더 늘어나게 만들고, 이미 심각한 사회 문제인 비정규직에 대한 차별을 없애는 데 도움이 되지 않을 것이라고 비판했다. 사용자들이 노동자를 비정규직으로 고용하는 것을 제한하지 않았고, 일한 지 2년이 되기 전에 비정규직을 언제든 '계약 해지(해고)'할 수 있게 해 노동자를 더 열악한 처지에 몰아넣을 것이라는 주장이었다. 이와 달리, 사용자들은 이 법안이 노동 시장 유연화[4]에 어긋난다고 불평했다.

비정규직 관련법은 2007년 7월 1일부터 시행된다. 법 시행 후 비정규직은 더욱 늘고 차별 문제도 해소되지 않는다.[5]

12월 15일, 반기문이 UN 사무총장으로 취임하다

유럽

러시아가 우크라이나에 천연가스 공급을 중단하다

1월 1일, 러시아가 우크라이나에 대한 천연가스 공급을 중단했다. 러시아는 옛 소련 시절부터 우크라이나, 그루지야, 아르메니아 등 소련의 다른 공화국들에 매우 낮은 가격으로 천연가스를 제공해 왔는데, 소련 해체 이후 이들이 러시아보다 미국, 서유럽과 더 가깝게 지내자 가격을 인상하기로 했다.[1] 우크라이나가 이에 반발하자 가스 공급을 끊어 버린 것이었다.

한편 서유럽 나라들은 전체 천연가스 소비량의 약 25퍼센트를 러시아에서 수입했고, 그중 80퍼센트가 우크라이나를 거쳐 오는 것이었기에 이번 공급 차단으로 에너지 위기가 도래했다. 1월 4일 두 나라의 타협으로 위기는 해소되지만, 러시아는 천연자원을 무기화한다는 우려를 산다. 비슷한 사태는 2008년과 2009년에도 일어난다.

1 천연가스 가격 인상폭 | 1000세제곱미터당 50달러에서 230달러로 크게 올렸다.

아메리카

7월 15일, 트위터가 서비스를 시작하다

트위터의 로고와 아이콘

아시아

타이에서 군사 쿠데타가 일어나 탁신 친나왓 총리가 쫓겨나다

9월 19일, 탁신 친나왓 타이 총리가 군사 쿠데타로 쫓겨나 영국으로 망명했다. 친나왓은 컴퓨터와 휴대전화, 케이블 텔레비전 분야에서 엄청난 부를 쌓은 억만장자로, 2001년 선거에서 승리해 총리에 올랐다. 그러나 2006년 2월부터 탈세 등 부패 의혹으로 대규모 반대 시위가 벌어졌고 마침내 쿠데타로 축출된 것이었다.

이후 타이 국민들은 친나왓의 지지파와 반대파로 날카롭게 갈라져 대립한다. 친나왓은 농가 부채 탕감, 무상 의료, 무상 교육 등의 복지 정책으로 농민과 빈곤층의 압도적인 지지를 받았다. 하지만 도시 중산층과 부유층은 그의 정책들이 인기를 얻기 위한 포퓰리즘에 불과하다며 반발했다.

2007년 지지파가 선거에서 이겨 정권을 되찾지만, 2008년 반대파가 정부 청사를 점거하고 헌법재판소도 부정 선거 혐의로 지지파 정당에 해산 명령을 내린다. 뒤이은 선거에서는 반대파가 승리한다. 2009년에는 거꾸로 지지파가 정부 청사를 봉쇄하고, 2010년 군대가 지지파의 시위를 유혈 진압한다. 2011년에는 친나왓의 여동생인 잉락 친나왓이 집권하는 등, 양측의 대립과 갈등은 좀처럼 수그러들지 않고 있다.

옐로셔츠와 레드셔츠
친나왓 반대파는 노란 옷을 입어 옐로셔츠(Yellow Shirts)로 불리고 지지파는 붉은 옷을 입어 레드셔츠(Red Shirts)로 불린다.

1 김승연 보복 폭행 사건 | 3월 8일, 김승연의 둘째 아들이 주점에서 시비가 붙어 다쳤다. 그러자 김승연은 조직폭력배를 동원해 아들과 시비가 붙은 사람들을 폭행했다.

2 신정아 학력 위조 파문 | 많은 언론은 신정아를 비호했다는 의혹이 제기된 변양균 청와대 정책실장이 신정아와 연인 사이였다는 사실 등 선정적인 보도에 치중해 비판을 받았다.

노무현 대통령의 평양 방문을 환영하는 카퍼레이드

3 삼성그룹 | 삼성그룹은 김용철의 폭로를 비중 있게 보도한 『한겨레신문』과 『경향신문』에 2년 넘게 광고를 주지 않았다. 이 때문에 광고를 매개로 언론을 통제하려는 '광고 탄압'이라는 비판을 받았다.

4 삼성그룹 특별검사팀 | 특별검사팀은 2008년 1월 10일에 출범한다. 같은 해 4월 17일, 특별검사팀은 이건희 삼성그룹 회장을 조세 포탈 등의 혐의로 불구속 기소한다. 특별검사팀은 김용철로부터 '삼성 비리를 제대로 파헤치지 않았다'는 비판을 받는다.

5 대통합민주신당 | 여당이던 열린우리당에서 탈당한 인사들을 중심으로 만들어진 정당

김승연 보복 폭행 사건이 일어나다

4월 24일, 김승연 한화그룹 회장의 보복 폭행 사실이 보도됐다. 김승연은 현직 대기업 총수로는 최초로 폭행 혐의로 구속 기소됐다.

신정아 학력 위조 파문이 일다

7월, '미술계의 신데렐라'로 불리던 신정아 동국대 조교수의 학력 위조 사실이 드러났다.[2] 그 여파로 각계에서 학력 검증 바람이 불었다.

제2차 남북정상회담이 열리다

10월 2일부터 4일까지 노무현 대통령이 평양을 방문해 김정일 국방위원장을 만났다(제2차 남북정상회담). 두 정상은 서해평화협력특별지대 설치 등에 합의했다.

김용철 변호사가 삼성그룹 비리를 폭로하다

10월 29일, 삼성그룹 구조조정본부 법무팀장을 지낸 김용철 변호사가 삼성의 비리를 고발했다. 김용철은 삼성그룹이 비자금 조성, 뇌물 제공을 통한 검찰 관리 등 광범위한 불법을 저질렀다고 폭로하고, 자신도 이에 동참했다고 양심 고백을 했다. X파일(2005년 참조) 이후 2년 만에 다시 제기된 삼성그룹의 비리 의혹은 사회에 큰 충격을 줬다. 김용철의 고발을 계기로 특별검사팀[4]이 구성된다.

서해안에서 기름 유출 사고가 발생하다

12월 7일, 충청남도 태안 앞바다에서 기름 유출 사고가 발생했다. 홍콩 선적 유조선 '허베이스피리트호'와 크레인이 충돌하면서 원유가 새어 나와 주변 바다를 뒤덮었다. 유출된 기름(1만 2547킬로리터)은 이전 10년간 사고로 바다를 덮은 기름보다 많은 양이었다. 이 사고로 인근 어장, 양식장, 해수욕장이 오염돼 주민들이 큰 피해를 봤다.

제17대 대선에서 이명박 후보가 승리하다

12월 19일에 치러진 제17대 대통령 선거에서 한나라당의 이명박 후보가 대통합민주신당[5]의 정동영 후보를 530여만 표 차이로 압도했다. 선거 전, 이명박은 투자 자문 회사인 BBK의 주가 조작 사건 연루 의혹 등 도덕성에 문제가 많다는 비판을 받았다.

아메리카

서브프라임모기지 사태가 터지다

4월 2일, 미국 2위의 서브프라임모기지[1] 회사인 뉴센추리파이낸셜이 파산을 신청하면서 이른바 서브프라임모기지 사태가 시작됐다.

미국에서는 2000년대 들어 이자율이 낮아지면서 사람들이 너 나 할 것 없이 금융 회사에서 돈을 빌려 부동산에 투자했다. 집값은 꾸준히 올랐고 앞으로도 계속 오르리라 기대됐기에 부동산 거품은 점점 부풀어 올랐다. 이 와중에 금융 회사들은 더 많은 수익을 올리기 위해 위험을 무릅쓰고 신용 등급이 낮은 저소득층에게까지 돈을 빌려 주고, 이들로부터 대출 원금과 이자를 받을 권리를 웃돈을 얹어 서로 사고팔았다.[2]

그러나 이러한 '도박판'은 결코 오래가지 못했다. 2004년부터 이자율이 오르자 저소득층은 원금과 이자를 갚을 수 없어 집에서 쫓겨났고, 빌려 준 돈을 받을 수 없게 된 은행과 금융 회사들도 파산 위기에 몰렸다. 결국 대형 금융 회사들이 연달아 파산하면서 이듬해 전 세계를 강타하는 '세계 금융 위기'가 초래된다 (2008년 참조).

1 서브프라임모기지 (subprime mortgage) | '비우량 주택 담보 대출'이란 뜻으로, 신용 등급이 낮은 사람들에게 집을 담보로 돈을 빌려 주는 것을 가리킨다.

2 서브프라임모기지 사태의 원인 | 정부가 금융 회사들을 적절히 규제하지 않고 그들의 탐욕을 방치한 탓이 컸다.

세계

북극의 얼음 면적이 사상 최저치를 기록하다

9월 말, 북극의 얼음 면적이 428제곱킬로미터로 줄어 관측 사상 최저치를 기록했다. 이제껏 최저치였던 2005년보다 23퍼센트나 더 줄어든 것이었다. 과학자들은 지구 온난화가 같은 추세로 진행되면 수십 년 안에 북극의 얼음이 모두 녹을 수도 있다고 경고했다.

북극의 얼음이 녹으면 지구 전체의 자연 생태계에 악영향을 끼치고, 혹서와 혹한 같은 기상 이변과 해수면 상승 등의 문제를 초래한다. 그러나 일각에서는 북극항로를 통해 해상 운송 비용을 절감할 수 있고, 석유와 천연가스 등 막대한 자원을 개발할 수 있다며 환영하기도 한다.

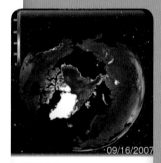
북극의 얼음

아메리카

미국의 작가와 배우들이 파업하다

11월 5일, 미국작가조합 소속의 방송 및 시나리오 작가 1만여 명이 파업에 돌입하고, 배우들도 이들을 지지하며 파업에 동참했다. 이로 인해 상당수의 텔레비전 프로그램과 영화의 제작이 중단됐다. 작가들은 제작사가 기존의 콘텐츠를 DVD나 인터넷 스트리밍, IPTV와 같은 디지털 매체로 판매해 수익을 올리면서도 자신들에게는 정당한 대가를 지불하지 않고 있다고 주장했다. 파업 사태는 이듬해 2월 12일에야 양측의 타협으로 해결된다.

작가들의 시위

국보 1호 숭례문이 불타다

숭례문 화재 현장을 찾은 시민들

2월 10일 저녁, 국보 1호 숭례문에 불이 붙었다. 10일 자정이 넘어서까지 불길은 잡히지 않았다. 그 결과 석축 등을 제외한 숭례문 건물의 대부분이 불탔다. 숭례문 화재는 곧 방화로 밝혀졌는데, 방화범은 토지 보상금에 불만을 품은 채종기였다. 당국이 문화재를 부실하게 관리했다는 비판이 쏟아졌으며 문화재청은 2012년 12월 완공을 목표로 숭례문 복원 공사에 돌입했다.

'미국산 쇠고기 반대' 촛불 시위가 열리다

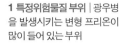

1 특정위험물질 부위 | 광우병을 발생시키는 변형 프리온이 많이 들어 있는 부위

4월 18일, 정부가 미국산 쇠고기 수입을 재개하기로 미국과 합의했다. 미국산 쇠고기 수입은 2003년 12월 미국에서 광우병이 발생한 후 전면 중단됐다. 2006~2007년에는 수입 재개와 중단이 반복됐다. 이런 가운데 정부가 30개월 미만(특정위험물질 부위 포함)과 30개월 이상(특정위험물질 부위를 제외한 모든 부위) 미국산 쇠고기를 다시 수입하기로 결정한 것이다. 사실상 전면 개방이었다.

5월 2일, 미국산 쇠고기 수입 재개 결정에 반대하는 촛불 시위가 광화문 일대에서 열렸다. 시위 참가자들은 광우병 발생 위험이 높은 미국산 쇠고기가 다시 들어오게 해서는 안 된다고 주장했다. 시위는 전국으로 확산됐고 해외에서도 열렸다. 학생, 직장인, 주부 등 다양한 시민들이 두 달 넘게 거리를 메웠다. 시위 주제도 '광우병 쇠고기 반대'를 넘어 이명박 정부의 국정 운영 전반에 대한 비판으로 확대됐다. 시위 참가자들은 정부가 대운하 논란을 불러일으킨 4대강 사업과 부유층 위주 경제 정책 등을 밀어붙이고 민주주의를 후퇴시켰다고 주장했다.

촛불 시위를 비판하는 목소리도 나왔다. 시위 참가자들이 미국산 쇠고기의 광우병 발생 위험을 과장해 '괴담'을 퍼뜨리고 있다는 비판이었다. 광우병 발생 위험 정도를 두고 사회 곳곳에서 격심한 논란이 벌어졌다. 정부는 미국산 쇠고기가 시위대 주장처럼 위험하지는 않다고 밝혔다. 시위가 거세지자, 정부는 미국과 추가 협의를 해 '민간 자율 규제' 형식으로 특정위험물질을 제외한 30개월 미만 쇠고기만 수입하기로 했다.

'명박산성'
촛불 시위가 거세지자, 정부는 광화문 네거리 한복판에 컨테이너 차단벽을 세웠다. 촛불 시위 참가자들은 이것을 '명박산성'이라 불렀다.

세계

1월 2일, 석유 가격이 사상 처음으로 배럴당 100달러를 돌파하다

석유 가격의 변화

단위 | 달러

1 배럴 | 1배럴은 158.9리터다.

아시아

티베트에서 반중 시위가 벌어지다

3월 14일, 중국 시짱 자치구(티베트)의 라싸에서 불교 승려들이 중심이 된 1000여 명의 티베트인이 반중(反中) 시위를 벌였다. 8월 열릴 베이징올림픽을 앞두고 중국 정부의 인권 탄압을 전 세계에 알리며 분리 독립(1950년 참조)을 요구하기 위한 것이었다. 2006년 베이징과 라싸를 잇는 칭짱철도가 개통돼 중국인이 물밀듯 몰려들자 티베트인의 위기의식이 커지고 있었다. 중국 군대와 경찰은 시위대에 최루탄과 총을 발사해 수십 명이 목숨을 잃었다. 이후 티베트에는 군대가 진주하고 외국인의 진입이 금지되는 등 공포 분위기가 조성된다.

한편 2009년 신장위구르 자치구의 우루무치에서도 위구르인들이 소수 민족 차별 철폐를 요구하는 대규모 시위를 벌여 150명이 죽고 800명이 다친다. 중국의 고질적인 소수 민족 문제가 잇달아 터져 나온 것이다.

신장위구르자치구

중 국

시짱자치구(티베트)
다람살라

인 도

시짱자치구와 신장위구르자치구

아메리카

미국발 세계 금융 위기가 찾아오다

9월, 서브프라임모기지 사태(2007년 참조)로 촉발된 금융 위기가 미국 경제를 붕괴 직전으로 몰아가고 전 세계 경제를 침체시켰다. 1929년 세계 대공황 이래 최악의 경제 위기가 찾아온 것이었다. 리먼브라더스, 메릴린치, 베어스턴스 등 미국 최대 규모의 투자 은행들이 줄줄이 파산하거나 다른 회사에 인수됐으며, 세계 최대 보험 회사인 AIG와 세계 최대 은행인 시티은행도 파산 위기에 몰렸다. 미국 정부는 경제 전체가 파국으로 치달을 것을 우려해 이들에게 천문학적 액수의 구제금융을 제공했다. 그러나 금융 위기는 소비 위축과 실업 증가, 성장 둔화로 이어졌고, 이러한 추세는 국경을 넘어 전 세계로 확산됐다.

많은 사람들은 이번 위기의 근본 원인이 신자유주의 시대 이래의 금융 자유화에 있다며, 신자유주의에 대한 반성과 금융에 대한 규제 강화를 주장했다. 정부가 금융 회사들의 탐욕을 방치한 것이 부동산 거품과 금융 시장의 투기를 낳았고, 마침내 대붕괴로 귀결됐다는 것이다.

2 구제금융 | 기업의 파산을 막기 위해 정부나 은행이 자금을 지원하는 것. 미국 정부는 시민의 세금으로 총 7000억 달러의 구제금융을 쏟아 부었다. 그러나 금융 회사들은 이런 상황에서도 2009년 사상 최대 규모의 보너스 잔치를 벌여 사회적 지탄을 받는다.

3 전 세계로 확산된 금융 위기 | 특히 아이슬란드와 아일랜드처럼 금융 산업의 비중이 컸던 나라들이 직격탄을 맞았다. 아이슬란드는 10월 6일 국가 부도를 선언한다.

세계

윤초가 삽입되다

12월 31일 오후 11시 59분 59초 뒤에 1초가 더 늘어났다. 1972년 이래 24번째로 윤초가 삽입된 것이다. 지구의 자전 속도가 미세하게 느려지고 있기 때문에, 표준 시계인 원자시계와의 차이를 보정하기 위해서였다.

용산 참사를 소재로 한 영화
〈두 개의 문〉의 포스터

1 용산 참사 | 참사 직후 청와대 행정관이 경찰청에 '용산 사태를 무마하기 위해 (강호순이 군포 등에서 여성을 연쇄 납치 살해한) 경기 서남부 지역 연쇄 살인 사건을 적극 활용하라'는 이메일을 보낸 사실이 드러나 논란이 됐다.

2 쌍용자동차와 상하이자동차 | 쌍용자동차를 인수한 중국 상하이자동차는 약속했던 투자는 하지 않고, 핵심 기술만 빼낸 후 쌍용자동차에서 손을 뗐다. 이 때문에 '먹튀'라는 비판을 받았다.

3 테이저건 | 전기 충격기. 앰네스티인터내셔널은 2001년부터 2008년 8월까지 미국에서 테이저건에 맞은 후 334명이 숨졌고, 이 중 30여 명의 검시 보고서에 테이저건이 사망의 직접 원인으로 기록됐다고 밝혔다. 앰네스티인터내셔널은 테이저건을 준살상무기로 규정했다.

4 전직 대통령의 검찰 소환 | 전직 대통령 중 검찰 소환 조사를 받은 것은 노무현이 세 번째다.

5 『친일인명사전』 | 『친일인명사전』의 토대를 놓은 것은 방치돼 있던 친일 문제를 홀로 연구한 임종국이다.

용산 참사가 일어나다

1월 20일, 철거민 5명과 경찰 1명이 숨지는 '용산 참사'가 일어났다. 경찰이 남일당(서울시 용산구) 건물 옥상에서 철거민들을 진압하는 과정에서 화재가 발생해 벌어진 일이었다. 철거민들은 재개발에 밀려 대책 없이 삶의 터전을 잃을 수는 없다며 점거 농성 중이었다. 경찰은 과잉 진압을 했다는 비판을 받았지만, 아무도 기소되지 않았다.[1] 이와 달리 철거민들은 징역형을 받았다.

쌍용자동차 노동자들이 77일간 공장을 점거하다

4월 8일, 쌍용자동차가 2646명(인력의 37퍼센트)을 감원하겠다고 발표했다.[2] 5월 22일, 이에 반대하는 노동자들이 평택 공장을 점거했다. 노동자들은 대량 해고를 받아들일 수 없다고 주장했다. 사측은 직장 폐쇄로 맞섰다. 경찰은 공장을 포위하고 최루액과 테이저건[3] 등을 사용해 노동자를 압박했다. 8월 6일, 노동자들은 구조 조정 인원을 974명으로 줄이기로 사측과 합의하고 77일에 걸친 점거를 끝냈다. 그 후 회사에서 쫓겨난 노동자와 그 가족 중 22명(2012년 5월 기준)이 해고 후유증으로 목숨을 잃는다.

노무현·김대중 두 전직 대통령이 세상을 떠나다

5월 23일, 노무현 전 대통령이 고향(경상남도 김해시 봉하마을)에서 목숨을 끊었다. 이에 앞서 4월 30일, 노무현은 가족과 측근 비리 의혹으로 검찰에 소환돼 조사를 받았다.[4] 의혹의 일부는 사실로 드러났다. 서거 후, 검찰이 노무현을 몰아붙여 죽게 만들었다는 비판의 목소리가 높았다. 500만 명 이상이 노무현의 빈소를 찾았다. 노무현에 이어 8월 18일 김대중 전 대통령도 지병으로 서거했다.

『친일인명사전』이 발간되다

11월 8일, 민족문제연구소와 친일인명사전편찬위원회가 『친일인명사전』을 발간했다. 『친일인명사전』은 일제강점기에 부역 행위를 한 한국인의 명단과 행적을 담은 책이다. 해방 후 반민특위(1949년 참조)가 좌절되면서 미뤄진 친일 청산 과제를 학술적으로 풀자는 뜻으로 만들어졌다.[5]

아메리카

오바마가 미국 최초의 유색인 대통령이 되다

1월 20일, 케냐인 흑인 아버지와 미국인 백인 어머니를 둔 버락 오바마가 미국 대통령에 취임했다. 유색인으로는 미국 역사상 최초의 대통령이었다. 저소득층의 주거 및 교육 문제 해결을 위해 노력해 온 인권 변호사 출신으로, 미군의 이라크 조기 철수와 건강 보험 개혁, 저소득층 및 중산층을 위한 세금 제도 개혁을 공약으로 내세웠다.

그러나 티파티(Tea Party)¹를 비롯한 보수 세력은 오바마를 사회주의자, 무슬림 테러리스트라고 모함하며 부자 증세와 복지 확대, 정부의 경제 개입 확대 등의 정책에 노골적으로 반대한다. 설상가상으로 경제 위기도 쉽게 해결되지 않아 그의 초기 개혁은 심각한 어려움에 직면한다.

버락 오바마

1 티파티 | 미국의 보수적인 풀뿌리 시민 운동. 오늘날 미국 정치에 강력한 영향력을 행사하고 있다. 식민지 시절, 영국 정부의 과도한 세금 부과에 항의해 영국 상선의 차 상자를 바다에 던져 버림으로써 미국 독립 전쟁의 계기가 된 사건에서 이름을 따 왔다.

아프리카

짐바브웨가 100억 분의 1의 리디노미네이션을 시행하다

2월 2일, 짐바브웨 정부가 100억 짐바브웨달러를 1짐바브웨달러로 대체하는 리디노미네이션(화폐 단위 변경)을 시행했다. 한 해 수백만 퍼센트에 이르고 하루에도 몇 배씩 물가가 오르는 초인플레이션(hyperinflation) 때문이었다. 1987년 이래 독재자로 군림해 온 로버트 무가베 대통령이 경제 위기 속에서 자신의 지지 기반인 공무원과 군인들에게 급료를 지급하기 위해 마구 돈을 찍어 낸 것이 사태의 원인이었다.

짐바브웨는 1인당 국내 총생산 400달러에 실업률 90퍼센트의 세계 최빈국으로, 국민의 절대다수가 극심한 빈곤에 처해 있다.

세계

신종인플루엔자A가 대유행하다

6월 11일, 신종인플루엔자A(신종플루)가 대유행 단계에 이르렀다고 세계보건기구(WHO)가 공식 발표했다. 신종플루는 H1N1이라는 인플루엔자(독감) 바이러스에 의한 전염병으로, 4월 13일 멕시코에서 첫 번째 환자가 발생한 이래 매우 빠른 속도로 전 세계에 확산됐다. 교통 발달과 교류 확대의 산물이었다. 총 1만 8000여 명이 이 병에 걸려 사망한 것으로 추정된다.

마스크를 쓴 멕시코 시민

천안함 사건이 일어나고, 북한이 연평도를 포격하다

3월 26일, 해군 초계함인 천안함이 백령도 주변에서 침몰했다(승조원 104명 중 46 명 사망). 공격당했을 것이라는 의견과 사고로 침몰했을 것이라는 견해가 맞섰다. 5월 20일, 정부가 구성한 민군합동조사단은 북한의 어뢰 공격으로 천안함이 침 몰했다고 발표했다. 그러나 침몰 원인에 대한 논란은 끊이지 않았다. 북한은 어 뢰 공격을 부인했다.

이 사건 이후 남북 관계는 얼어붙었다. 11월 23일, 북한이 갑자기 연평도에 포격 을 가했다. 이로 인해 4명(해병 2명, 민간인 2명)이 숨지고, 주민들이 육지로 대피해 야 했다. 한편 연평도 포격에 앞서 북한에서는 3대 세습이 공식화됐다.[2]

'스폰서 검사' 파문이 터지다

4월, '스폰서 검사'[3] 의혹이 불거졌다. 부산·경남 건설업자인 정용재는 자신이 20 년 넘게 검사들에게 성 접대를 포함한 향응과 금품을 제공했다고 폭로했다. 조 사 결과 '스폰서 검사'로 지목된 이들 중 일부가 향응과 성 접대를 받은 사실이 확인됐지만, 강도 높은 처벌은 이뤄지지 않았다.

한·미FTA를 두고 찬반 양론이 맞서다

12월 3일, 한국이 미국과 자유무역협정(FTA) 추가 협상을 타결했다.[4] 한국은 노무 현 정부 때인 2007년 4월 2일 미국과 FTA 협상을 타결했다. 그러나 두 나라 모 두 타결안에 대해 문제 제기를 하면서 추가 협상이 이뤄진 것이다.

한·미FTA 추진 과정에서 찬반 의견이 팽팽히 맞섰다. 찬성 측은 수출 중심인 한국 경제에 FTA가 큰 도움이 될 것이라고 주장했다. 반대 측은 한·미FTA로 인 해 공공서비스 기반이 무너지고 농·축산업 종사자 등이 피해를 보는 등 대다수 국민에게 이익이 되지 않을 것이라고 반박했다. 또한 미국에 유리한 불평등 협정이며, 한·미FTA에 담긴 투자자-국가 소송제(ISD)[5] 같은 독소 조항이 정부와 지방 자치 단체의 정책 자율성을 침해할 것이 라고 우려했다. 여당인 한나라당은 2011년 11월 22일 한·미FTA 비 준안을 국회에서 단독으로 통과시킨다.

1 **천안함 사건** | 천안함 승조 원 외에도 희생자가 발생했 다. 3월 30일, 천안함 실종자 수색 작업에 참여했던 한주호 해군 준위가 순직했다. 4월 2 일에는 민간 어선인 금양98호 가 천안함 실종자를 수색하고 돌아오다 캄보디아 화물선과 충돌했다. 이 사고로 금양98 호 선원 2명이 숨지고 7명이 실종됐다.

2 **3대 세습** | 김일성-김정일-김정은. 김정일 국방위원장 의 셋째 아들인 김정은은 9 월에 열린 당대표자대회에서 당 중앙군사위원회 부위원장 과 당 중앙위원회 위원으로 선임됐다.

3 **스폰서** | 후원자라는 뜻. 부 당한 후원을 받았다는 의미 에서 '스폰서 검사'라는 말을 썼다.

4 **한미FTA** | 이에 앞서 한국 은 10월 6일 유럽연합(EU)과 FTA를 체결했다.

5 **투자자-국가 소송제** | 외국 에 투자한 기업이 해당 국가의 정책 때문에 이익을 침해당한 다고 여겼을 때, 그 국가를 국제 상사분쟁재판소에 제소할 수 있게 하는 제도

한·미FTA 반대 촛불 집회(2007년 3월 30일)

줄리언 어산지

위키리크스가 미국의 기밀 문건을 폭로하다

4월 5일, 위키리크스가 2007년 이라크에서 미군 헬리콥터의 공격으로 민간인 12명이 죽고 다친 사건의 동영상을 입수해 폭로했다. 이어 6월과 10월에는 미국의 아프가니스탄전쟁과 이라크전쟁 관련 기밀 문건 48만 건을 공개하고, 11월에는 미국 국무부의 외교 전문 25만 건을 공개했다. 미국 정부는 국가 안보를 위협하는 행위라고 맹비난했지만, 세계 여러 나라의 시민들은 위험을 무릅쓰고 여러 불법과 비리를 폭로한 데 박수를 보냈다.

위키리크스는 2006년 설립된 국제적인 폭로 전문 웹사이트로, 익명의 제보자들로부터 각국 정부와 기업의 기밀을 넘겨받아 일정한 검증 절차를 거친 뒤 인터넷에 공개해 왔다. 설립자이자 대표인 줄리언 어산지는 자신들의 목표가 시민의 알 권리를 확대하고 시민 스스로 국가의 주요 정책들을 결정할 수 있게끔 정보를 제공하는 것이라고 주장했다.

1 그리스의 구제금융 신청
그리스뿐만이 아니라 아일랜드, 포르투갈, 에스파냐도 유사한 상황에 놓여 있었다. 아일랜드는 2010년 11월에, 포르투갈은 2011년 4월에 구제금융을 신청한다.

그리스가 구제금융을 받는 대가로 재정 긴축을 강요받다

4월 13일, 그리스가 국내 총생산 대비 13.6퍼센트에 이르는 재정 적자로 국가 부도 위기에 처해 유럽연합(EU)과 국제통화기금(IMF)에 구제금융을 신청했다.[1] EU와 IMF는 1100억 유로를 지원하는 대가로 그리스에 혹독한 재정 긴축을 요구했다. 공공 부문의 고용과 임금을 줄이고 사회 복지 지출을 대폭 삭감하라는 것이었다. 이로 인해 경기가 침체되고 실업이 늘어나며 노동자들의 반대 시위와 총파업으로 사회 불안이 고조된다.

그리스인들의 시위

그리스의 위기는 2008년 세계 금융 위기의 여파 때문이기도 했지만, 무엇보다 유로화(1999년 참조) 자체의 모순으로 인한 것이었다. 경제 상황이 크게 다른 나라들이 유로라는 단일 통화를 사용함에 따라 무역 흑자국은 계속 흑자를 보고 적자국은 계속 적자를 보는 불균형이 심해졌다.[2] 또한 각국 정부가 위기 극복을 위해 나름의 통화 정책이나 재정 정책을 세울 수도 없었다. 이 사태를 거치며 유로화는 심각한 존폐의 위기를 맞는다.

2 유로존 내의 무역 불균형
일반적으로 한 나라가 무역 흑자를 보면 통화 가치가 올라 수출에 불리해지고, 적자를 보면 통화 가치가 떨어져 수출에 유리해진다. 그러나 유로존 국가들은 같은 통화를 쓰기 때문에 이러한 조정이 불가능해 불균형이 점점 더 심해진 것이다.

중국이 일본을 제치고 국내 총생산 기준 세계 제2위의 경제 대국으로 올라서다

해고는 살인이다.[1]

복지는 경쟁력을 떨어뜨리는
단순한 소모적 지출이 아니라,
사람에 대한 투자를 통해
우리 경제의 장기적인
경쟁력을 높이는 일입니다.[2]

1 1997년 외환위기로 정리 해고가 제도화되자 노동계에서 나온 구호 2000년대 들어 비정규직이 대폭 늘어난 것은 물론 차별도 심해지는 등 문제는 더 심각해졌다. 이러한 고용 불안정은 일자리에서 쫓겨나거나 안정적인 직장을 얻지 못한 노동자 본인뿐만 아니라 그 가족들의 삶까지 심각하게 위협했다. 대규모 정리 해고의 후유증으로 22명이 세상을 떠난 쌍용자동차의 사례는 이를 잘 보여 준다. 그래서 노동자들은 "해고는 살인이다"라고 절규하며 고용 안정을 요구하고 있다.

2 2007년 4월 30일 노무현 대통령이 국민 화합을 위한 기원 대법회에서 한 발언의 일부

(북한, 이란, 이라크와 같은) 국가들은 악의 축을 형성하며 세계 평화를 위협하기 위해 무장하고 있습니다. 이들이 대량 살상 무기를 획득하려고 애씀에 따라, 세계는 더욱더 심각한 위협을 받고 있습니다. (……) 미국은 가장 위험한 정권들이 가장 파괴적인 무기로 우리를 위협하도록 내버려 두지 않을 것입니다.[1]

2008년의 금융 위기에서 우리가 배울 것이 있다면, 그것은 '시장이 스스로 규제한다'라는 믿음이 어떤 잘못된 결과를 가져오는가 하는 것이다.[2]

1 조지 W. 부시 미국 대통령의 의회 연설에서
부시 대통령은 이라크가 대량 살상 무기를 보유하고 있다고 주장하며 세계 평화를 지킨다는 명분을 내걸고 이라크를 침공했다. 그러나 끝내 대량 살상 무기를 발견하지는 못했다.

2 미국의 경제학자 폴 크루그먼의 말
크루그먼은 세계 금융 위기의 원인은 이른바 '시장만능주의'이며, 위기의 재발을 막기 위해서는 금융에 대한 규제를 강화해야 한다고 주장했다.

찾아보기

자료 제공 및 출처

(Jose Villa) at VillaPhotography

Alain Bachellier

Atreyu

Base64, retouched by CarolSpears

Craig Martell

David E. Ortman

David Rydevik

Eneas De Troya from Mexico City, México

Espen Moe

Espencat

German Federal Archive

Grmwnr

Guinnog

Hou Bo

Htoo Tay Zar

Kremlin.ru

linmtheu

Mannen av börd

Museum of The Asian African Conference, Bandung

myself

N T Stobbs

openDemocracy

Pete Souza, The Obama-Biden Transition Project

Peter

Queerbubbles

Replysixty

Ricardo Stuckert/Presidência da República

Richard Wheeler(Zephyris)

SiefkinDR

Sławek

South Africa The Good News

Sue Ream, photographer (San Francisco, California)

Takeaway

Toni Barros

Vintagekits

Yo Hibino from Lafayette IN, United States

국립중앙박물관

김영삼대통령기록전시관

독일연방문서보관소

연합포토

동아일보사

『20世紀』(集英社)